人生的滋味，佛陀對你說

不一樣的佛陀

佛教故事裏的加持與開示

——李得禪 著

原書名：人生最好的加持與開示

【推薦序】佛陀講給現代人聽的心理課

「一切有為法，如夢幻泡影，如露亦如電，應作如是觀。」——《金剛經》

「心無罣礙，無罣礙故，無有恐怖，遠離顛倒夢想，究竟涅槃。」——《般若波羅蜜多心經》

「諸法因緣生，我說是因緣；因緣盡故滅，我作如是說。」——《造塔功德經》

「一切行無常，生者必有盡，不生則不死，此滅最為樂。」——《增一阿含經》

「色不異空，空不異色，色即是空，空即是色。」——《般若波羅蜜多心經》

……

當你在讀佛經時，你讀到了什麼？

你是否也曾經傾心於這些優美而富有哲理的句子呢？

你是否也同我一樣被這些月章星句而感動，從而對佛經也充滿了興趣？

又或者，你是否也曾對字字璣珠的佛經嚮往無比，但又因其晦澀的文字而望而卻步呢？

佛經，是佛陀去世以後，他的弟子們把祂在世時說法的那些內容整理出來的文字記錄。開始時是用口頭背誦，之後又用各種其他的方式記錄下來，後來成了佛教典籍。

事實上，佛經中不僅僅有微言大義的詞句，更有無數寓意深刻的故事。所以有這麼多富於哲理的故事，就是為了讓誦經者或者信徒們不僅是透過枯燥的教義來侍奉佛主，更能從這些深入淺出的故事中悟出教義之指南，從而堅定信仰的決心與勇氣。這些故事好看、有趣、有益，故事裡有動物、有植物、有商人、有農民、有國王、有貧民、有鬼神、有仙女、有城堡、有寺廟、有沙漠、有倒楣透頂的可憐人、也有人人羨慕幸運兒，最重要的是，故事裡有你，有我，有他！

每個人都可以在佛經中找到自己——那個卑微的自己，那個驕傲的自己、那個成功的自己、那個失敗的自己、那個樂觀的自己、那個孤僻的自己、那個自己喜歡的自己，那個自己討厭的自己……

本書選取了佛本身的故事裡最具代表性和可讀性的一百篇，均採自佛教東傳以來佛經中的有關篇目，並整理成現代白話文，以方便讀者的閱讀。希望它能成為你進一步瞭解佛教、瞭解佛陀，找到人生指引的捷徑。

在這些故事的背後，是佛陀無上的智慧，是佛經凝結的禪機，是數千年來在佛門之中代代流傳的真理。

只要你願意，你就可以在這些故事中找到自己需要的東西，事業也好、感情也罷，甚至連最流行的「說話之道」都沒有缺席。

所以，和我一起來讀佛經吧，讀一讀這些故事，也讀一讀自己！

最後，回到一開始那個問題：「當你在讀佛經的時候，你讀到了什麼？」

我的答案是：「一切世間法，皆是佛法。」

#【自序】釋迦牟尼，那個老頭！

看到文章的標題，你一定會深刻地批評我，說我對眾人敬仰的佛陀不敬了。

沒錯，我今天要說的，就是那個叫釋迦牟尼的老頭。

釋迦牟尼那個老頭很嘮叨，他總是坐在那裡，滔滔不絕地對著芸芸眾生講經，這一講就是數十年。釋迦牟尼那個老頭很深奧，他的話裡總有深意，可謂字字珠璣，幾千年來多少人甘願將為其奉獻一生。釋迦牟尼那個老頭很痛苦，他看得到眾生看不見的痛苦，他理解眾生所不知的痛苦，他想要幫眾生消除這永恆的痛苦。釋迦牟尼那個老頭很幸福，他有很多信眾，他們理解他的痛苦，也試著理解眾生的痛苦，還幫他來消除眾生的痛苦。釋迦牟尼那個老頭很幽默，他微笑著拿起一朵花，在手中轉來轉去，直到弟子們心裡發毛也依然笑而不語，此謂之「拈花一笑」，也謂之佛陀的「趣味」。

沒錯，在我的心裡，佛祖不僅僅是高高在上坐在佛堂裡的那個佛，而是一個又嘮叨、又深奧、又有趣味的老頭，他給我們留下的，不僅僅是汗牛充棟的佛家典籍，也不僅僅是聞之動情的佛典名句，更是一個看透了世間萬物的終極智慧。我一直想找一個機會好好地向佛陀表示敬意，雖然我叫他「那個老頭」，但他在我心裡永遠都是偉大和獨一無二的。

現在，我將「那個老頭」也介紹給你，將那個老頭講過的故事向你慢慢道來，希望你也可以與我一樣靜下心來，好好地傾聽，感受他恨不得能替眾生受苦的偉大，感受他面對不開悟的人無可奈何的平凡，感受他用自己的智慧講給我們的道理，感受他將這些道理放在了一個個有趣又好玩的小故事裡的幽默。

我相信，當你看完這些故事之後，一定會和我一樣深深地愛上佛陀，哦不，是愛上「那個老頭」。他睿智無比，他洞悉一切，他用自己的智慧為你指明了一條光明的生命之路。如果這本書能夠幫助你更認識佛經，認識佛陀，瞭解佛教中蘊藏了千年的智慧和禪理，那我已知足；若是這本書幫助正在迷茫的你，正在人生的十字路口上徘徊的你，或者正在岔路上越走越遠需要懸崖勒馬的你，那就更好了。

看，不論你如何反對，我還是要叫佛陀為「那個老頭」，因為我知道，他很寬容，也很開明，不在意這些外在的形式，不在意這些他叫做「虛妄」的東西，不在意每天到底有多少人在念他的名號，每天又有多少人跪在他的法相前。他只在意自己是不是能幫助所有人，所有掙扎在塵世間正在感到痛苦的人，所有沉迷於塵世間還沒有感到痛苦的人，包括過去的所有人和未來的所有人，當然，也包括我，也包括你。

希望，那個老頭可以真正地幫到你。

第一章 用出世的心境，做入世的事業

第二章 生活是一場温暖的修行

第三章 我們該如何與他人相處

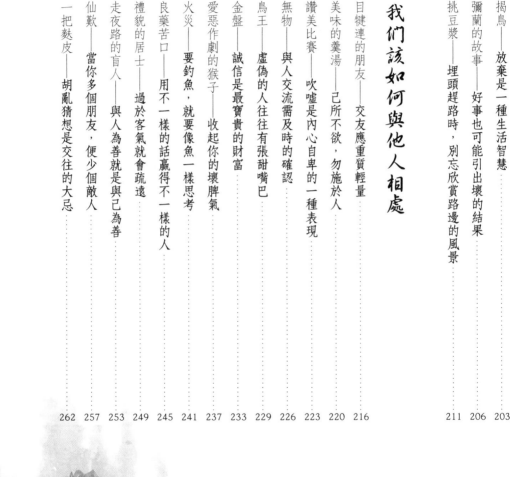

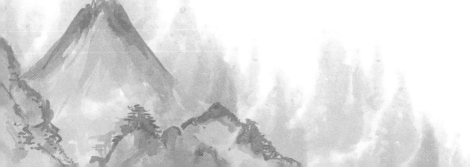

第四章 情緒是可以馴服的野馬

第一章

用出世的心境，做入世的事業

牧羊人——慾望會左右你的事業成長

有一位遠近聞名牧羊高手，他十分瞭解羊的習性，由他所飼養的羊總是又健康又強壯，因此附近很多人都想要得到他的羊。不過這位牧羊高手的性格卻十分古怪，在他的心裡，羊群就是他最珍貴的寶物，斷然不可輕易送人。因此，雖然他飼養的羊成千上萬，但是卻很少有人能夠得到他的羊。

一個足智多謀的外鄉人偏偏不信邪，他悄悄地向鄰居打聽了這位牧羊人的情況，知道他還是單身之後，就主動地和他交起了朋友。一開始，牧羊人還十分警惕，生怕這個陌生人打自己羊群的主意，就與他若即若離。

外鄉人並沒有就此氣餒，他依然堅持對牧羊人噓寒問暖，倍加關心，卻從來不提和羊群有關的任何話題。漸漸地，牧羊人放鬆了警惕，把外鄉人當成了不分彼此的好朋友。

有一天，外鄉人在閒聊的時提到自己熟識的一位好姑娘：「要說起這位姑娘來，那真是讓人嘖嘖稱讚啊，不光容貌閉月羞花，而且十分賢慧善良，只是到現在還沒有夫婿。」

牧羊人一聽，暗自動了心，不由得打聽起這位姑娘來。

外鄉人見狀，立刻拍胸脯承諾說：「不如我替你去向這位姑娘說媒，讓她來做你的妻子好了。」

牧羊人一聽，十分高興，立刻送給了外鄉人很多羊，讓他替自己前去求親。

就這樣，外鄉人帶著羊群離開了，牧羊人一天天地期盼著，想要儘快看到自己的妻子。

又過了一些日子，外鄉人終於回來了，一見牧羊人，就不停地向他道喜，這讓牧羊人十分不解。

外鄉人解釋道：「這位姑娘已經答應做你的妻子了，而且我還有一件更大的喜事要告訴你！」外鄉人賣起了關子。

驚喜的牧羊人連聲追問著，外鄉人這才不疾不徐地說：「你的妻子現在沒有辦法來見你，因為她前幾天剛剛替你生了一個兒子，現在你既有了妻子，又有了兒子，這難道不該賀喜嗎？」

牧羊人一聽，喜出望外，急忙又給了外鄉人很多羊，同時把自己積存了多年的積蓄也都一起拿了出來，讓他將積蓄帶給自己的妻子和兒子。

「唉，不過可惜啊……」拿到了財物的外鄉人話鋒一轉，嘆了口氣。

牧羊人的心也跟著糾結起來，皺起了眉毛仔細地聽外鄉人的敘述。

「可惜你的妻子在生產時遇到了難產，在生了兒子之後就因體力不支死去了，而你可憐的兒子也沒能熬過去，也在今天夭折了。」外鄉人沉重地說。

牧羊人聽聞，頓時覺得世間萬物都失去了意義，一切都變得灰暗了起來，他沉浸在這種得而復失的情緒裡，越想越覺得淒慘，他悲從中來，不由得放聲大哭起來。

生活佛法

外界的誘惑帶來了無盡的慾望，這慾望左右了你的情緒，擾亂了你的心智，降低了你的判斷力，成為你最容易被擊破的弱點。要想獲得非凡的成就，就必須摒除無謂的貪慾，堅定信念，不忘初心，這樣才能做到無欲則剛，才能成就更強大的自己。

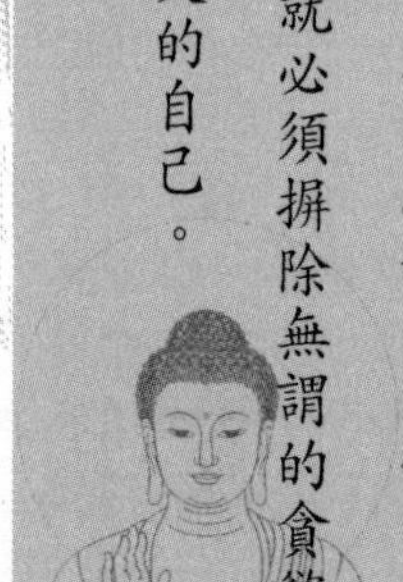

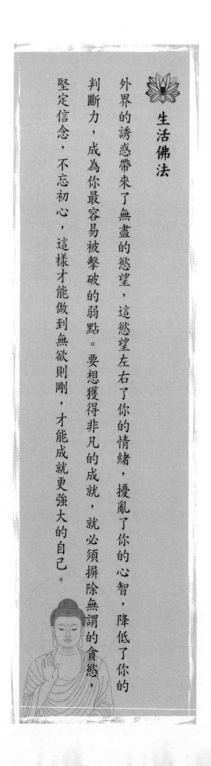

兩個商隊——機會只青睞有準備的人

在沙漠的盡頭有一個小國，這個國家的人們一直平穩地過著自給自足的生活。

有一天，這個小國的國王突然想要知道在沙漠的另一邊有什麼，於是他就派兩個商隊前去探險，並許諾要好好地獎勵最先帶回沙漠另一邊資訊的商隊。

一接到國王的命令，兩個商隊的首領就都立刻計畫起來，其中一個商隊的首領心想：「如果想要得到國王的獎勵，就必須搶在另一個商隊的前面。」於是，他立刻集合起商隊的人馬，帶好乾糧就上路了。另一個商隊的首領卻似乎並不著急，眼見著對手已經早早出發了，他卻一點也沒有要出發的意思。

時間就這樣一天天的過去，首領依然是不疾不徐的樣子，商隊裡的其他人可著急壞了，他們紛紛議論著：「這下子我們肯定會落在別人後頭了，國王的獎賞也沒戲了。」這些議論傳到了首領的耳朵裡，他並沒有生氣，也沒有著急，只是微微一笑。

又過了一些日子，商隊裡的其他人已經不再對國王的獎賞抱有希望了，他們在背後抱怨著首領不及時行動，白白錯過了好機會。

就在這時，傳來了一個壞消息，先前出發的商隊在沙漠中遇到了專門誘惑過路人的夜叉。這夜叉化成人形，手持蓮花，用甜言蜜語欺騙了急於穿越沙漠的商隊首領，將他們帶入歧途。最後，商隊中的大多數人都因體力不支而死去，成了夜叉鬼的盤中餐，只有幾個體力較好的人拼盡了全力才逃了回來。

第二個商隊的人們聽到了這個消息，又是慶幸又是害怕：「多虧首領英明，不然現在沙漠裡躺著的就是我們的白骨了。」

可是就在這時，先前一直按兵不動的首領卻命人採購了足夠的食物和水，召集大家出發。這次輪到其他人打退堂鼓了，有了第一個商隊的前車之鑑，誰也不敢貿然前去探險。見大家猶疑的樣子，首領堅定地說：「請大家相信我，現在到了我們大展身手的時候了！」

原來，從一開始接到國王的命令，首領就開始做準備工作了，他深知穿越沙漠並非一件容易的事，所以並沒有貿然開始行動。他先向以前去過沙漠的人打聽消息，又派了幾個精明強幹的下屬去沙漠中先行打探了一番，在第一個商隊中的倖存者逃回來之後，他又立刻前去向他們請教。瞭解了各方打探結果之後，首領這才下令出發。

就這樣，第二個商隊也踏上了穿越沙漠的旅程。沒多久，沙漠裡的夜叉就出現了，像傳說中一樣手拿蓮花，化成人形，誘惑著商隊的人，說要帶他們去尋找清澈的小溪，讓大家痛痛快快地喝一頓。

在缺水的沙漠中，這樣的誘惑十分誘人，幸好出發之前首領就提前警告了大家，所以商隊裡的人完全不理會跟在一旁的夜叉，堅定信念繼續趕路，不論夜叉如何花言巧語也絲毫不為所動。幾天之後，毫無收穫的夜叉只得悻悻地離開了。

一個月以後，長途跋涉的商隊終於穿越了沙漠，來到了沙漠另一邊的國家，他們購買了一些新奇的物品，稍作休整之後就返回了自己的國家。

回來後，他們得到了國王的獎賞，商隊的首領也被國王召入宮中當官。

生活佛法

急於求成是成功的大忌，盲目地開始行動並不會為你帶來先機，相反，機會總是特別青睞那些有準備的人。若想要獲得成功，事前的調查研究、完善的計畫、堅定的信念，缺一不可。

三層樓——紮實的根基是事業的基礎

有一個富人，他新修了一幢大房子，宏偉極了，每天他都會繞著自己的房子轉上好幾圈，心滿意足地欣賞一番。隨後，他站在門口，一旦有人路過就會邀請過來參觀自己的房子，並詢問行人房子漂不漂亮。路過的人都恭維地說他的房子是自己見過最漂亮的，富人因此分外得意起來。

有一天，富人照常繞著自己的房子巡視了一圈，驕傲地站在了門口。這時一個人匆匆地走了過來，富人急忙拉著他參觀自己的房子，路人急匆匆地說：「對不起，我趕著去看鄰村新修的房子，恐怕沒有時間參觀你的房子了。」說著，路人就急匆匆地走了。

富人有些失落的看著路人的背影，暗自腹誹著：「鄰村的房子有什麼好看的，哪有我的房子漂亮啊！」正尋思著，又有幾個路人行色匆匆地走來，還不等富人開口邀請，這幾個人就對他擺擺手說：「跟我們一起去看鄰村的新房子吧，聽說是那這附近最好的房子了。」

這次，富人半信半疑了起來：「難道鄰村的房子真有那麼好嗎？」他決定跟著大家去一睹究竟。

「天哪，真的是太漂亮了！」

伴著大家的驚嘆聲，富人看見了那幢大房子，那是一棟三層的高樓，遠遠看過去的確是氣派非凡。富人不由自主地跟著主人上了樓，只見那金碧輝煌的裝修讓人移不開自己的眼睛。到了三樓之後，富人更是驚訝極了，整個村子裡的風景一覽無餘地展現在了自己的眼前。

在旁人的嘖嘖讚嘆聲中，富人悄悄下了樓，返回了自己的家中。

回家之後，富人不停地繞著自己的房子轉來轉去，一邊看一邊搖頭，跟鄰村的三層高樓比起來，自己的房子顯得簡陋極了。他暗自下了決心，自己也要修一棟高大寬敞、端莊華麗的三層高樓。

主意打定，富人就找到了村裡最好的工匠：「你幫我修一棟像鄰村一樣，不，要比他那個還要氣派的高樓，越快越好，修好之後我會好好酬謝你！」

工匠一口答應了下來，很快，他就帶著自己的徒弟們行動了起來，他們又是丈量地面，又是挖坑打樁的。

急著看到高樓的富人每天都會到工地上轉上好幾圈，一開始，他還很高興地看著工匠們忙來忙去，想像著自己在高樓上看風景的樣子，但是很快，富人就疑惑了起來，他把工匠找來，不高興地說：「我不是叫你給我修三層高樓嗎？我怎麼看你們整天都在這地上挖來挖去，都在幹些什麼？」

工匠一聽富人的責怪，一開始丈二金剛摸不著頭腦，想了想之後，才理直氣壯地說：「想修三層樓，首先要從第一層修起。」

富人聽了，更是氣不打一處來，他一揮手：「我不要第一層和第二層，這兩層都不稀奇，花時間來修它們簡直就是浪費，我就要第三層，能夠站著看風景的氣派的第三層！」

工匠譏諷地說：「哪有這種事，不修第一層哪有第二層，不修第二層哪來的第三層？」

富人完全不理會工匠的話，他認為這是工匠在為自己的無能而辯解，便解雇了這個工匠，打算再尋找一個工藝精湛，真正可以修三層樓的工匠。

富人找遍了村裡的工匠，每個人都說不可以單單只修第三層，但是富人依然不死心，他堅持認為自己村裡的工匠水準太低了，要想達成自己的願望，就必須去外地尋訪更好的工匠。

就這樣，富人踏上了尋找工匠的旅程，每遇到一個工匠，他都要詢問同樣的問題：「你能夠幫我只修一個氣派的三樓，不修一樓和二樓嗎？」所有的工匠都像看瘋子一樣看著富人，譏笑地搖搖頭。

一年過去了，兩年過去了……富人的三層樓始終沒有修起來。

生活佛法

紮實的根基是事業的基礎，這個道理人人皆知，但是在實際工作中，人們卻總是過於追求最後耀眼的成果，忘記了並不起眼的基礎工作，尋找捷徑反而走了彎路。只有埋下頭，耐下心，踏踏實實地打好不起眼的基礎，才能夠有所成就。

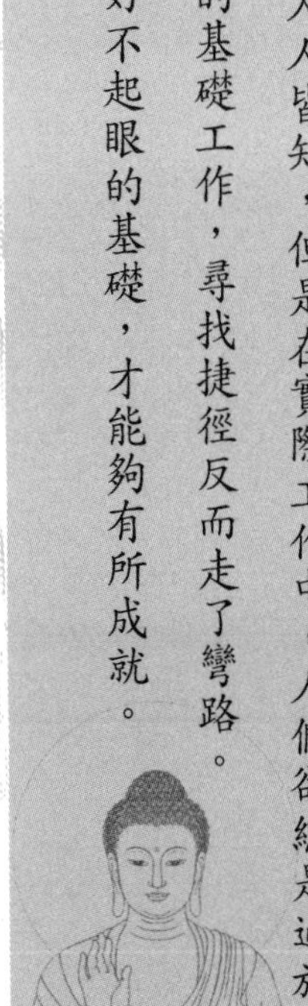

討債——不要為打翻的牛奶哭泣

有一個愛財如命的商人，他最大的樂趣就是清點自己的財產，在他看來，數錢幣時發出的叮噹噹的聲音就是世界上最美妙的音樂。

鎮子裡的人都開玩笑地說，要從他的手中借錢無異於從老虎口中拔牙。

一個年輕人故意跑去向商人借錢，果不其然，商人一口拒絕了他，任憑他說破了嘴皮，商人也不為所動。

後來，年輕人反復對商人許諾，一定會按時歸還，並答應付給他高額的利息，商人才勉強答應借給年輕人一個錢幣。

年輕人一走，商人就開始後悔了：「我怎麼會答應借給他錢呢？在他歸還之前，我都摸不到那個本來屬於自己的錢幣了！」商人輾轉反側，一夜都不能安睡，第二天一早，他就決定去找年輕人把自己的那個錢幣要回來。

可是，商人並沒有在年輕人的家裡找到他，鄰居們說年輕人臨時有事，昨天就前往別的城市去找親戚了。

這下，商人更是覺得後悔萬分了，他每天總是重複地嘮叨著：「我怎麼會答應借錢給他呢？」商人的妻子見他整日碎碎念，不勝其煩，生氣地說：「你要真在乎那一個錢幣，就去找他要吧！」

商人一聽，就像是頓悟了一般：「對啊，我得去找他要回來！」

「怎麼要？相隔那麼遠，先不說你能不能找到，就算是找到了，等要回來也得好幾個月。」妻子諷刺地說。

「對，我得快點要回來！」商人若有所思地說。

商人很快就出發了，為了能儘快到達，他特地花兩個錢幣在市場上雇了一個車伕，乘著馬車踏上了討債之路。

馬車走了幾天，商人每天依然惦記著年輕人借走的那一個錢幣，但是想到自己很快就會把它要回來了，心裡還略微有了些安慰，因此他一邊催著車伕走快點，一邊做著討回錢的美夢。

一天，商人照常在馬車裡思考著自己失去的那個錢，突然馬車停了下來，商人疑惑地下了車，正要對著車伕發脾氣，卻突然看到前方有了一條大河。

「這下我的車沒辦法走了，你還是改坐船吧！」車伕解釋道。

商人看看前方湍急的水流，無奈地拿下行李，前去坐渡船。

這一趟渡船，要兩個錢幣。

「怎麼這麼貴，簡直就是敲詐！」商人聽了渡船的價錢幣，不由嘟囔著。

雖然他的心裡在滴血，但是想到自己白白被借走了一個錢幣，雇馬車又已經花了兩個錢幣，他還是心不甘情不願地付了錢幣。

坐了昂貴的渡船之後，商人終於到達了年輕人所在的城市，他四處打聽，終於找到了年輕人的親戚家。

「年輕人在這裡嗎？他欠我一個錢幣，我是來向他討債的。」一進門，商人就迫不及待地說。

「什麼？你就為了一個錢幣專門跑來了？」年輕人的親戚上下打量著商人，見他一副風塵僕僕的樣子，不可思議地問道。

「他到底在哪裡呢？快叫他還錢！」商人顧不上多說，急忙催促道。

「他沒有來我們這裡！」

商人一聽這句話，頓時眼前一黑，這些天的舟車勞頓，還有為了討債已經花出去的四個錢幣，都像是一塊大石頭一般壓在了他的心頭，他一下子暈了過去。

後來，失落的商人不得不沿著來時的路返回家鄉，低落的心情，旅途的奔波，還有失去錢幣的糾結之痛，使他一到家便一病不起。

生活佛法

已經失去的東西便不再屬於自己，為它再投入人力、物力、財力只會造成更大的損失。應該把關注點放在「未來」而不是「過去」之上，用寶貴的時間和精力來追求美好的未知才是智慧之道。

成仙記——別人的成功是無法複製的

有個少年，在很小的時候就聽別人講過普通人修煉成仙的故事，從那個時候起，他就下定了決心自己也要修煉成仙。

雖說成仙的故事到處都在流傳，但是誰也不知道究竟要如何才能真正修煉成仙，於是少年便四處遊歷，一旦聽說哪裡有人知道成仙的方法，他就會立刻前去請教，可是幾年過去了，少年依然一無所獲。

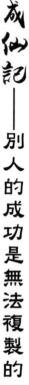

這時，少年的周圍出現了很多冷言冷語：「成仙？成仙有那麼容易嗎？不踏踏實實地工作，反而天天弄這些虛無縹緲的玩意能有什麼好下場。」

「就是呀，也不看看自己的條件，哪有點仙風道骨的樣子。」

這些閒言碎語對於少年並沒有造成任何影響，他認為尋仙之路自然會坎坷重重，若是貿然放棄才會讓自己抱憾終身，所以他依然堅定地四處尋覓著。

日子一天天過去了，尋仙的事依然毫無進展，少年並沒有灰心，只是認為自己誠心不夠，才找不到成仙的法門。

這時，少年聽到一個傳言，某地有一種仙水，喝了之後就可以成仙，於是他就抱著十足的誠心前去尋找。

在途中，少年來到一戶人家借宿歇腳，主人問他如此辛苦地風餐露宿，背井離鄉是為了什麼，少年回答說是為了尋找仙水。

主人一聽，便做出很驚訝的樣子來，隨後關上門，神祕地和少年說：「你何必千里奔波去尋找仙水呢？我這裡有一棵仙樹，爬上去就可以成仙。」

少年一聽，眼前一亮：「請問仙樹在哪裡？請您指點給我。」

主人輕輕地搖搖頭：「這仙樹是仙物！豈能輕易示人？」

少年著急了起來：「請您指點我吧！要我做什麼都可以。」

主人沉思了一下，說：「這樣吧！你幫我做一年苦工，一年之後我再將仙樹指給你看。」

「好，一言為定！」少年不假思索地答應了下來。

於是，少年便在此處住了下來，為主人幹起來苦力，他每天早出晚歸，十分賣力。

想到一年後就能夠如願以償地找到仙樹，少年一點也不覺得辛苦，相反，還覺得十分充實和滿足。

幹苦力的日子過得飛快，很快，一年的時間就到了。

這一年裡，少年任勞任怨，幹得十分出色，年底的時候，他如約向主人打聽仙樹的事。

「仙什麼東西？哦，仙樹啊……」主人像是剛想起來這回事一般，他手向外一指：「你看，門外那棵大槐樹就是仙樹，你爬到樹上，聽到我喊『飛』時就向上一跳，便可以成仙了。」

少年信以為真，迫不及待地爬上了樹，主人喊了一聲「飛」，少年應聲一躍，居然真的飛了起來，成仙而去。

主人看著少年飛走的樣子，驚訝地嘴都合不上了，原來他並不知道什麼仙樹，只是見少年傻裡傻氣的樣子，便動了心眼，想要捉弄他一番，所以才編造了這麼一番謊言。沒想到少年居然信以為真，竟然勤勤懇懇地替自己做了一年的苦工。

剛才少年詢問仙樹的事情時，他也只是隨手一指，隨口一說而已，沒想到居然成就了少年。

「莫非，我家門口的這棵樹真的是一棵仙樹？」主人繞著自己門口這棵並不起眼的大槐樹轉來轉去，這棵大槐樹從他小時候起就在這裡，他從來沒有如此仔細地觀察過它。

看過之後，主人搖搖頭，他一點也看不出這棵大槐樹的出奇之處，若不是親眼所見，他無論如何也不敢相信自己家的這棵樹居然有這種功能。

思來想去，主人決定自己也要試一試。他爬上樹，叫自己的妻子喊了一聲「飛」，然後照著少年的樣子向上一跳，只聽撲通一聲，主人從樹上掉了下來，摔斷了腿。

生活佛法

複製別人的成功並不是一件容易的事，你所看到的往往只是輕鬆邁向成功的最後一步，卻並不知道這一步不過是條件成熟之後的水到渠成。而在此之前那些堅定不移的信念，那些不為人知的辛勤付出，那些不被理解的忍辱負重才是成功真正的祕訣。

可惡的鋤頭——放下，才能走得更遠

在古代有一位農夫，他是遠近聞名的種田好手，他勤勞肯幹，掌握了很多種田的技術，凡是他種下的東西都會獲得大豐收。

這一天，農夫和往常一樣在田裡工作，此時正是盛夏時節，太陽像一個大火爐一樣熱辣辣地烤著。農夫雖然戴著帽子，依然熱得汗如雨下。

這時，田邊走來了一位僧人，他穿著僧袍，戴著佛珠，一副怡然自得的樣子。農夫見僧人一副神色淡然、氣質非凡的模樣，羨慕之情油然而生，再低頭看看自己，一身髒兮兮的泥土，頓時自慚形穢了起來。

回家之後，農夫始終忘不了白天看見的那個僧人。「什麼時候我也可以有僧人那種氣度就好了。」農夫在心裡暗自琢磨著，他尋思了半天，決定放棄種田，前去寺廟剃度，做一個令人敬仰的僧人。

下定決心之後，農夫就開始行動了，這些年來，他一直是自己一個人生活，所以並沒有多餘的牽掛，唯一放不下的就是一把從小就跟隨自己的鋤頭。每天幹完活之後，他都會仔細地把鋤頭上的土擦去，放在工具房裡收起來。

「既然現在自己已經用不著了，不如把它送給別人吧！」於是，農夫就把這把自己最珍惜的鋤頭送給了鄰居，隨後便出家了。

出家之後，農夫像別的僧人一樣伴著晨鐘暮鼓，過起了吃齋念佛的生活，敲敲鐘，誦誦經便是一日，再敲敲鐘，誦誦經，便又是一日……一開始，農夫還十分虔誠，但這樣一天天下來，他不免覺得日子有些單調，開始盼著能有機會下山去看看。

終於有一天，住持命農夫前往別的寺廟辦事，這讓他開心極了。在途中，農夫路過了自己以前的村子，他不由得往田中一看，就看見了那把自己無比熟悉的鋤頭，鋤頭已經鏽跡斑斑了，隨手被人扔在了田中，而自己原來的田地也長滿了荒草。

農夫的心裡很不是滋味，他想起來自己從前種田的日子，雖然每天日出而作，日落而息，十分辛苦，但是每當自己拿著鋤頭幹活的時候，心裡都無比充實，尤其是到了收穫的季節，那種看著自己親手種下的莊稼豐收的喜悅更是無以言表的。

想到這裡，農夫開始有些懊惱，他突然覺得以前那種在太陽底下流汗的日子也並非一無是處。一路上，農夫一直都在後悔，還沒等到達目的地，他就決定還俗，重新拾起鋤頭種田了。

就這樣，農夫脫下了僧袍，再次過著早出晚歸的種田生活。這樣的日子沒有過多久，農夫便再一次感到厭煩了，與寺廟裡無憂無慮地和青燈古佛相伴的生活相比，整日頂著太陽幹活實在辛苦，而且作一個僧人比作一個農夫要受人尊敬得多。

沒多久，農夫就回到了寺廟央求住持，請求再次剃度出家。這次，他偷偷地在包裹裡帶上了自己心愛的鋤頭，想要和鋤頭一同出家。

可是這次，農夫的煩惱更多了，每天他一回到自己的禪房，看見鋤頭的時候就會心念一動，想到從前自己辛苦卻充實的生活，想到每年豐收時鄰居們羨慕的眼神，就自然而然地動起了還俗回鄉的念頭。

長此以往，農夫開始恨起了這把鋤頭：「都是這把鋤頭，害得我不能靜下心來，既沒有種好田，也沒有當好僧人，一事無成。」想來想去，農夫決定把鋤頭丟掉，一心一意作一個虔誠的僧人。

於是，他帶著鋤頭，來到了河邊，將陪伴了自己半生的鋤頭扔進了河水中，鋤頭隨著水流上下沉浮，很快不見了蹤影。

農夫原以為自己會難過，但此刻卻無比釋然，內心也不再掙扎了。

生活佛法

職場上最忌諱的事是這山望著那山高，頻繁地更換方向和跑道，要知道，無論哪一行都只有堅持下去方能見成效。若想要轉換新的方向，必須經過深思熟慮，一旦下定決心要改變，就要完全忘記自己舊時的輝煌和成就，放下包袱，以新人的心態出發起航，才能邁向一個新的成功。

第七個燒餅——「量」的累積才有「質」的變化

從前，有一個窮人，他家裡一窮二白，別無長物，只能靠賣力氣來賺錢。

有一次，他連著給鎮裡的富人做了一個月的苦工，才賺到了寶貴的十文錢。窮人十分珍惜這用自己的血汗換來的十文錢，一直都捨不得花，直到自己實在餓得不行了，才去市場上買點東西填飽肚子。

窮人在市場上轉來轉去，一直想要一樣既能填飽肚子，又便宜的食物，最後他決定還是吃燒餅。

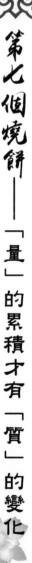

窮人小心翼翼地拿出錢來，向賣燒餅的人買了一個燒餅，他實在是太餓了，沒幾口，燒餅就吃完了。窮人意猶未盡地看看燒餅攤，猶豫了一下，終於還是掏出錢來又買了一個燒餅，很快，這個燒餅也被他吃完了。這次，窮人沒有再猶豫，他一鼓作氣地又買了四個燒餅，想要一下子吃飽肚子。很快，這四個燒餅都下了肚，窮人的肚子終於不像一開始那般空蕩蕩了。

窮人摸了摸自己的肚子，心中思索著：「現在肚子已經不餓了，可是還不是很飽，我到底要不要再買一個燒餅來把肚子徹底填飽呢？」他伸手摸了摸兜裡的血汗錢，又抬頭看了看燒餅攤，那金燦燦的燒餅一個個整齊地排在了架子上，他想到剛才吃下去的那幾個外酥內嫩，十分美味的燒餅，下定決心還是再吃一個。

窮人橫下心，又掏出錢來向賣燒餅的人買了一個新出爐的燒餅，熱騰騰的燒餅很快就慰藉了窮人的胃，這下，窮人徹底吃飽了。

他心滿意足地說：「今天吃得真飽啊！」

窮人正要走，突然覺得不對，像剛想起來什麼一樣，直愣愣地瞪著賣燒餅的老闆，老闆被他看得心慌，疑惑地問：「你為何要這樣看著我呢？不會是還想再吃一個燒餅？」

窮人擺擺手，憤怒地說道：「你為何要如此欺騙我？」

這下老闆更加疑惑了：「我和你從前並不相識，我也只是在這裡一心一意地做生意而已，你前來買燒餅，我便賣給你，你要買幾個，我便賣你幾個，這如何談得上欺騙呢？」

窮人絲毫沒有理會老闆的解釋，依然怒目而視：「你為何要最後才將那第七個燒餅賣給我。」

賣燒餅的老闆沒有聽懂窮人的話，疑惑地問：「你要買七個燒餅，我便賣給你七個燒餅，不知有何不妥？」

窮人答道：「我之前一連吃了六個燒餅，都沒有覺得飽，但是這第七個燒餅一吃下去，立刻就覺得飽了，你為何不早點將這第七個燒餅賣給我吃，而是騙我先吃了那六個燒餅呢？」

老闆一聽，又好笑又無奈，回答道：「若你沒有先吃下那六個燒餅，這第七個燒餅又如何能填飽你的肚子呢？」

生活佛法

不積跬步無以至千里，不積小流無以成江海，若沒有前六個餅的積累，窮人如何能輕易用第七個餅填飽肚子？同樣，在工作中若沒有前期勤懇的點滴累積，又怎能有後期「質」的變化？若一心只追求「質變」的喜悅，卻不肯踏實地做「量變」的積累，與窮人又有何異？

大魚和小魚——前人的經驗是最好的鏡子

在河裡生活著很多魚，有大魚，也有小魚。其中，有一條大魚的口頭禪是「不要亂跑」，每當牠看見小魚們在水裡自由自在地游來游去的時候，就會板著臉一本正經地說：「不要亂跑，不要跑遠了，不然就會被壞人給捉去了！」

可是小魚們誰也沒有把牠的話放在心上，一開始，牠們還假裝認真地聽牠說，到後來，每每看見這條大魚游過來，小魚們就會一哄而散，不給牠任何可以嘮叨的機會。

大魚看見這個情形，只能無奈地搖搖頭。

有一天，小魚們覺得整天在這一片水裡游來游去實在無聊透頂，便決定游到遠處去看看。

這時，有幾個膽子小的小魚想起來那條大魚的話，就小聲地說：「可是，大魚曾經說過不能跑遠了，不然會被抓的。」

「不要信這些鬼話，牠肯定是嚇唬我們的，誰都沒有見牠往遠處游過，怎麼會知道這些事情呢？」其他的小魚不以為然地說。

就這樣，這群小魚向遠處游去了。

很快，小魚們就游到了岸邊，牠們看見一群捕魚的人正在撒網，嚇得趕緊跑回了自己熟悉的地方。

大魚看見小魚們驚慌失措地跑過來，又開始嘮叨起來：「不要亂跑，不要跑遠了，不然就會被人給抓走的！」

小魚們七嘴八舌地說：「我們剛才已經到岸邊了，看見有人在撒網捕魚，所以趕緊逃回來了。」

「實在是太危險了，以後可千萬不能再這麼做了。」大魚緊張地說。

這時，有幾條小魚對自己剛才的經歷沾沾自喜起來，牠們不以為然地說：「沒關係，我們可機靈了，你看，這不是安全回來了嗎？」

大魚接著問道：「你們除了看見漁網之外還看見別的東西了嗎？有沒有注意自己身後是否有一條長線呢？」

「長線，讓我想想……」小魚們仔細回想著：「一開始似乎是有一條長線一直跟在我們身後，不過後來就沒了。」

「以前好多魚都是被那條長線奪取性命的。」大魚語重心長地說。

「你怎麼知道，你從來不往遠處去？我看那長線很細，一點也不可怕啊。」有條小魚質疑了起來。

「我年輕的時候也和你們一樣，想要四處探險，可是當時這裡很多魚都是游出去之後，就再也沒有回來，所以我決定先跟著大家去調查一番。後來有一次，我遠遠地跟著其他的魚游出去，這才發現原來除了可怕的大網之外，還有一條同樣可怕的長線，這條長線總是如影隨形地跟在你的身後，一不小心就會上了鉤。當年，你們的祖父祖母，爸爸媽媽，還有很多叔叔阿姨都是被這條長線所害。這次你們很幸運，但是下次就不一定了！」大魚語重心長地解釋著。

這一次，小魚們都沉默了，牠們想起了自己失去的親人，也都開始害怕了起來。

「如果你們肯聽我的話，就不需要去冒這個險了。」大魚又開始了它的嘮叨。這一次，所有的小魚都聽得無比認真。

生活佛法

並非所有的事情都要親身經歷才能得出經驗，從別人的失敗中吸取經驗教訓，或者聽從有經驗的人的教誨，進而透過自省來儘量避免失敗，是最便捷、也是成本最低的進步方式。

戰場上的英雄——生活中的偶然，也許是你成功的開始

從前，有一個國家和鄰國之間爆發了戰爭，國王下令所有十五歲以上，四十歲以下的健康男子都必須出征，不論是誰，只要在戰場上能夠立下戰功，戰爭結束後一律重賞。

當時，有一位以織布為生的男子，他的年齡剛好在徵兵的範圍內，可是他剛剛結婚，對於新婚的他來說，要告別家中的嬌妻，前往戰場是萬般不願意的。但是君命難為，徵兵的日子到來之時，他不得不戀戀不捨地和妻子道別。

這時候，他的妻子拿出兩樣東西來，一件是裝糧食的陶器，另一件是他的織布機上的梭子，對他說：「你要把這兩件東西看得和性命一樣珍貴，如果你回來的時候丟了其中一樣，就不要回來見我了。」男子心裡雖然滿是疑慮，不知道這兩樣到處都可以買到的小東西有什麼重要的，需要如此珍惜，但還是一口答應了下來。

很快，加入了軍隊的男子和其他的士兵一起上了戰場，一路上，別的士兵都在紛紛議論著國王的獎賞，想像著若是自己能夠立下赫赫戰功就可以飛黃騰達了，可是男子卻一路上不言不語。

「嘿，你怎麼不說話啊，難道你不想立功嗎？」有人好奇地問道。

男子搖搖頭：「不，我保護好自己的東西就好了。」說著，他又摸了摸裝著陶器和梭子的包袱。

「你這包袱裡到底有什麼好東西，這麼珍貴？連國王的獎賞都不想要了？」

男子並不作答，只是一心想著能夠儘快結束戰爭，帶著妻子交給自己的東西回家。

不多久，男子所在的部隊就遇上了敵軍，兩軍交鋒異常激烈，男子所在的部隊不敵對方，節節敗退。和男子一樣剛剛參軍的士兵們看到了戰場上拼殺的慘狀，都把自己先前說要立戰功、得獎賞的話拋到九霄雲外了，一個個恨不得自己能多長幾條腿，好跑得更快一些。

這些沒有受過專業訓練的士兵四處逃竄，把隊伍衝的亂七八糟，男子也被擠得摔倒在地。

「我的包袱！不要碰我的包袱！」在混亂的隊伍中，男子最先想到的就是包袱裡妻子交給自己的物品。他用力撥開人群，想要把包袱好好地保護起來，可是情形實在是太混亂了，每個人都自顧不暇，誰都沒有聽見男子的叫聲。

危急之下，男子急忙把自己的包裹舉到了頭頂，生怕一不小心失手將妻子交給自己的東西掉落。

這時，敵軍的首領也發現了男子的怪異舉動，見他淡定地站在了混亂的人群中，任周圍的士兵們抱頭鼠竄，他卻巋然不動，似乎自有一種獨別於眾人的氣度。

「真是個勇猛之士啊！」首領不由得感嘆了起來。

敵軍的軍隊中也有很多人發現了這個與眾不同的男子，大家都被他這種臨危不亂的氣質所震懾，一時間，竟無人敢繼續上前。

正在逃跑的士兵們發現敵方的軍隊突然停了下來，也深感詫異，直到看見男子如同雕塑一般屹立在隊伍前方的身影才恍然大悟。

「這才是真正的勇士！」士兵們敬佩極了，他們被男子的勇氣所鼓舞，趁敵人停滯不前的時候，重整旗鼓，發動了反攻，並一舉殲滅了敵軍，大獲全勝。

從此，男子的威名在戰場上流傳開來。

戰爭結束後，國王論功行賞，大家都極力向國王推舉男子，說他是鼓舞士氣、威震敵軍的最大功臣。

國王把男子召來，詢問他為何能有如此的勇氣，敢於獨自面對千軍萬馬。

男子不好意思地說：「國王，我並非是真正的勇士，只因為我的新婚妻子交給我兩件物品，並要求我在戰爭結束之後務必要將它們完好無損地帶回家中，我只是竭盡全力來保護這兩件物品，擊退了敵軍只是巧合，並非勇猛。」

國王聽後，起初有些詫異，但隨即哈哈大笑了起來：「看來我要獎賞的不僅僅是你，還有你的妻子啊！」

隨後，國王重重地獎賞了男子和他的妻子。

生活佛法

成功，有時候是無心插柳柳成蔭的。因此，在日常工作中即便是微不足道的目標，也要用全力以赴的態度去完成，用心做好每一件小事，幸運自會光顧。

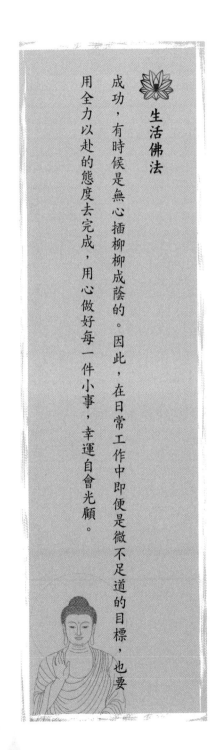

捕鳥——人之所以能，是相信能

有個靠捕鳥維生的人，到村邊的沼澤地裡去捕捉一種特殊的雀鳥。這種雀鳥很難捕捉，牠們身形較大，力量也很大，總是能從網中掙脫出去。為了對付這種雀鳥，捕鳥人特意找人用最堅固的材料編織了一張大網，想要將雀鳥一網打盡。

一大早，捕鳥人就在沼澤裡布好了網，靜靜地潛伏起來，等待雀鳥的到來。他知道，這種雀鳥喜歡到沼澤中尋找食物，只要有耐心，就一定能在這裡等到雀鳥。

果然，沒多久，一大群雀鳥結伴而來，牠們成群結隊地飛到捕鳥人潛伏的沼澤地上，興奮地捕食。

捕鳥人依然靜靜地等待著，等雀鳥們飛進了自己早就布好的大網中時，才迅速起身收網，將所有的雀鳥全部收於網中。

「這次我早就布下了天羅地網，你們一個也逃不掉了！」捕鳥人一邊拖著網，一邊驕傲地自言自語著。

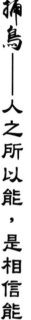

不小心落入了網中的雀鳥們驚慌失措，用力地掙扎著，可是這網實在是太結實了，無論牠們怎麼掙扎也無法像以前一樣將網弄破。這下子，雀鳥們更是像無頭的蒼蠅一樣，亂飛了起來，捕鳥人使勁拽了拽大網，將網收得更緊了。

這時，在雀鳥中有一隻體型最大的，也是力氣最大的鳥，牠使出了渾身的力氣向上飛，想要將網頂起來，其他的雀鳥見牠賣力的樣子，也學著像牠一樣，用力向上飛去，終於，雀鳥們如願以償地將大網頂了起來。

捕鳥人急忙用雙手將網的一端緊緊拉住，可是他一個人又怎麼能抵得過整整一網的雀鳥呢？很快，雀鳥們就從捕鳥人的手中掙脫出來，帶著大網飛了起來。

捕鳥人眼見著已經落入網中的雀鳥又遠走高飛了，又是可惜又是不甘心，他決定向雀鳥們飛走的方向追過去。

雀鳥越飛越高，捕鳥人也快步地追著。

村裡有人看見捕鳥人氣喘吁吁的樣子，好奇地問他在做什麼。

捕鳥人指指天上的雀鳥：「追雀鳥。」

村裡人一聽，便哈哈大笑了起來：「雀鳥有翅膀，在天上飛，你只有兩隻腳，在地上跑，怎麼可能追得上呢？這實在是太荒唐了！」

捕鳥人看看天上已經飛遠了的雀鳥，認真地和村裡人解釋道：「靠我自己的雙腳的確沒有辦法追上天上的雀鳥，但是等天黑的時候雀鳥們一定會落下來的，到時候我就可以將它們一網打盡了。」

說著，捕鳥人又沿著雀鳥們飛走的方向追了過去。

就這樣，捕鳥人追隨著雀鳥跑了整整一天，雖然他的腿腳已經酸得不聽使喚了，但他還是堅信只要堅持追下去，一定會等到雀鳥落地的時候。

黃昏終於到來了，太陽向著西邊的地平線沉了下去，天色也漸漸暗了下來。正如捕鳥人所料，飛了一天的雀鳥們也都筋疲力盡了，在夜幕即將降臨之際，牠們都想著儘快回到自己的家。因此，大網中的雀鳥們此時不再朝著同一個方向飛，牠們有的向東飛，有的向西飛，有的向南飛，有的向北飛，四處亂飛的雀鳥們在大網中越纏越緊，最後掉了下來。

捕鳥人見狀，立刻用繩子將大網的一端緊緊地綁在樹上，將雀鳥全部捕獲。

等待了一整天的捕鳥人終於在太陽下山之際，滿載而歸。

生活佛法

一時的失敗並不可怕，可怕的是遇到了挫折便輕言放棄的態度。

在失敗面前，要沉下心來，仔細分析失敗的原因和挽救的辦法，以越挫越勇的心態來迎接挑戰，以不拋棄、不放棄的精神來等待新的機遇，才有可能扭轉局勢。

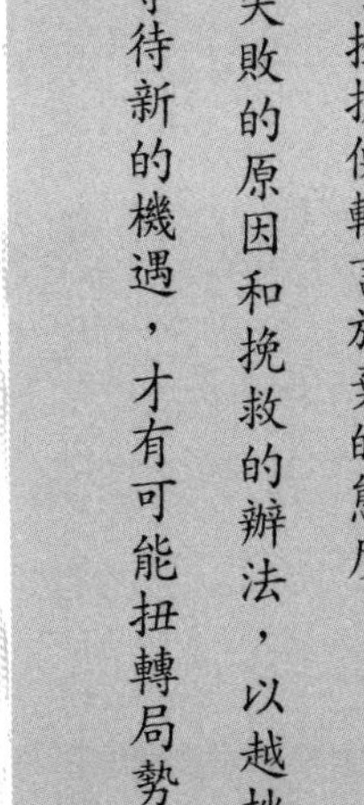

沉香木——耐心等待，就會有下一秒的奇蹟

在印度周圍的海中，有一種稀世珍貴的藥材叫做沉香木，它非常稀少，藥用價值高，因此售價極高。

有一位印度人聽說撈沉香木非常賺錢，便動起了心思，想要從大海中打撈沉香木出來賣。可是大海上波濤洶湧，又不時會有驚濤駭浪襲來，一不小心就會被大風大浪給掀翻，在這種情況下打撈含量本來就十分稀少的沉香木豈是一件簡單的事？

印度人就這樣冒著生命的危險，一次次進出大海之上，在風浪之中撈取沉香木，如果幸運的話，他出一次海可以撈到一小塊沉香木，但是大多數時候，他都是空手而歸，還有好多次，他都幾乎要被大浪所吞沒，送掉性命。

印度人如此辛苦地打撈了一年，才積存了一小車的沉香木。

「這下，我要發大財，變成富翁了吧。到時我一定要好好享受享受，這才能對得起我這一年的出生入死啊！」印度人看著自己打撈上來的沉香木，幻想著將它們全都賣出去之後的生活。

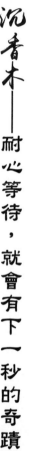

抱著無盡的希望，印度人將這一車沉香木推到了市場上去賣，可是一連幾天，這珍貴的沉香木居然無人問津。

「這是怎麼回事呢？難道人們不知道這是沉香木嗎？」印度人疑惑了起來，於是他在車前豎起了大大的牌子，寫上了沉香木的名字。

又過了一段時間，印度人還是一塊沉香木也沒有賣出去，這期間偶爾會有幾個人好奇地來詢問，但是一聽沉香木的價格，就搖搖頭走開了。

印度人失落極了，他嘆口氣，看看車上的沉香木，又看看旁邊攤位，那個賣木炭的攤位上始終人來人往，不斷有人來購買木炭，賣木炭的攤主都快要忙不過來了，而自己呢？守著這一車珍貴的沉香木，卻門可羅雀，實在是情何以堪啊！

這一刻，印度人的心裡有些後悔，自己何必出生入死地去大海裡撈取沉香木呢？還不如隨便去山上找些木材把它們燒成木炭來賣呢？想到這裡，印度人的心裡突然冒出了一個想法：「反正這些沉香木也賣不出去，不如我把它們燒成木炭，還能快點賣出去，換點錢來。」一想到這裡，印度人自己又搖了搖頭，這一車沉香木是他自己辛苦了一年才收集到的，就這樣燒成木炭，著實可惜了。

時間一天天過去了，在市場上賣沉香木的印度人還是毫無收穫，看著旁邊總是生意興隆的木炭老闆，印度人又想起了自己先前那個把沉香木燒成木炭賣的荒唐的想法，這一次，他心裡的天平開始向這個想法傾斜了。

又過了幾日，一無所獲的印度人終於把心一橫，決定將這一車的沉香木全部燒成木炭了。很快，他就將這一車木炭推來市場上賣，果然，這次生意好多了，不出幾天，印度人的木炭全都賣光了。

印度人拿著賣木炭的錢，正在為自己的「好主意」而得意洋洋，正在此時，一位衣著華麗的人走了過來，向印度人詢問道：「請問，您知道這市場上哪裡有賣沉香木的？」

「沉香木？」印度人詫異地睜大了眼睛。

「沒錯，我是宮裡的藥師，正在為國王配製一種藥物，需要沉香木這種名貴的藥材，可是找遍了所有的藥店也沒有找到，聽別人說這市場上有人在賣沉香木，便來高價收購。」來人解釋道。

印度人看著自己手裡用沉香木換來的錢，欲哭無淚。

生活佛法

在機會沒有出現時該如何做呢？沉下心氣耐心地等待！等待是判斷力、耐心、信心和意志力的試金石，只有通過了考驗的人才能夠坦然面對一時的失敗，等待新的機會，從而取得最後的成功；而短視的人為了眼前的蠅頭小利放棄了等待更好的機會，只能和成功擦肩而過。

水和火——行動要選對時機

有一個愚人，做什麼事情都比別人慢半拍，所以經常會誤事。

一次，他的家族要舉辦一場盛會，每一個人都分配了任務，單單沒有給愚人分配，愚人覺得很不滿，便去找族長理論。

「為什麼別人都有任務可以做，而我沒有呢？」愚人一本正經地問道。

「這次盛會十分重要，遠近很多村落的人都會參加，我們必須保證每一件事情都萬無一失。所以這次，就先不讓你做事了。」族長耐心地和愚人解釋道。

「不做複雜的事，我也可以做簡單的事。」愚人向族長請求道。

族長思索了片刻，對他說：「那我交給你兩件事吧，這兩件事都非常簡單，第一，在盛會當天，你要準備好一罐子冷水；第二，在盛會開始的時候，你要準備好火器，在需要的時候將它點燃。」

愚人一聽，立刻拍著胸脯和族長保證起來：「沒問題，我一定會做好這兩件事的。」

族長還是有些不放心，又囑咐道：「這兩件東西都是盛會的時候要用到的，在盛會開始時你務必要準備好，千萬不可以像以前那樣拖拖拉拉，最後耽擱了盛會！」

愚人又一次向族長保證，說自己這次一定會用心做好這兩件事。

回到家之後，愚人生怕自己將事情忘記，便將這兩件事認真地記在了牆壁上，每天都要看幾遍提醒自己。

距離盛會的日子越來越近，愚人也越來越緊張，他生怕自己會在盛會時出錯，失去族長的信任，因此，他每天都會在心中默默地將盛會當天自己要做的事情預演幾遍：「先打一罐子冷水，再準備好瓦盆和火種，隨後點燃火種……」

如此幾天之後，愚人還是覺得不夠放心，他決定笨鳥先飛，在盛會當日早些起來開始準備，以保證能夠按時完成族長交代自己的任務。

盛會終於到來了，因為怕睡過了頭，愚人一晚上都沒有好好睡，天剛亮，他就立刻翻身起了床，迎著清晨的第一縷陽光，開始準備了。

與自己在心中預演了無數遍的一樣，愚人首先拿著鐵罐子去河邊打了一罐的涼水，隨後把涼水放在一邊。接著，他找來了瓦盆，又找來了火種，把火種放在了瓦盆裡。

完成這些工作之後，愚人輕輕地舒了一口氣，這下大部分的工作已經完成了，只剩下生火，這次不會再耽誤事了。

可是沒多久，愚人又開始擔心了起來：「如果生火的時候出了問題怎麼辦啊？」他思來想去，決定先把火點燃，這樣就不用擔心了。

於是，愚人在瓦盆中燃起了熊熊火焰，他看著火焰，這才放下心來。

「既然工作已經都完成了，現在，我可以放心地去休息一下了。」忙了一早晨的愚人覺得有些困倦了，就回到家裡躺了下來，等待盛宴的開始。

正午時分，等待已久的盛會終於要開始了，胸有成竹的愚人不疾不徐地起了床，見大家都匆匆忙忙的樣子，心中暗喜：「多虧我有先見之明，早早把東西都準備好了，不然現在就會跟他們一樣手忙腳亂了。」

愚人不慌不忙地走到了自己準備好水和火的地方，卻發現瓦盆中的火種已經燃燒殆盡了，只剩下星星點點的火光；而鐵罐子中的冷水在陽光的照射下，也變得熱騰騰的，不可以用了。

盛會眼看就要開始了，再去打水或者重新找火種，都已經來不及，這下愚人徹底傻眼了。

生活佛法

做事的時機選擇是一門藝術，選擇對的時機做事可以事半功倍。相反，若選錯了時機，無論是早也好，晚也罷，即使付出了再多的努力，都不會得到預期的結果，甚至可能適得其反。

剃鬍鬚——做自己最擅長的事

有個隨從從小就跟著國王，國王十分信任他。

一次，國王出征，決定帶他一同前去。

誰知大臣們認為這個隨從既不能帶兵，又不會打仗，帶他上戰場簡直是開玩笑，可是國王仍然執意要帶他去。

戰爭很快就開始了，勇猛的敵人不斷發動進攻，國王的部隊節節敗退，最後被敵軍團團圍住。在混亂的廝殺中，敵軍中有人趁國王的護衛不注意前去襲擊國王，正在這千鈞一髮的時刻，那名隨從奮不顧身地前去搭救。雖然他不會舞刀弄槍，但還是用身體擋住了敵人的襲擊，救國王於危難之中。

國王死裡逃生之後，立刻帶領軍隊展開反攻，很快便擊退了敵人。

回國之後，國王十分感激這個英勇的隨從，想要好好獎勵他。

國王思來想去，決定賞賜給他官爵，讓他入朝為官。

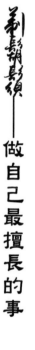

誰知，隨從聽到國王的這個賞賜之後，卻並沒有露出高興的樣子來。他略微沉思了一下，鼓起勇氣對國王說：「陛下，我十分感謝您的恩德，但是請容許我不能接受您的賞賜。」

國王起初十分詫異，略加思索之後，他微微地點頭而笑：「沒錯，僅僅是加官晉爵無法報答你的忠誠，我再命人給你修一座大宅院吧。」

隨從一聽，趕緊擺擺手：「陛下，您的賞賜實在是太重了，我受之不起啊！」

國王聽了不由得哈哈大笑起來：「難道我的性命還不值一個官爵和一座宅院嗎？」

隨從又急忙搖搖頭：「陛下，這並非是我的本意，入朝為官是天大的榮耀，但是我深知自己的能力，文不能定國，武不能安邦。我只是一個從小就伺候您的隨從，如果讓我入朝為官恐怕大臣們也不能信服。」

國王聽了隨從的解釋，輕輕地點點頭：「你說的也有道理，既然如此，你就直說自己想要什麼賞賜吧，金錢也好，美女也好，官位也好，無論你有什麼要求，我都會滿足你的。」

「陛下，那就請允許我專門為您剃鬍鬚吧！」隨從回答道。

「剃鬍鬚？這算什麼賞賜呢？」國王不解地問。

「陛下，您有所不知，我從小就入宮，只會伺候人，其他什麼也不會做，若是您讓我去做別的事恐怕也做不好，但剃鬍鬚是我最擅長的，我肯定能將這件事情做好。所以，我才請求您讓我專門為您剃鬍鬚。」

國王想了想，還是答應了隨從的請求。

眾人聽說這個隨從居然沒有借機向國王要更多的賞賜，都說他太傻，白白錯失了好機會。但隨從卻並不在意，他知道自己若是真的為官，那大臣們一定會反對，即使忌憚國王勉強同意，也會對自己心懷不滿，再加上自己不懂做官之道，將來定會成為眾矢之的，還不如索性做自己擅長的事——剃鬍鬚。

就這樣，隨從成了國王御用的剃鬍鬚師傅，他技術十分嫻熟，國王也越來越喜歡和信任他。

生活佛法

瞭解自己的長處和短處，從而找對自己的定位，拒絕一些不切實際的誘惑，專心做自己擅長的事，並將其做到極致，便是通向成功的終南捷徑。

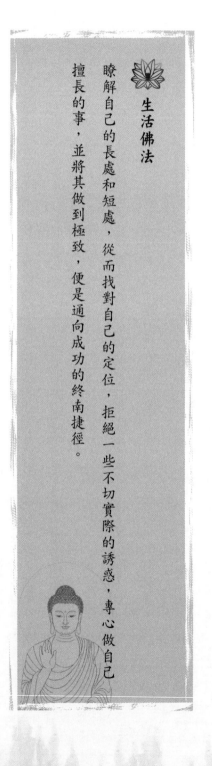

水中金——方向錯了，停下來就是進步

有一個年輕人，他十分羨慕那些能夠做大事、賺大錢的人，可是他嘗試做了很多事情，卻一事無成。

有一天，他像往常一樣在村子周圍一邊散步一邊思考著自己接下來還能做些什麼。走著走著，年輕人來到了湖邊，見這裡微風習習，就停了下來。

「為什麼別人都能發財，我就是不行呢？難道是我不夠努力嗎？」年輕人在心裡自省道：「看來以後我還得繼續努力，不能讓別人小看了。」

就在這時，一隻燕子從池塘邊的樹下衝了下來，年輕人的目光不由得隨著燕子在水面上掠過。只見燕子橫掠過了水面，擾亂了這一湖的平靜，水波蕩漾了起來，在陽光的照射下，湖面上的漣漪就像是有人撒下的碎金一般耀眼。不，不是像碎金，而是真的有金子，在蕩漾的水波裡，年輕人似乎看見一條金鏈子隱隱約約地映入眼簾，他用力揉揉眼睛，定睛一看，燕子激起的漣漪已經散去，分明有一根金鏈子靜靜地躺在水中。

「真是天助我也！」年輕人激動地叫了起來，隨即，他又立刻冷靜了下來：「這次我一定要把握機會，不能再讓人看笑話了。」

年輕人仔細觀察了一番，再次確認了水中的確有一根金鏈子後，就在地上找了一根木棍，用木棍丈量了金鏈子到岸邊的距離，並在木棍上做了一個標記。隨後，年輕人跳下了水，根據木棍的標記，游到了金鏈子的位置，開始打撈。

一個小時過去了，年輕人連金鏈子的影子也沒有看到，一無所獲的他只得不甘心地上了岸。上岸之後，年輕人瞪大眼睛朝剛才撈金鏈子的地方看過去，湖水平靜下來之後，那根他剛才看見的金鏈子又重新出現了。「果然沒看錯，看來還是我沒有撈對地方。」這一次，年輕人下定決心，就是把湖底翻個底朝天，也要找到這根水中的金鏈子來證明自己。

一個小時過去了，兩個小時過去了……整整一上午，年輕人都在打撈金鏈子，他幾乎要把湖底給翻遍了，也依然沒有看見金鏈子的蹤影。

無可奈何之下，年輕人再次回到了岸上。

「這鬼東西，怎麼這麼難找。」年輕人看著湖面，憤怒地抱怨著，湖面上水波蕩漾，在水波中金鏈子似乎就這麼消失了，但是等水面再次平靜了下來，金鏈子又一次出現在了湖面上，它靜靜地躺在那裡，在陽光的照耀下發出耀眼的光彩，就像是在嘲笑年輕人一般。

「無論如何，今天我一定要找到金鏈子！」年輕人再一次跳下了水，但結果仍然是一無所獲。

這時，一位路人走過，見年輕人站在岸邊悵然若失的樣子，便問他為什麼呆呆地站在這裡。

「金子，都怪那鬼東西！」年輕人憤憤地說。

「金子？什麼金子？」路人好奇地問？

「這湖裡有一根金鏈子，可是我耗了一天的時間也沒有把它打撈上來。」年輕人對路人抱怨著。

「請問你看見的金鏈子到底在哪裡呢？」聽年輕人這麼說，路人也有了興趣。

「不就是在那裡嗎？你看……」年輕人拿木棍指著湖面，把金鏈子所在的位置指給了路人：「我每次一下水它就消失了，一上來就出現了，你說是不是見鬼了！」年輕人依然喋喋不休地抱怨個不停。

路人看看湖面，在年輕人指的位置上果然有一根金鏈子，他又抬頭看看把樹枝已經伸到了湖面上的大樹，瞬間就明白了。原來，在湖裡的只是金鏈子的影子而已，真正的金鏈子一定是在湖面上的樹枝上。

等年輕人心灰意冷地離開之後，路人迅速爬上了大樹，沒多久，就找到了掛在了樹枝上的金鏈子。

生活佛法

方向選擇至關重要，若最初的方向選擇不正確，成功只能是鏡中花、水中月，再多的努力也是徒勞；若找對了方向，則有可能一擊即中。

因此，在你一味努力卻沒有任何成果時，不如停下來重新審視一下自己的方向是否正確。

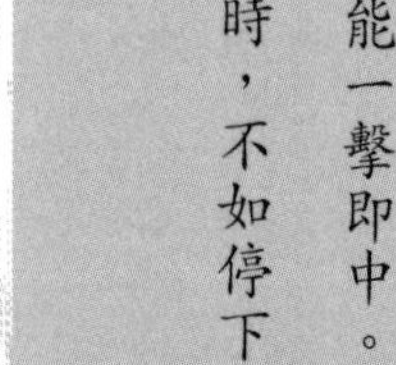

「會駕船」的人——盡信書不如無書

從前，有一位富豪，他有一個非常聰明的兒子。這個兒子從小就有過目不忘的神奇本領，凡是他看過的書都能倒背如流，富人十分喜歡這個兒子，想好好培養他，讓他繼承自己的家業。

在兒子十八歲生日那天，富翁將他叫到自己跟前與他說：「現在你已經長大了，該學著如何做生意了，我會找人來教你，你要好好跟著前輩學習。」

兒子一聽，十分高興：「爸爸，你放心吧！我一定努力學習。」

富翁看著兒子懂事的樣子，滿意地點點頭。

過了幾日後，富翁便叫兒子去自己的商行學習，他的商行是做海上運輸生意的，因此，除了常見的生意常識之外，富翁的兒子還要瞭解一些海上的知識以及簡單的船舶知識。但是這些都沒有難倒這個聰明的兒子，很快，他就將這些知識背的滾瓜爛熟，甚至還學會了舉一反三，進步可謂十分神速。

富翁聽商行裡的人說兒子的表現十分出色，在這麼短時間內就把該學的都學會了，又自豪又歡喜，決定親自考一考兒子。

富翁詳細地詢問了兒子的學習進展情況，每一樣兒子都能對答如流。最後，富翁決定問問兒子關於海上駕船的知識，讓他驚喜的是，這個年僅十八歲的兒子對這些知識也是瞭若指掌，不論是如何掌握方向，如何停靠，如何駕駛船隻，還是遇到漩渦、礁石該如何躲避，兒子都能說得頭頭是道。

這下，富翁滿意極了，決定讓兒子跟著商隊出一趟海實踐一下。

出海的日子終於到來了，富翁親自將兒子送到了商船上。一上船，兒子就將商船駕駛室裡所有東西的名字都叫了出來，還背誦了一下如何駕船的方法，船長見他雖然年紀輕，知識卻如此淵博，也連連誇讚起來，富翁見狀更是高興地合不上嘴。

和父親告別之後，兒子獨自同商隊一起踏上了海上旅程，雖然這是他第一次出海，但是他對大海的瞭解卻一點也不比同行的其他人少。尤其是駕船的知識，和船長簡直不相上下，大家都很敬佩他。

這天天氣很好，風和日麗，商船在海面上平穩運行著，兒子和商隊裡的人在船艙裡閒聊，正在這時，船突然快速偏離了方向，顛簸了起來。

「怎麼回事？快去看看怎麼回事。」一慌亂中有人說道。

大家急忙跑到駕駛艙，只見船長倒在地上，一臉痛苦的樣子，原來他突發疾病，再也沒辦法駕船了。

「這可怎麼辦？要是沒人駕船，我們就會葬身大海之中了。」

「得趕緊想個辦法啊，船越來越偏離方向，再不想辦法恐怕沒時間了！」眾人驚慌失措了起來。

「大家都不要慌，我會駕船，接下來就由我來掌舵吧！」正在這危急關頭，富翁的兒子站了出來。

「對，他懂得駕船的知識，讓他試試吧！」有人喊道。

富翁的兒子神色鎮定地走到了船長的位置上，看了看窗外的大海，大聲背誦起了駕船改變方向的要領來。

眾人十分不解，紛紛問道：「你為何不趕緊駕船，反而背這些有的沒的呢？」

富翁的兒子面不改色，嚴肅地回答道：「我正是在用自己學到的知識來駕船啊！」

眾人一聽，面面相覷，富翁的兒子繼續大聲地背誦著駕船的方法，船越來越偏離航向，向著一塊大礁石衝了過去。

最終，所有的人都落水而亡。

生活佛法

知而不行，猶如不知。「知」，是理論基礎，「行」，是實踐進階，二者缺一不可。只「知」不「行」就如紙上談兵，再誇誇其談也毫無用處，只有用理論來指導實踐，再用實踐來優化理論才能不斷進步。所謂「知行合一」，正是此道。

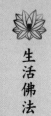

兩塊石頭——天資優秀也經不起揮霍

在古代，有一個非常有名的雕刻師傅，他雕出來的石像栩栩如生，十分漂亮。有一天，當地的一個大寺院想要重塑大佛，便找到了這位著名的雕刻師傅，想讓他幫忙精心雕刻一尊大佛供人瞻仰，雕刻師傅一口答應了下來。

為了能雕刻好佛像，雕刻師傅特地到山上去尋找合適的石材。選石材可不是一件容易的事，要考慮石頭的顏色、光澤度，還得考慮石頭的質地、形狀，若是能挑選到合適的石材，那麼在雕刻時就能事半功倍，否則，雕刻的效果就會大打折扣。

雕刻師傅在山上尋尋覓覓了一天，遇到了不少好石材，可惜都不是太完美。第二天，他一大早就又上山了……就這樣，雕刻師傅一連尋找了三天，在第三天傍晚的時候，他終於在山上發現了一塊完美的石材。這塊石材大小適中，質地優良，色澤也剛好適合用來做佛像，雕刻師傅高興極了，急忙叫人將這塊自己精挑細選才找來的石材拉回了家中。

有了適合的石材，雕刻師傅就開始工作了。他先將石材打量了一番，然後用錘子和鑿子在石頭上叮叮噹噹地敲打起來。可是還沒敲幾下，這塊石頭就抗議了：「師傅，你把我敲得太疼了，我實在是忍受不了了！」

雕刻師傅只得停下，和石頭解釋道：「雕刻都是這樣的，我得先把形狀雕刻出來，把多餘的石材去掉才行。你先忍一下，等過一陣子我把你雕成一尊佛像之後，你就會受到眾人的敬仰了！」

「天哪，難道我還要繼續忍受這種疼痛嗎？我才不想要別人的敬仰膜拜，我只想不要再忍受這些疼痛了，真的是痛不欲生啊！」石材向雕刻師傅哀求道。

雕刻師傅聽石材如此說，只好停下了下來，無奈地和他說：「既然如此，恐怕我就沒辦法用你來雕刻佛像了。」

石材急忙接話道：「謝謝你，要做這佛像實在是太疼了，我還是做一塊普通的石頭吧。」

就這樣，雕刻師傅只得放棄了這塊材質極好的石材，又開始尋找新的用來做佛像的石材。可是這一次，無論如何他也沒能找到像上一個一樣完美的石材。

雕刻師傅失落極了，在山中一次次尋找著，期待著幸運能夠降臨。

正在這時，他聽見有「人」和他說話，轉頭一看，原來是一塊大石頭。

「師傅，聽說您正在尋找做大佛的石材，不知道您覺得我怎麼樣呢？」石頭問道。

雕刻師傅仔細打量著這塊石頭，同先前那塊完美的石材相比，這塊石頭的紋路粗糙了一些，顏色也略微有些深，質地和形狀也不是很好。

雕刻師傅猶豫地說：「用你來雕刻石像也不是不可以，只不過你略微大了一些，如果雕刻的話得鑿掉非常多的石材，恐怕你不能忍受這種痛苦啊！」

「師傅，我不怕痛，您就用我來做佛像吧！」石頭果斷地說道。

雕刻師傅見這塊石頭一副堅定的樣子，決定用它來試一試。

為了將這塊並不完美的石材雕刻成完美的佛像，雕刻師傅用盡了工夫，他時而敲敲打打，時而銼銼磨磨，巨大的疼痛感侵襲了石頭，但不論師傅如何雕琢，這塊石頭都緊緊咬住了牙關，一聲不吭。

雕刻師傅見這塊不起眼的石頭竟有如此耐力，也深受感動，他倍加用心地進行雕琢。

一個多月過去了，佛像終於完工了，在雕刻師傅的精心雕琢之下，這塊材質並不是十分優秀的石頭變成了一個法相莊嚴的佛像，它兼具端莊、大氣、精緻之感，每一個見到它的人都對這件傑作讚不絕口。

很快，這尊大佛就被送到了寺廟之中，聞名而來的信徒們排著隊對這尊佛像頂禮膜拜，寺廟中香火不斷。

寺廟門前的大路上有一塊普通的不能再普通的石頭看到了這個場景，它憤怒地抱怨著：「現在站在裡面接受眾人頂禮膜拜的本來應該是我，沒想到叫這麼一塊普通的石頭沾了光！」原來，它正是那塊先前被雕刻師傅選中的完美石材，雕刻師傅放棄它之後就將它扔在了門口，修路的工人們見這塊石頭無人問津，便把它和其他的石頭一起鋪在了地上。從此，它每天都要經受無數次的踩踏，夏天要經歷暴曬，冬天要經歷嚴寒，還必須面對風吹雨打，這塊石頭痛苦極了，每天都抱怨個不停，可是誰又會去在意一塊石頭的抱怨呢？

此刻，寺廟裡，前來上香敬佛的人群絡繹不絕，他們從寺廟門前走過，踏在了那塊本來可以成為佛像的石頭上，看都不看它一眼。

生活佛法

天資是上天賜予的禮物，並非可以肆意揮霍的本錢。無論是誰，無論資質好壞，只有經歷了風霜，經得住磨難，忍得了千錘百煉，才能得到非凡的成就。

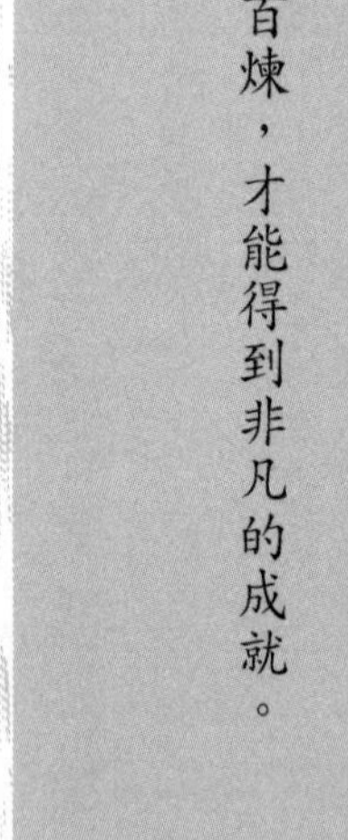

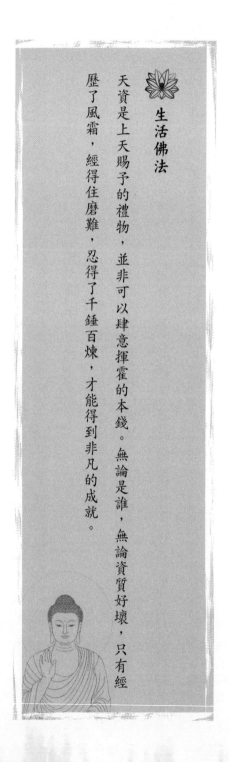

書生趕路——欲速則不達

有一位驕傲的書生，認為自己才高八斗，如果進京趕考肯定能夠高中。於是，他領著一位隨身的書僮，帶著兩大捆書和行李，胸有成竹地出發了。

為了能趕在考試之前到達京城，書生和書僮披星戴月，日夜兼程，在考試前一天，二人終於到達了京城附近。

「終於快到了！」書僮見距離京城大約只剩下幾里地了，便鬆懈了下來，向書生哀求說：「先生，我實在是太累了，不如我們在這裡稍微休息一下，再繼續趕路吧！」

「不行！別誤了時辰，天一黑城門就關了，我們得快點走才行！」書生一如既往地催促著。

「可是你看我們距離京城也不遠了，不用一個時辰就可以到了，一路上我都沒有好好休息過，現在實在是支撐不住了。」書僮疲憊地說。

可是固執的書生完全沒有理會書僮的話，一意孤行地要求書僮繼續挑著行李前行。

正在這時，一位僧人從遠處走來，書生急忙向他詢問還得多久才能到京城。僧人抬起頭，看了看書僮，只見他一臉無奈、疲憊不堪地坐在了行李上喘氣，看上去無精打采。

「若你們休息半個時辰，然後再慢慢走，估計一個半時辰就可以到達京城的城門處。」僧人不疾不徐地說道。

書生一聽，急忙催促書僮道：「快起來，我們不要休息了，再加把勁，估計最多半個多時辰，我們就能到京城了。」

這時，僧人又意味深長地說道：「若你們急匆匆地趕 路，恐怕到天黑也趕不到京城啊！」

書生聽罷，心裡想：「這叫什麼鬼話啊？哪有慢慢走反而走得更快的道理，看來這個僧人是個瘋子，我可不能聽他的，不然非誤了趕路不可。」

想到這裡，他又開始一個勁地催促書僮起身，繼續挑擔趕路。

精疲力竭的書僮只得挑起沉重的行李，拖著疲累的身體向前走，可是書生還是嫌書僮走得慢，不斷地在背後催促著他走快點、再快點。

僧人看著兩人的背影，輕輕地搖搖頭，嘆了口氣：「人生苦短，何必如此匆匆！」

在書生的督促下，書僮機械地邁著步子向前走，由於太疲勞了，沒走幾步，就被腳下的石頭絆了一下，腳一軟，整個人摔了下去，肩上的擔子也滾了下來，行李和書散落了一地。

書生見狀，急忙讓書僮起來收拾行李，可是書僮卻一屁股坐到了地上，抱怨了起來：「我的腳軟了，現在沒辦法起來幫你收拾東西了，更沒辦法趕路了。先生，這次我是真的沒法再走了，你不要再催促我了！」

書生看看坐在地上叫苦連天的書僮，又看看四處滾落的行李，焦急萬分，只得自己動手去收拾。可是他一個文弱書生，何曾做過這種事？書生花了很長的時間，才把散落的行李和書籍都撿了起來，接著，為了把這些東西都重新打包好，書生又花費了好半天時間。等他終於把行李收拾好，準備重新上路時，天色已經暗了下來。

就這樣，書生一邊拖著沉重的行李，一邊扶著受傷的書僮，緩慢地前行著，等他們趕到京城的城門前時，城門早就關上了。

這時，吃了閉門羹的書生才後悔莫及。

生活佛法

急躁行事、急於成事反而更容易犯錯，正所謂欲速則不達；相反，勞逸結合、有條不紊地做事才是真正有效率的工作方法。

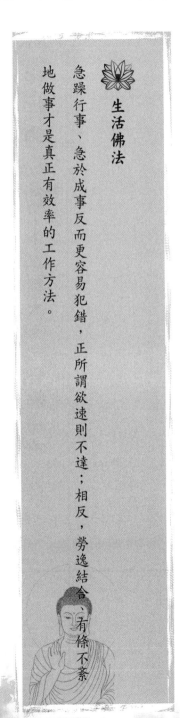

修行的祕密——事無大小，皆需用心

古代有一位很有智慧的禪師，他精通經義，廣明佛理，又十分平易近人，每每有人向他求教，他總是盡己所能地為對方指點迷津。

有一位修行人聽說了禪師的事蹟，十分敬佩，就想拜禪師為師。於是，他千里迢迢地從自己的城市趕到禪師所在的寺廟，想學到修行的真諦。

在禪師的寺廟裡住下來之後，修行人急於向禪師請教修行的祕訣，可是每次，禪師總是微微一笑，不發一言就走開了。

修行人心中暗想：「一定是我在寺廟中的資歷太淺，所以禪師才不會輕易向我透漏祕密。」因此，他格外賣力地在寺廟中表現，除了每天例行的讀經、打坐之外，他還積極地洗衣、煮飯、掃地、砍柴，想要早點得到禪師的信任，好儘早學到修行的真諦。

時光如水，光陰似箭，很快三年過去了，修行人一直在寺廟裡做著這些最普通的事，至於修行的祕訣，他連影子都沒有看到。

好幾次他都忍不住向禪師詢問，可是禪師總是微笑不言，修行人只得壓下心中的疑惑，繼續做事。

可是現在，眼看著三年都過去了，自己還是一無所獲，修行人真正著急了：「照這樣下去，我都快成打雜的了，何時才能學到修行的法門啊！」

正在這時，禪師派人叫他到自己的禪房中去，修行人心中竊喜：「難道這次禪師要真正教我修行的方法了嗎？」果然，一到禪房，禪師便問他：「你到這裡已經三年了，現在還想和我一起修行嗎？」

修行人急忙點了點頭：「我之所以從外地來到這裡，就是敬仰您，想要向您學習，這三年來，我時刻都想和您學習修行。」

禪師點點頭：「好，從今天起，你就搬來和我同吃同住吧！」

修行人知道這正是禪師要親身傳授自己修行的祕訣，高興極了，立刻回到自己的禪房，收拾家當搬到了禪師的房間裡。

第一天，禪師很早就起了床，簡單的打坐念經之後，他便開始掃院子，修行人急忙同禪師一同掃院子；吃過早飯之後，禪師開始念早經，念完之後，禪師便去打水洗衣了，修行人也跟著一同洗了一早上；午飯之後，禪師小憩了片刻，又帶著修行人在院子裡除起草來，好不容易到晚上了，例行的晚課過後，禪師就睡覺了。

第二天，一切同第一天一樣；

第三天，一切還同第一天一樣；

第四天，一切依然照常；

……

一個月過後，修行人終於忍不住了，向禪師詢問道：「我是因為敬仰您才來到這裡的，可是自從我到了寺廟之後，整天都在做打水、煮飯這樣的小事，就這樣做了三年，現在好不容易讓您答應教給我修行的祕訣了，可是過去一個月了，我還是整天跟著您做這些小事，不知道您何時才能教給我真正的修行祕訣？」

禪師聽了他的話，又是微微一笑：「你曾幾次向我求教修行的祕訣，可是我每天就是在做這些你看到的事啊！如果說修行有什麼祕訣的話，那做好這些事就是修行的祕訣。」

修行人十分不解：「這些俗事和修行有什麼關係呢？」

禪師語重心長的解釋道：「在你的心裡，什麼事才和修行有關係呢？只有念經、打坐才能叫修行嗎？想當初佛祖也曾親自穿針煎藥，可見人生處處有修行，又何必執著於念經、打坐這種形式呢？俗，或者不俗，只在於你的心，心中有佛，自然處處是佛。修行不僅僅是修你的行為，更是修心，用心做好劈柴、打水、煮飯、掃地這些小事，又何嘗不是修行的另一種方式呢？」

聽到禪師如此說，修行人羞愧極了，低下了頭：「弟子羞愧，以後一定跟著禪師好好修行。」

就這樣，修行人在寺廟中長住了下來，同禪師一起修行。

數年之後，禪師圓寂，修行人代替禪師，當起了寺廟中的住持，成了人人敬仰的得道之人。

生活佛法

事無大小，皆需用心。從不起眼的小事做起，在旁人不注意的小處用心，是修行的祕訣，也是做人做事的祕訣，更是成功的不二法門。

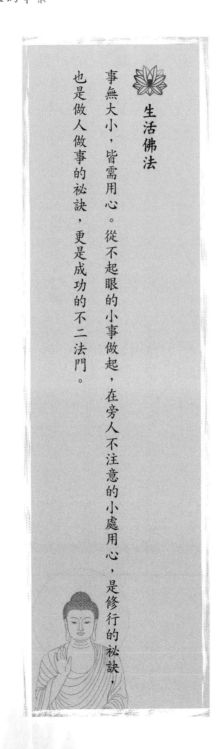

龍虎圖——後退是為了更好的前進

「還是不好……」畫師打量著自己剛完成的畫作，隨即搖搖頭，將它揉成一團，丟在了桌子上，這已經是他扔掉的不知道多少幅畫了。

三個月前，一位富商找上門來，出重金請畫師替他畫一幅龍虎爭鬥圖，好掛在自己的前廳裡。畫師本以為畫龍虎圖沒有什麼難的，便一口答應了下來，可是沒想到，這看起來簡單的龍虎爭鬥圖居然如此難畫！這三個月來，他不停地嘗試著想要畫一幅完美的龍虎圖，可是效果總是不盡如人意。

「龍虎爭鬥，兩強相爭，必須用硬碰硬的畫風才能表現雙方僵持的氛圍。」畫師一邊喃喃自語著，一邊又開始構思新的一張龍虎鬥圖。

構圖、提筆、運墨，很快，一隻張牙舞爪的龍就出現在了畫紙之上，接著，畫師略加構思，又揮毫潑墨，很快，一隻兇猛的老虎也躍然紙上，畫師一鼓作氣，畫上了祥雲、山石、叢林，又是一幅畫作完成了。

畫師丟下筆，後退了幾步，自己欣賞了起來：畫紙上方見首不見尾的巨龍掩映在雲中，而畫紙下方，在叢林之中、山石之上，一隻猛虎也正對著巨龍怒目而視。乍一看龍騰虎躍，好不氣派，可是仔細端詳，畫師又覺得無論是巨龍還是猛虎都不夠生動，整幅畫死氣沉沉。

「這樣的畫，肯定不能讓富翁滿意。」畫師長長地嘆了一口氣，再次無奈地搖搖頭。

這時，畫師的一位好友前來拜訪，他見畫師正愁眉苦臉地對著桌上的畫，便上前詢問。

「你來的正好，快來幫我看看這幅畫到底有什麼問題？我總覺得這畫缺點什麼，可是又不知道到底是哪裡不對勁。」畫師見朋友過來，急忙叫朋友也一同來幫忙看畫。

「好一副龍虎爭鬥圖！」朋友一看見畫就稱讚了起來。

「不，你再仔細看看，這龍和老虎好像都氣勢不足……」畫師一邊盯著畫，一邊向朋友描述道。

在畫師的提示下，朋友又仔細地打量起這幅畫來，巨龍在雲中若隱若現，它伸著脖子似乎馬上就要盤旋而下；而老虎正昂首挺胸，看著天上的巨龍，一副毫不畏懼的樣子。

朋友盯著畫上的巨龍和老虎思索了良久，終於發現了癥結所在：「問題就出在巨龍和老虎的動作上。」

「動作？你看它們的樣子，馬上就要吃掉對方一樣。」畫師不解地問道。

「不，不是這樣子的，如果你去觀察一下其他動物的話，就會知道所有的動物在進攻前都不是這種樣子。就拿貓來說，它在跳躍前一定是先會貓著腰，這樣才能跳的更遠。所以，巨龍在進攻前，一定會先將頭向後縮，而老虎在猛撲前，一定會略微向後退，將自己的頭向下壓，這樣才能更有效地進攻。」朋友耐心地向畫師解釋著。

聽了朋友一番話，畫師這才恍然大悟：「對，對，就是這點，我總是覺得畫面不夠生動，就是因為兩者都沒有蓄勢待發的氣勢。」說著，畫師將桌上剛完成的畫揉成一團，略加思索之後又重新提筆而畫。

這一次，他筆下的巨龍和老虎都一改以前衝鋒向前的姿態，而是按照朋友的意見略微向後，很快，新的一幅畫作完成了。

畫師放下畫筆，和朋友一起欣賞著這幅新作品，只見畫面上的巨龍威嚴不失生動，老虎則一副蓄勢待發的態勢，隔著畫紙，都能感覺到兩者之間緊張的氣氛，畫師滿意地點點頭，這才是他心中真正的龍虎鬥。

生活佛法

後退是為了更好的前進。當你在事業上遭遇難題時不妨向動物學一學，向後退一步，積累實力，尋找機會再出發，這正是「以退為進」的進攻之法。

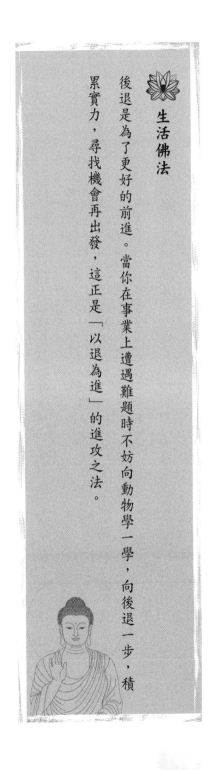

伸賠博——成功就是簡單的事情重複做

一位富人有四個兒子。

這天，富人將兒子們都叫到了面前：「我年紀已經大了，做事情的時候總是覺得力不從心，因此，我想從你們之中挑出一位來做我的接班人。」

兒子們一聽父親說要挑選接班人，就開始毛遂自薦。

大兒子說：「父親，我這麼多年一直跟著你做生意，生意中的事沒有我不知道的，您要是讓我做接班人，我一定會把生意做好。」

二兒子不甘示弱地說：「父親，我雖然沒有像大哥一樣跟著您做生意，但是我一直在讀書，學了很多知識，如果讓我去學的話，我一定很快就能上手。」

三兒子見兩個哥哥都說話了，也趕緊說道：「父親，我雖然既不懂讀書也不會做生意，但是我和城中的很多富貴之家的孩子都是莫逆之交，可以幫助家裡促成好幾筆大生意。」

富人聽了三個兒子的話，點點頭：「你們平時的表現我都看在了眼裡。」

這時，他見自己的小兒子一動不動地站在那裡，沒有要說話的意思，便問道：「你有什麼要說的嗎？」

小兒子想了想，堅定地說：「父親，我還小，現在各方面都不如哥哥們，但是我一定會努力趕上哥哥們的。」

富人又點點頭，繼續說道：「這次我把你們叫過來就是想叫你們做一件事，若是誰能做好這件事我就選誰做接班人。」

「什麼事？」四個兒子異口同聲地問道。

「伸胳膊。」富人說

「伸胳膊？」四個兒子又異口同聲地表示不解。

「沒錯，就是伸胳膊。」富人一邊說，一邊將自己的胳膊用力向上伸了起來。

平時，父親在自己面前總是不苟言笑，十分嚴厲，今天卻突然做出這個滑稽的舉動來，兒子們十分詫異。他們本以為父親是在和自己開玩笑，正要笑，又看見父親一本正經的樣子，便趕緊做出嚴肅的表情來。

「好了，現在我把要做的事情告訴你們了，今後你們每天都要做伸胳膊這件事，誰做得最好，我就會選誰當繼承人。」富人接著說道。

「父親，這有什麼難的，我現在就可以做到。」兒子們不以為然地說，一邊說一邊伸起了自己的胳膊。

「好，既然大家都答應了，那從今天開始，你們每個人每天都要做三百下伸胳膊的動作。」父親說完就離開了，只留下了幾個面面相覷的兒子。

「你們說，父親說的是真的還是假的？」小兒子問道。

「不知道，不過這件事情實在是太不同尋常了，我覺得肯定沒有這麼簡單。」三兒子回答道，其他的人也都附和著點了點頭。

就這樣，從第二天起，富人的四個兒子開始做起了這件奇怪的小事——伸胳膊。他們在心中暗數著：「一、二、三……一百、一百零一、一百零二……二百九十八、二百九十九、三百。」過了很久，他們才做到三百個。「要伸三百下伸胳膊的動作真是不容易啊！」二兒子感嘆道。

「是啊，胳膊都快酸死了。不知道父親從哪裡想出的餿主意，還不如叫我們去比武呢！」三兒子也跟著說。

「父親叫我們這麼做，肯定有他的深意。」大兒子意味深長地說。

第三天，四個兒子又在院子裡做起伸胳膊的動作，不過這次，大家就沒有第一天做的認真了，只有老實的小兒子認認真真地做完了這三百下伸胳膊的動作。

轉眼，一個月過去了，四個兒子依然每天出來，但是只有小兒子還在堅持做夠三百下伸胳膊的動作，其他的幾個都找到了自己的方法：大兒子每次都將胳膊伸一半來省力；二兒子則每次都在數數的時候做些手腳；三兒子早就不做了，每天只有在父親出來的那時候做一下，然後就回家繼續睡覺了；至於小兒子，依然老老實實地做著這三百次伸胳膊的動作。

「四弟，我說你不用每天傻傻地做這麼認真，父親讓我們做這個肯定是想考驗我們的靈活性，你得學會變通。」三兒子如此教育自己這個老實的弟弟。

「沒錯，做生意哪裡需要伸胳膊呢？父親實際上早就暗中考察我們其他的方面了，至於伸胳膊，就當鍛煉身體了，簡單做做就好了。」二兒子也跟著教育了起來。

「我不是想當接班人，我年紀小，要學的東西很多，跟你們比差遠了，既然父親讓我做伸胳膊，我就從伸胳膊學起好了。」小兒子回答道。

「伸胳膊有什麼好學的，誰不會啊，不過我們不能把精力浪費在這上面。」大哥也加入了勸說的隊伍。

但是小兒子依然堅持要做好伸胳膊，幾個哥哥只能無奈地搖搖頭，感嘆著朽木不可雕。

兩個月過去了，只有小兒子還在堅持做著伸胳膊的動作，其他幾個人早就放棄了。

這天，富人又將四個兒子叫了過來，問道：「前一陣子我讓你們做的伸胳膊的動作你們都做了嗎？」

大兒子、二兒子和三兒子立刻回答道：「父親，我們經過深思熟慮，認為伸胳膊對於我們做生意毫無益處，我們認為，父親一定是想透過這件事來教育我們不要把時間浪費在無意義的事情上，所以我們不做了。」

聽哥哥們這麼一說，小兒子有些羞愧，他低著頭輕聲地說：「我還在做。」

富人看看四個兒子，說道：「這世上最難的事就是將一件簡單的事做好，人們往往以為身邊的小事很簡單，誰都可以隨手做到，就不屑於去做。但事實上，只有把每一件看起來不起眼的小事都做好的人才能成功，因此小兒子才是我要找的接班人。」

生活佛法

越是簡單的事，越不容易做好。人往往經得住艱難的考驗，卻被絆倒在看似簡單的小事上，或眼高手低、或投機取巧、或不屑用心、或不能堅持……因此，從小處著眼最能考驗一個人真正的能力。

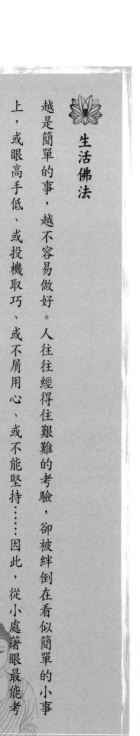

鴿王——視野決定高度

一群鴿子在鴿王的帶領下在森林裡覓食，牠們飛來飛去，一直找不到足夠的食物，大多數鴿子都餓得頭暈眼花。

正在這時，一隻鴿子發現前面不遠處有很多美食，牠不由得大叫了起來：「快看，那裡有吃的。」其他的鴿子順著牠指的方向一看，也發現了這成堆的美食，鴿子們興奮極了，迫不及待地朝著美食飛去。

這時，鴿王大叫了起來：「大家小心，這可能是陷阱！」鴿王深知在這深山老林中突然出現了如此多的美食一定不是一件簡單的事，牠勸誡著鴿子們不要莽撞行事。

可是，被饑餓沖昏了頭腦的鴿子們哪裡還管得了這麼多，牠們恨不得能立刻飛到美食前，大吃一頓。見沒人聽自己的話，鴿王只得無奈的跟著鴿群，想要見機行事。

鴿子們很快便飛到了美食邊，牠們紛紛停了下來，飛到美食邊啄食起來，只有鴿王依然警覺地四下查看。

突然，鴿王發現一張大網向牠們撲了過來你，牠大叫著：「有人，快跑！」鴿子們正吃得盡興，還沒等反應過來，就已經全部被網住了。

就這樣，獵人滿滿地收穫了一網鴿子，將牠們全部帶回了家中，關在了籠子裡。

這下，鴿子們才想起鴿王的話，後悔莫及。

但是鴿王卻並沒有放棄，牠思索著如何帶著自己的鴿群從這個籠子中逃脫出去。

鴿王仔細地觀察這個關鴿子們的籠子，籠子的門鎖上了一個大鐵鎖，要想開鎖是不可能了。這時，鴿王發現這籠子之間的縫隙並不是很小，雖說以牠現在的體型無法通過，但若是餓上一陣子，估計就能擠過去了。

發現了這一點之後，鴿王認為自己終於找到救大家的辦法了，非常激動。牠急忙將自己發現的這個辦法與鴿子們詳細地解釋了一遍。鴿子們一聽，又重新燃起了希望，牠們有的用自己的身體在籠子的縫隙間比量著，計算著自己還需要再瘦多少才能從籠子裡逃出去。

為了能儘快逃出去，鴿子們開始絕食，獵人發現每次自己送去鴿子籠中的食物都被原封不動地拿了回來，十分著急。這本就是一群野鴿子，身體相對瘦弱，只有讓牠們儘快胖起來才能賣個好價錢，為了讓鴿子們進食，獵人換個方式給鴿子們做各種各樣牠們喜歡吃的食物。

在美食的誘惑前，有隻鴿子忍不住了：「算了，我不節食了，先痛痛快快地吃飽肚子再說。」

說著，牠叼起面前的食物，大快朵頤了起來。

見這隻鴿子吃得津津有味，又有一些鴿子忍不住了：「是啊，吃一頓也沒關係，等下頓再節食吧！再這麼餓下去，大概還沒等逃出去就要餓死了。」就這樣，慢慢地，除了鴿王以外，其他所有的鴿子都放棄了絕食，開始享受起獵人送來的美食來。

見鴿子們每天都吃得不亦樂乎，鴿王著急壞了：「大家不能被美食迷惑，這樣子什麼時候才能逃出去呢？」

鴿子們打著嗝，不以為然地說：「我看在這籠子裡也不錯，再也不用東奔西走地去找食物了。每天吃飽了就睡，睡醒了又有吃的了，實在是太舒服了！」

鴿王焦急地說：「可是人類給你們吃這些好東西是為了把你養肥然後宰殺你們啊！」鴿子們答道：「以後的事，誰能管那麼多呢？現在先吃飽肚子再說。」

見鴿子們誰都不肯聽自己的話，鴿王只得獨自餓肚子，鴿子們紛紛笑話鴿王自討苦吃。

又過了一陣子，鴿王終於瘦到可以從鴿子籠裡逃出來，牠用力一鑽，重獲了自由，而籠子裡的鴿子們一個個吃的肥碩，沒多久就被獵人賣給了別人，全部被宰殺了。

生活佛法

目光的遠近，決定了一個人的行為和想法，也決定了一個人事業的高度。

人總有慾望，也總有惰性，只有心存理想，心懷高遠的人才能夠拒絕一時的慾望和誘惑。

能不能正確對待慾望和惰性，便是成功人士和普通人的最大區別。

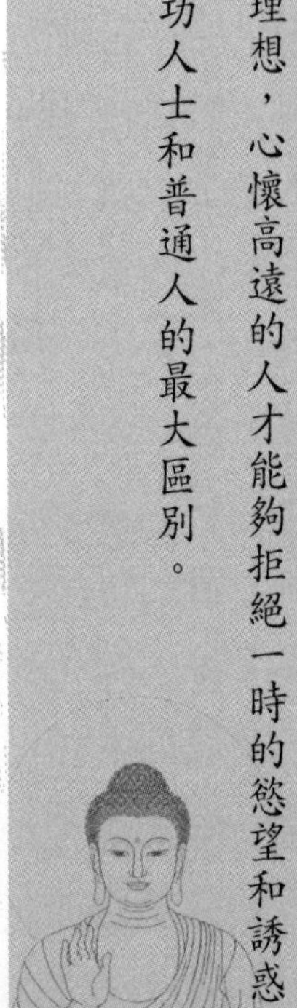

小河和沙漠——改變會帶來驚喜

一條小河想要去看看大海，它從高山上流了下來，嬉戲著流過了村莊、城鎮、草原、森林，在每個地方它都結交了很多新朋友。但為了去看大海的理想，它沒有停留下自己的腳步，依然執著地向前流著。

這天，小河流到了沙漠邊，它看看一望無際的沙漠，問道：「請問還有多久才能到大海。」沙漠笑著說：「大海就在我的另一邊。」

小河見自己的理想馬上就要實現了，立刻激動地跑了起來，它想快一點流過沙漠，看到大海。可是沒多久，小河又退了回來，當它流到沙漠中後，很快水流就消失在了沙子之中，再這麼流下去自己所有的水流都會被沙漠所吞沒，別說看大海了，連自己都會消失得無影無蹤。

於是，小河不得已退出了沙漠。

但是，不甘心的小河又繼續嘗試了幾次，可是不論它是用力地加大水流，還是緩緩地細水長流，它的水流都會迅速地被沙子所淹沒。就這樣反復幾次之後，小河終於停了下來，它失落地看看一眼望不見邊境的沙漠，心中第一次感受到失望的味道：「沙漠如此之大，我如何才能流過它呢？恐怕我這輩子也沒有辦法流過沙漠，看到大海了。」

這時，一股微風吹了過來，它看見小河停在了沙漠邊，便問道：「我一路看著你一直是開開心心地蜿蜒流淌著，為何停在了這裡？」

小河失落地說：「我再也看不見大海了，我的水流一到沙漠裡就會消失。」

風笑著說：「那你就和我一起穿越沙漠吧！」小河看看在天上自由飄蕩的風，心情更加低落了：「你會飛，可以輕鬆地穿過沙漠，可是我只會在地上流，怎麼可能和你一起穿越呢……」小河流越說聲音越低，它想到自己不久前自豪地和路上遇到的朋友說自己要去看大海，就悲傷了起來。

「不，你可以和我一起穿越的。」風堅定地說，「只不過你需要做一點犧牲。」

「什麼犧牲，只要可以穿越沙漠，我什麼都不怕！」小河聽風說自己有希望穿越沙漠，又激動了起來。

「你要放棄現在的樣子，把自己變成一股氣，這樣我就可以帶著你飛過沙漠了。」風說道。

「變成一股氣，那豈不是我就沒有身體了？那樣我還是小河嗎？」小河疑惑地問。

「當然了，你只不過改變了一下自己的樣子而已，等我帶你飛過沙漠，到達大海之後，你就會變成雨水，流到大海裡的。」風細心地和小河解釋著。

「雨水？可是我是小河，如果變成雨水就不是我了。」小河依然有些猶豫。

「可是小河是無法通過沙漠的，你只有變成雨水才會通過沙漠，難道你不想跟我一起去看大海了嗎？」風繼續問道。

小河思考了一下，答應了：「好吧，就算放棄自己的身體，我也要去看大海。」

就這樣，小河變成了氣體，隨著風躍過的沙漠，來到了蔚藍的大海上，然後，它又變成了雨滴，投入了大海的懷抱。

生活佛法

窮則變，變則通。

當你遇到無法逾越的困難時，不妨試著審視一下自身，若環境無法改變，那我們改變自己來適應環境。

也許，小小改變就會帶來「山重水複疑無路，柳暗花明又一村」的驚喜。

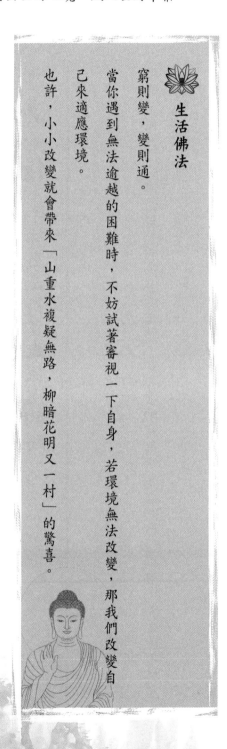

沙漠小鎮——休息是為了走更遠的路

相傳，在沙漠的盡頭有一個古老的城堡，在城堡中藏著數不盡的珍奇異寶，若是誰能夠第一個到達城堡，這些稀世珍貴的寶物就會全部歸誰所有。

在這個傳說的驅使下，無數的尋寶人都前去尋找傳說中的珍寶，卻始終沒有一人能找到。

一個聰明人聽到了這個傳說，也想去試一試，於是他雇了一些人，準備好車馬糧草，打算上路。

在上路之前，聰明人先去詢問了很多曾經去尋過寶的人，但是每一個人都極力勸說他不要去，有的說這一路山高水遠，十分艱苦；有的說路上杳無人煙，不但要風餐露宿，還常有野獸出沒；還有的說其實根本就沒有什麼城堡和珍寶，大家都被傳說給騙了。

可是，無論大家如何說，聰明人始終堅信耳聽為虛、眼見為實，他堅持要自己去看一看。

就這樣，聰明人上路了，正如以前來過的尋寶人所說，這一路果然是艱難險阻，十分辛苦。

為了不讓大家洩氣，聰明人一路上鼓勵著他們，許諾找到珍寶之後要同大家平分，就這樣，一行人在茫茫的大漠上艱難地前行著。

日子一天天過去了，轉眼聰明人出發已經有一個月了，可是他們依然在一望無際的大漠中行走著。隨著時間的推移，越來越多的人開始懷疑自己是否能夠活著找到傳說中的城堡，還有一些人開始懷疑到底是不是真的有這樣一個城堡存在，自己現在是不是在做無用功。不管聰明人如何鼓勵，大家都始終提不起精神來，每天只是如行屍走肉般跟著聰明人向前走。

聰明人知道再這樣下去會有越來越多的人會因為失去信心而放棄，到時候自己孤木難支，恐怕繼續向前走就困難了，得趕緊想個辦法才行。

與此同時，隊內的其他人也在不斷抱怨著：「走了這麼久，連個鬼都沒有見到，即便真的找到了，恐怕我也早就變成白骨了吧。」

另一個人也抱怨道：「是啊，怪不得當初大家都勸我們不要去，看來尋寶這事真不是隨隨便便就能做的事，我覺得還是早點放棄吧！不然到時候死了連屍體在哪裡都不知道。」

見大家情緒低落，聰明人趕緊鼓勵起大家來：「再堅持一下，若是輕易放棄了，到時候我們會後悔的。」

「不是我們想放棄，實在是太累了！」又有一個人說道：「如果這裡有一個城市，讓我們能舒舒服服地躺下睡一覺，再美美地飽餐一頓，大家就又有精力能繼續走了。」

聰明人看看大家，認真地說：「我本來想給你們一個驚喜的，既然大家都沒有力氣了那我就不妨告訴大家，在離這裡不遠處的確有一個沙漠中的小城鎮。由於很少有外人到達，所以幾乎沒有人知道它的存在，我也是從一位尋寶人口中得知這個消息的，大家再堅持一下，很快就能到城鎮中休息了。」

聽到馬上就可以好好休息了，所有人都打起了精神繼續上路。他們一邊走一邊討論著到了沙漠小鎮之後要吃些什麼，要如何好好地休息，聰明人看著大家又恢復了活力，這才放下心來。

就這樣又走了兩週，在人們幾乎又要放棄時，一個人突然大聲地叫了起來：「快看，沙漠小鎮！」大家抬頭一看，前方不遠處真的有一個小城，大家立刻興奮地跑了起來，想要早一點進入小鎮中去。

只有聰明人疑惑了起來：「原先自己說有沙漠小鎮，不過怕大家半途而廢才想出來的權宜之計，目的是讓大家鼓起信心繼續向前，誰想到這裡真的出現了一個沙漠小鎮，這是怎麼回事呢？」原來，這沙漠小鎮是沙漠之神幻化出來的幻境，沙漠之神見聰明人又有信心又有計謀，便想要幫他一下，幻化出一個小鎮來讓大家稍事休息。

一行人在小鎮中休息了一段時間，又精神飽滿地上路了。

這時，身後的小鎮突然消失了，沙漠之神現身之後告訴大家，這小鎮是因為他受聰明人所感動為大家幻化而出，真正的城堡就在不遠處。

不久，聰明人就帶著大家找到了真正的城堡，將城堡內的奇珍異寶一起拿來回來。

生活佛法

在工作中要靈活運用短期和長期目標來調整工作狀態。

當長期目標過大、過遠時，往往會讓人在奮鬥中產生疲勞感和厭倦感，這時不妨將目標拆分成若干小目標，以容易達成的短期目標來激勵自己才更為有效。

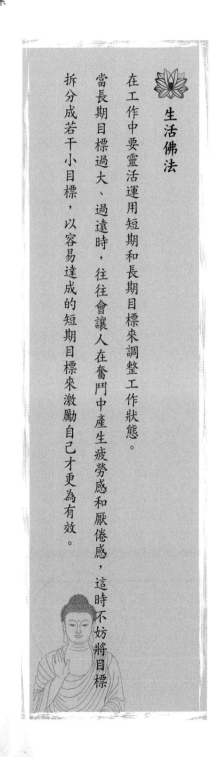

法師的眼睛——只看眼前美景，難見山外之山

從前，有一個法師，他在深山中苦心修煉了很多年，練就了一身神奇的法術，其中最厲害的要數他那雙眼睛了。當施展法術時，他隔著地面就能夠看到埋藏在地下的東西。

聽說法師有這樣神奇的法術，很多人便動了歪心思，他們覺得既然法師能夠看清地下東西，如果能讓他來幫助尋寶豈不是萬無一失？一時之間，想要找他來幫助自己的人紛至遝來，幾乎要將法師的門檻給踏破了，但是法師卻堅定地拒絕了所有的邀請，仍然堅持留在深山中繼續修煉。

儘管法師不想用自己的法術來尋寶，但是法師的名氣卻並沒有因為他的低調而降低，相反，他的名聲越來越大，連都城中的國王也聽說了他的神奇的法術。

與大多數人一樣，國王一聽見這個消息便激動萬分：「在我的領地內有這樣的法師真可以說是國之大幸啊！如果可以讓他來輔助我，那我就可以將國內所有的寶物全部收到皇宮的金庫中，這樣我就可以大肆招兵買馬，繼續攻城掠地。有了如此多的寶物做後盾，周圍這些國家都將不是我的對手，很快我就可以一統天下了！」國王越想越興奮，好像自己已經成了一呼百應的天下之

王。

「得趕緊把法師請來宮裡才行，不過法師有如此神術，一路上難免有人覬覦，我應該派一個厲害點的人去請法師，以保安全。」國王想到這裡，立刻命人找來宮裡最厲害的武士，讓他帶著士兵們去找法師，同時要保護好法師的安全。

出發前，國王特意命人將武士叫來，再一次囑咐他：「這個法師非常重要，你一路上務必要小心，特別是他的眼睛，千萬不要叫人傷害了他的眼睛。」武士一口答應下來，拍著自己的胸脯保證道：「大王儘管放心，我一定完成任務！」

就這樣，武士帶著士兵們出發了，他們來到了法師修煉的深山，見法師正在樹下打坐，便趾高氣揚地說：「別在這裡靜坐了，國王有事召見你，趕緊收拾一下跟我們一起走吧！」法師睜開眼睛看了看武士和他帶來的一隊士兵，又閉上了眼睛，絲毫不理會他們。

這武士平日裡在宮中耀武揚威慣了，沒有受過這種怠慢，他生氣地走到了法師面前，大聲說道：「你是聾子嗎？我再說一次，國王有事召見你，你趕緊起來跟我們走！」

法師睜開眼，調整了一下自己的呼吸，才慢慢地說：「我不是聾子，但是我只想在深山中修煉，並無意出山，請你替我回稟國王吧！」說著，站了起來，看都不看武士，徑直回到了自己的屋內。

武士見法師對自己不理不睬，心中甚是不滿：「一個小小的和尚，居然敢對我如此無理，若不是國王要我帶他回去，我非一刀砍了他不可！」想到這裡，武士一拳打在了旁邊的大樹上。

第二日，武士又帶著士兵們去叫法師與自己一起回都城，但這一次他們又吃了閉門羹。武士雖然氣得幾乎要跳起來了，可是想到國王說不可傷害到法師，只得無奈地壓下怒氣，打算再住一陣子，慢慢勸說法師，等他想通了再帶他回去。

就這樣，一週過去了，連續吃閉門羹的武士終於忍耐到了極點，他決定今天無論如何都要帶法師走，若是他依然不肯走，那自己就強行將他帶走。

「走之前國王特別囑咐要好好保護法師的眼睛，所以只要不傷害他的眼睛就行了。」武士心想。於是，他又帶著士兵們上山了：「這是你最後一次機會了，我再問你一句，你跟不跟我們走，若你不肯走，那就別怪我們無禮了！」武士威脅道。

法師看看武士和身後的士兵，依然堅定地說：「我不會跟你們走的，若你們硬來，我便自盡於此。」武士見法師如此斬釘截鐵，突然沒了主意，若是法師說到做到，真的自盡了，恐怕自己回去也無法和國王交代。他憤怒地看著法師，法師也絲毫不肯示弱，睜大了眼睛與武士怒目而視。

看著法師的眼睛，武士心中突然閃過了一個念頭：「國王之所以要叫我帶法師回去，無非是看上了他這雙神奇的眼睛，所以才會特別交代我要好好保護眼睛，既然如此，我又何必執著於非得帶他回去呢？我只要將國王所需的這雙眼睛帶回去就好了。」想到這裡，武士抽出了自己佩刀，將法師一刀刺死，將他的眼睛挖了出來，用手帕仔細包起來放在了身邊。

「要是早點想到這個辦法，就不用受這個臭法師的氣了。」武士一邊嘟囔著，一邊命人備馬，打算儘快將法師的眼睛帶回去。武士一行人快馬加鞭，沒幾日就回到了皇宮，他將自己的手帕打開，將法師的眼睛呈給了國王：「大王，那個法師囉哩囉嗦地不肯來，我就將大王需要的眼睛帶回來了。」

國王看著桌上的眼睛，氣得哭笑不得。

生活佛法

捨本逐末是所有急於求成的人最容易犯的錯誤之一，將目光只放在與自己利益相關的一點上便會以偏概全，只有從整體上考慮問題才能得到更全面、理性的分析。

水的形狀——靈活變通而不失本性

「禪師，我這個人非常倒楣，做什麼都不順利，不論在哪裡都覺得格格不入，不知道什麼原因，很多人也都不喜歡我，因此我什麼都做不成。禪師，你說我要怎麼做該才能轉運呢？」寺廟裡，一個鬱鬱不得志的倒楣人正喋喋不休地向老禪師抱怨著。

老禪師耐心地聽完了倒楣人的話，拿起了桌子上的茶壺，為他倒了一杯水，問道：「水的形狀是什麼呢？」

「水的形狀？」倒楣人不解地看著老禪師：「水怎麼會有形狀啊？」

老禪師沒有解釋，他拿回倒楣人的杯子，把裡面的水倒到了旁邊的一個碗裡：「現在水是什麼形狀呢？」

倒楣人依然不解地看著老禪師：「當然是碗的形狀了，水自己哪裡有形狀啊？」

老禪師又將碗中的水倒在了桌子上的花瓶中：「現在呢？」

「現在自然是花瓶的形狀了……」倒楣人突然像是明白了什麼一般，自言自語道：「是啊，如果我可以像水一樣根據環境改變自己，就不會到處受排擠了。」

可是，他又突然像是想到了什麼，將花瓶中的水倒在了地上，水在地面上流過，隨著地勢流向了低窪的地方，只留下了流過的痕跡，過了一會，地面上的水痕也消散了。

倒楣人繼續問道：「若是真的像水一般隨波逐流，那最後豈不是連蹤跡也不曾留下？我到底該如何做才好？」

老禪師微微一笑，叫倒楣人隨自己去門外看一樣東西，在屋簷下，老禪師蹲了下來，指著地上一個圓圓的小洞說：「你要的答案就在這個小洞裡。」

倒楣人更是不解了，他仔細地看了看地上那個小圓洞，又伸手摸了摸，這個小洞又冰又涼，光滑無比。

他疑惑地看看老禪師，老禪師卻已飄然而去，只留下一句話：「若你不明白的話，就等下雨天的時候再來看看吧！」

就這樣，倒楣人滿心疑惑地回到了家，他整日盼著能早點下雨，這樣自己好早點解開老禪師給自己留下的謎題。

下雨天終於來了，這天一早，天就淅淅瀝瀝地下著小雨，倒楣人一起床就往寺廟跑，連傘都沒得拿。雨越下越大，很快就變成了傾盆大雨，等倒楣人跑到寺廟的時候全身已經都濕透了，可是他完全顧不上這些，跑到了老禪師前幾天指給自己的小洞邊。

雨正下得急，雨水打落在屋頂，又從屋簷上留了下來，滴滴答答地打在了地面上的石頭上，正好滴在了那個老禪師曾經指給他看得洞裡，原來這個小洞正是經年累月的雨水擊打而成的。

倒楣人看著雨水滴滴落在了小洞裡，瞬間就明白了老禪師的意思，水可以變成別的形狀，但是這看起來毫不起眼的小小水滴卻又有如此之大的力量，可以將堅硬的石頭硬生生滴出個洞來。可見，水並不像自己所認為的那樣毫無原則隨波逐流。

倒楣人回過頭，老禪師正站在身後，笑而不語。

生活佛法

上善若水，在職場上也應當學習水的特性：既能遊刃有餘地適應各種環境，又有堅忍不拔的毅力，不論條件如何艱辛，都能努力做好自己的事。

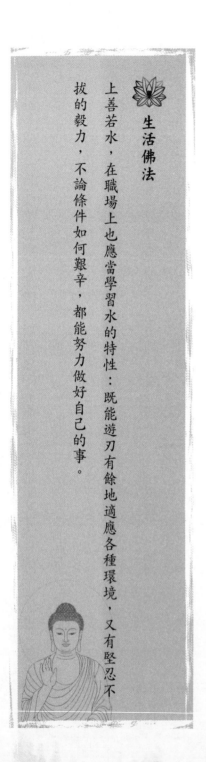

窮人的婢女——術業貴在專精

有五個窮人，他們十分羨慕富人能有自己的婢女，就一同湊錢買了一個婢女。

自從買了婢女之後，窮人們覺得自己窮了這麼久，一直被人看不起，現在終於能揚眉吐氣了，於是他們整日帶著婢女在村子裡轉來轉去，一遇到同村人，便得意洋洋地炫耀：「這是我們的婢女，我們買下來的。」一旦有人露出羨慕的樣子，窮人就分外得意。

有一天，窮人們又帶著婢女在村中閒逛，這時一個富人走了過來，如果是原來，這幾個自卑的窮人是斷然不會和富人搭話的，但是現在不一樣了，他們也有了自己的婢女，就帶著婢女在富人面前晃來晃去。

富人見這幾個窮人帶著一個女子，便好奇地詢問：「不知這位女子是何人？」

「這是我們的婢女，比起你的婢女來如何？」窮人們回答道。

「哦？你們也有婢女？」富人更好奇了。

「沒錯，我們花錢買下的。」窮人怕富人以為自己是在說謊，趕緊回答道。

「哦，不知你們的婢女每天都做些什麼？我家的婢女每天都洗衣做飯，把我們全家的生活都伺候得非常好，你們這婢女想來也十分能幹吧？」富人笑著問道。

這下子，窮人們一下子慌張了起來，自從買了婢女之後，他們只顧著到處炫耀了，還從來沒有讓她幹過活，如何比得過富人的婢女呢？

回家之後，窮人們商量了一下，決定也要學著富人的樣子，讓婢女幹活才行。

「我們花錢買下的婢女，當然就要伺候我們了，要像富人家的婢女那樣，把我們伺候得舒舒服服才行！」一個窮人提議道，其他的窮人也立刻同意了他的建議。

就這樣，婢女開始幹活了——

第一天，一個窮人就帶來了好幾件衣服讓婢女洗；婢女還沒洗完，另一個窮人又帶來了一堆衣服過來，囑咐婢女一定要在明天之前洗完；婢女正要張口說話，第三個窮人又來了，同樣帶來了一堆髒衣服；很快，第四個、第五個窮人也帶來了自己家中堆積的髒衣服。

婢女看看這堆成山的衣物，無奈地說：「我只有一雙手，一次只能洗一件衣服，現在我只能一點一點慢慢洗。」說著，她繼續洗起第一個人的衣服來。

可是其他的窮人卻生氣了，他們憤怒地說：「當初買你的時候我也出了錢，為何只洗他一個人的衣服呢？」有個性格暴躁的窮人還用鞭子抽打了婢女幾下，想讓婢女先洗自己的衣服。

無奈之下，婢女只得又找了幾個洗衣盆，將五個人的衣服一起放進了盆裡，洗幾下這個人的衣服，又洗幾下那個人的衣服。

這下，五個窮人才滿意。

很快到了中午，五個窮人又排著隊來找婢女做飯了，婢女只得匆匆將五個窮人的衣服晾了起來。因為這五個窮人有的人想吃米飯，有的人想吃麵條，還有的人想喝稀粥，婢女不得不手忙腳亂地為窮人們做了幾鍋飯。

剛吃過午飯，窮人們又叫婢女去替自己縫補衣服，忙得不可開交的婢女只得趕緊把剛才吃飯的碗簡單用水一沖，又跑去縫補衣服。

可是沒等婢女縫幾下，又有人叫婢女替自己去餵雞，婢女無奈地放下縫了一半的衣服，拿著穀子去餵雞。

就這樣又過了幾天，窮人們又在路上遇見了富人。

這次，窮人們理直氣壯地和富人說：「現在我們的婢女也每天替我們洗衣做飯，縫補衣服，還能幫我們餵雞。」

富人看看窮人們身上沒有洗乾淨、依然還露著破洞的衣服，笑著走開了。

生活佛法

莫讓忙碌的工作將你變成「窮人的婢女」，蜻蜓點水般做很多事遠不如專心致志地做好一件事。要知道「術業貴在專精」，只有瞄準一個目標深鑽細研才能有所成就。

挑水——量力而行才能成就自己

在深山中住著一位智者和一位愚者，二人結伴為鄰，在山中過著與世隔絕的生活。有很長一段時間，天一直沒有下雨，山上的小溪乾涸了，想要喝水就要從山谷裡挑水到山上去。於是，智者和愚者便提著水桶到山谷裡去。

看見山谷中的大河，愚者就激動地跑了過去：「太好了，幸虧這山谷中還有水，不然的話我們可就慘了！」說著，愚者便低下了頭，用手捧起了河流裡的水，大口喝了起來，一邊喝一邊感慨著：「好久沒有這樣痛痛快快地喝水了，還是清水好喝！」

智者看到愚者高興的樣子，笑著說道：「我們的確幸運。」說著，也用手捧起了清水，痛痛快快地喝了幾口。

二人都喝飽水後，一起提著水桶打水，智者將一個水桶放在了河流中，輕輕地晃了幾下，打了半桶水放在一邊，又提起另一個水桶打了半桶水。

這時，愚者看見了智者的行為，十分不解：「你為何只打半桶水呢？山上現在沒有水源，我都恨不得能一下子多打幾桶水呢。」

智者回答道：「恐怕我的力氣只能挑了半桶水，若一下子打太多了，怕挑不到山上去。」

愚者卻不以為然地搖搖頭：「咬牙堅持一下就挑上去了，大不了走慢一點，你提這麼點水沒幾天就喝完了，到時候還得再來山下打水，實在是太不划算了。我還是多挑點吧！」說著，愚者便將自己的兩個桶都滿滿地裝上了水。

智者看看愚者裝得滿滿的水桶，搖了搖頭，不再說話了。

就這樣，智者和愚者又一同挑著水向山上走去。上山的路崎嶇不平，再加上挑了滿滿兩大桶水，愚者走得十分吃力。

見愚者一步三晃，智者建議說：「要不你倒掉半桶水吧，這上山的路還遠，越往後山坡越陡，你挑著這兩大桶水實在不好走。」

愚者不以為然地拒絕了智者的提議，堅定地說：「沒關係，我一定能挑上去的，走慢一點就好，你先回去吧。」

智者見愚者十分固執，拒不接受自己的建議，只得自己挑水先走。由於挑的水較少，他很輕鬆地便將兩個半桶的水挑到了山頂。

智者抬起頭看看太陽，見天色還早，他決定再去山谷裡挑一趟，在途中，他遇上了正搖搖晃晃的愚者。

「你還是倒掉半桶吧，我看你都快沒有力氣了。」智者又勸告了起來。

「沒關係，我再堅持一下，倒是你，剛才只提了半桶，現在不是還得跑一趟？我只要這一趟就好了。」愚者依然堅持著自己的想法。

智者嘆了口氣，繼續下山挑水。等他再次挑水上山時，卻看見愚者垂頭喪氣地坐在了路邊，他的兩個桶都倒在了路邊，而桶中的水已經全部流光了。

「這是怎麼回事？」智者關心地問道。

「太倒楣了，剛才上臺階的時候我一腳踩空了，結果兩桶水都灑了，我自己的腳也軟了，這下好幾天都不能挑水了。」愚者低著頭，失落地說。

「沒有關係，這幾天我來挑水好了。」智者答道，他放下了水桶，將愚者扶了起來。

「實在是太倒楣了，我馬上就要到山頂了，沒想到居然出了這種事，我的運氣實在是太差了，還是你的運氣好，這麼快就順順利利地挑了兩次了，你說，我要如何做才能有你的好運氣呢？」愚者不停地抱怨著。

「你的運氣並不差。」智者回答道：「若你可以做自己力所能及的事，自然會有好運氣了。」

生活佛法

努力和堅持是成功的必備條件，但是並非執著地努力就一定會成功。認清自己的能力，根據自己的能力量力而行，才能更得心應手地迎接挑戰，增加成功的機率。

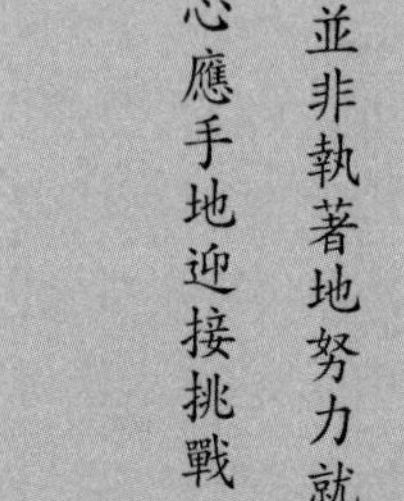

六個動物——團結合作是力量和智慧的泉源

有一位捕獵高手一下子抓了六個動物：狗、狼、鱷魚、鳥、獼猴、毒蛇，他把這六個動物用繩子拴在了一起，關在了一個屋子裡。

有人勸告他道：「這些動物有的力氣非常大，有的十分聰明，有的動作非常敏捷，還有的會飛，你把牠們關在了同一個屋子裡，也不看守，到時候肯定都跑了。」

捕獵的人卻絲毫不以為然：「若是一個動物我可能還擔心，六個的話……就沒什麼可擔心的了。」

果然，捕獵人一走，六個動物就商量起來了，猴子最先說：「我們只有一起努力才能逃脫。」

狗也立刻回應道：「對，我們得想個辦法逃脫才行，不能在這裡坐以待斃。」

小鳥擔心地說：「我剛才看見獵人把門鎖上了，我們可怎麼出去啊？可惜我被拴了起來，不然找個小洞就能鑽出去。」

毒蛇不屑地看了小鳥一眼：「既然拴在了一起，就不要說這種話了，若是沒有被拴住，我從門縫裡就能鑽走了。」

猴子見小鳥和毒蛇一副要吵起來的樣子，急忙打圓場：「現在不是大家吵架的時候，我們當務之急是想辦法逃出去！」

說著，猴子看了看一直沒有說話的狼和鱷魚：「你們有什麼辦法。」

鱷魚清清嗓子：「猴子說的沒錯，只有先逃出去才行，我看我們現在只有一個辦法，就是一起去撞門。我們齊心協力，應該能把它撞破，這樣我們就可以逃出去了。」

其他動物們都點點頭，表示贊同這個提議。

就這樣，六個動物齊心協力地走到了門口，大家都使出了全身的力氣，用力向門撞過去，一次、兩次、三次……不知道撞了多少次，門終於「砰」的一聲開了。

「太好了！」動物們激動地叫了起來，「我們又重獲自由了！」

「好了，現在我們自由了，我要回山林裡去了，真想念山林裡涼爽的風啊！」說著，猴子就要往山林裡走，可是大家都一動不動，猴子走也走不動，牠回頭一看，只見大家都一臉怒氣地盯著牠。

小鳥最先表達了自己的憤怒：「我們為什麼要跟你去深山老林裡，我還是更喜歡自由自在地在天空飛翔。」

猴子正要和小鳥爭辯，鱷魚說話了：「我在深山裡沒有辦法生活，以我看來，大家還是先和我一起回河裡去吧！」

這下狼著急了：「我可不會游泳，去河裡不是自尋死路嗎？」

小狗接著說：「我覺得最好的辦法就是和我一起回村莊去，山林裡太荒涼了，天上和河裡我們又去不了。」

「你當然可以回村莊了，你整日跟人搖尾乞憐討點吃的，人們又不會用棍子趕你。」狼不屑地說：「我從來不討好人，他們一看見我就要打死我，去村莊裡不是自尋死路嗎？堅決不去！

猴子見大家又吵了起來，急忙問一直沒出聲的毒蛇：「你來評評理，我們到底該去什麼地方？」

毒蛇不疾不徐地說：「我看大家還是和我一起回洞穴中吧！」話音剛落，小鳥就鄙視地說：「你那洞裡又小又陰暗，裝得下這麼多動物嗎？」其他動物也紛紛附和了起來。

就這樣，六個剛剛從屋內逃了出來的動物在門口吵得不可開交，誰也不能說服誰。

「算了，不跟你們吵了，我先走了。」見大家爭不出個結果來，猴子打算趁機溜走。

「走就走，我也走。」狗也用力拉著繩子，打算往村落中去。

「不行，跟我去河中。」鱷魚緊緊拉著繩子，不想讓猴子和狗得逞，在鱷魚身後的狼、毒蛇還有小鳥也都趁機朝著自己家的方向用力。

時間，牠們有的往東跑，有的往西走，有的往南飛，有的朝北爬，幾天過去了，牠們又累又餓，終於精疲力竭地躺在了地上。

這時，捕獵人回來了，他看看癱軟在地上的六個動物，笑了笑，提起了拴著動物們的繩索，把牠們又全部關回了屋裡。

生活佛法

團隊合作最基本的是統一目標，若在目標上存在分歧，各懷心事，那麼再厲害的人也只會一事無成。

因此，在成立團隊之初，選擇團隊成員就應注意：首要的並不是選擇能人，而是選擇目標相同的人。

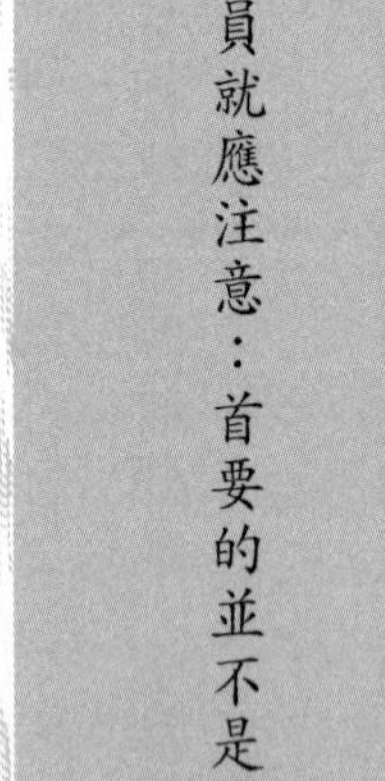

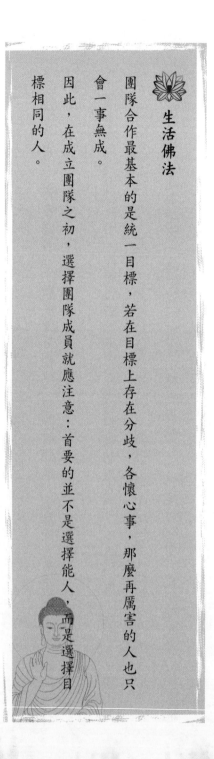

第二章

生活是一場溫暖的修行

四個妻子——大愛無聲，患難方能見真情

如果你有四位如花似玉的妻子，你能夠把一碗水端平嗎？

在古代，就有這樣的一位富翁，他有四位性格各異的妻子。

在這些妻子中，富翁最喜歡第四個妻子。這個妻子長得最漂亮、年紀最小、也最會討富翁的歡心，她總是能逗得富翁哈哈大笑，所以富翁不論去哪裡都帶著她。

這個深受富翁寵愛的妻子恃寵而驕，經常提出一些讓富翁為難的要求，富翁並不惱怒，總是竭盡所能地滿足這位小妻子的要求。

除了第四位妻子之外，富翁最寵幸的就是第三個妻子了。這個妻子原本已經許配了別的人家，但是富翁對她一見傾心，費了九牛二虎之力才將她從別人手中「搶」了過來。也正因為如此，富翁對她格外珍惜，再加上這個妻子也很會甜言蜜語，從嫁給富翁之後就一直很受寵，富翁也從來不讓她做家務事。

第二個妻子和富翁是青梅竹馬的好朋友，她對富翁十分瞭解，與他無話不談，閒暇時，富翁

常與這個妻子把酒言歡，好不快活。

至於富翁的正妻，她是富翁遵循媒妁之言、父母之命娶進門的大家閨秀，相貌普通，又不會撒嬌，從來沒有得過富翁的寵愛。

雖然這個妻子十分能幹，將家裡料理的井井有條，但富翁對她依舊不冷不熱，在他的心裡，這個妻子連其他三個妻子的一半也比不上。

一次，因為生意的關係，富翁要去另一個國家，這一路山長水遠，怕孤單的富翁想帶著一個妻子陪同。他首先想到的便是自己最喜歡的第四個妻子，誰知四夫人一聽說這一來回至少得一個多月，便連連擺手拒絕：「你知道我從來沒有出過遠門，這一路上太奔波了，我怕自己熬不下來。」

富翁急忙解釋道：「我會讓僕人來照顧妳，一路上我們都住最好的、吃最好的，保證不讓妳受委屈。」

四夫人依然撅著嘴：「可是在路上時間那麼長，多無聊啊！我不去，你不是也很喜歡找三夫人嗎？這次就找三夫人陪你去吧！」說著，四夫人就走開了。

富翁無奈之下，只好退而求其次，去找三夫人：「夫人，請妳陪我去國外走一趟吧！」

三夫人也擺擺手說：「我不去。」

富翁十分詫異：「我平時對妳那麼好，有什麼好東西都給妳留著，妳為何就不能陪我去一趟呢？」

三夫人賭氣地回答道：「你對四夫人最好，連她都不肯陪你去，我為什麼要陪你去呢？再說了，我從來也沒做過家務事，也不會伺候人，帶著我就是多了一個累贅。平時，老爺不是總說二夫人和您性情相投、最善解人意嗎？何不帶著二夫人去呢？」說著，三夫人一扭頭就走了。

無奈的富翁只得去找二夫人：「夫人，這次我去國外，一去要一個多月，想帶妳一起去看看異域風情。」

「說得好聽，還不是因為別人都不陪你去才來找我嗎？」二夫人回答道。

「果然還是夫人最瞭解我，那就陪我一同去吧！我們帶些好酒和美食，在路上可以聊個盡興了。」富翁興奮地說道。

「不去！」二夫人連考慮都沒考慮便回答道。

富翁有些生氣地問：「為何連妳也不肯陪我去，我們從小就一起玩耍，妳應當是最瞭解我的啊？」

二夫人也氣鼓鼓地說：「照這麼說，你也應當是最瞭解我的，明知道這種事情我不會去，為何還來問我呢？別人不去了你就來找我來陪，把我當成什麼了？」

富翁見狀，只得悻悻地走開了。

最後，富翁不得不找來大夫人詢問：「這次我要去國外一個多月，不知道妳是否能陪我一起去呢？」

「當然可以，什麼時候動身。」大夫人連想都沒想，就一口答應了下來。

富翁本來沒抱多大的希望，聽見大夫人如此爽快地答應，連自己都嚇了一跳：「我以前對妳並不好，為何妳會答應與我一起去呢？這一去需要很長時間，而且路上可能會吃很多苦。」

大夫人看著富翁，答道：「自從我離開了父母，嫁給你之後就同你是一家人了，若家人需要幫助，我一定會不遺餘力。」

富翁一聽，感動萬分，拉著大夫人的手：「非常感謝，以前實在是委屈妳了，今後我一定會好好待妳！」

大夫人笑了笑，說：「我早已說過，你我之間早已是一家人了，家人之間何須如此客氣呢？正因為我們是家人，所以我才不用特意與你說一些甜言蜜語來贏得你的寵愛，但是不論有什麼困難，我都會與你一起面對。」

富翁這才知道，在自己的這四位妻子中，只有大夫人才真正值得自己的寵愛。

生活佛法

真正的愛並非花前月下的轟轟烈烈，也並非你儂我儂的依依不捨，而是平日裡潤物細無聲的細水長流，也是困難時不離不棄的相隨。

正所謂大愛無聲，整日掛在嘴上的不是愛，默默不言卻放在心中的才多情。

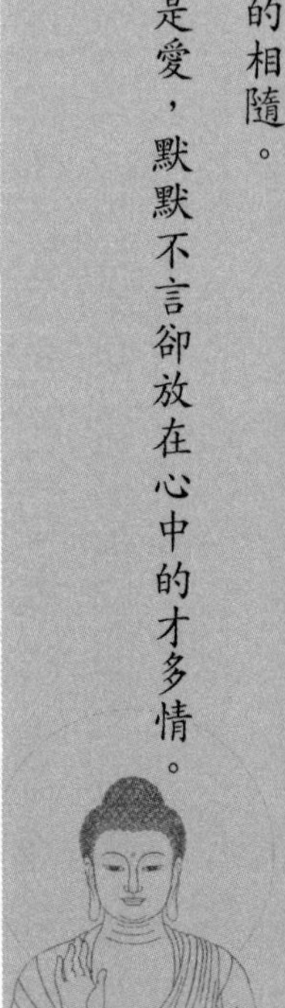

懸崖邊的小樹——愛是一份沉甸甸的責任

黃昏時分，懸崖邊走來了一位乞丐，在饑餓的侵襲下，他又想到了自己失敗的一生。

本來，他在家鄉本本分分地做小本生意，雖然沒有發大財，但是也能養家糊口。可是後來他看見鄰居出門做生意賺了大錢，也想出來尋找發財的機會，就將家裡的店鋪賣了出去，換了些盤纏出門了。可是誰能想到，自從出門之後他簡直厄運不斷，先是做生意誤了時機賠了本錢，後來又被人騙，最後搞得身上連一分錢都沒有，回家鄉又怕被別人笑話，只能在外鄉靠乞討為生。

乞丐低下頭，看看自己衣衫襤褸的樣子，嘆了口氣，如今自己窮困潦倒，一事無成，每天連肚子都填不飽，實在是生無可戀。想到這裡，乞丐決定從懸崖上跳下去，一了百了。

在跳崖之前，他又想到了自己多舛的命運，不由得號啕大哭起來。

「嗚嗚嗚，嗚嗚嗚……」正哭得傷心時，乞丐聽到了細微的啜泣聲。

「難道有什麼人在這裡嗎？」乞丐停下來張望了一下四周，一個人也沒有，他心裡有些發慌，大聲問道：「是誰在哭？」

「是我，嗚嗚嗚……」從懸崖邊有細小的聲音傳來。

乞丐低頭一看，原來在懸崖邊的縫隙裡長著一株小樹，這小樹又矮又小，看上去弱不禁風，剛才正是它在低聲哭泣。

「你為什麼哭啊？難道你和我一樣，也是命途坎坷嗎？」乞丐問道，剎那間他又覺得心中一酸，連聲音也跟著顫抖起來。

「沒錯，你看看我這個樣子，生長在如此惡劣的地方，沒有什麼養分，我的枝幹都不能舒展開來，而且這地方寸草不生，我連個同伴都沒有，只能自己承受著雨打風吹，又痛苦又寂寞。剛才聽見你的哭聲，我就想到了自己的境遇，實在是忍不住了。」小樹一邊啜泣著，一邊回答道。

「命運對我們太不公平了！」乞丐輕輕地說道，像是說給小樹聽，又像是說給自己聽，「既然你和我一樣生不如死，還不如我們結伴一起告別這個世界。我可以將你拔出來，帶著你一同跳崖，在黃泉路上也好有個伴。」

「不，不！」聽乞丐這麼說，小樹扭了扭身子表示反對，它停止了啜泣，堅定地說：「我還不能死！」

乞丐不解，問道：「為什麼，難道這個世界還有什麼令你留念的嗎？」

小樹搖搖頭：「獨自經歷了這麼多年的雨打風吹，還有什麼可以留戀的呢？我早已生無可戀。」

「那你為什麼要苟活於世呢？」乞丐更加不解了。

「你看看我頭上的這個窩。」小樹用樹枝指指頭頂。

乞丐順著小樹指的方向一看，在小樹的頭上，有一個小小的喜鵲窩。

「在這個小窩裡，住著兩隻喜鵲，牠們從遙遠的地方飛來，在我頭上築了巢，寄居了下來。如果我死了，牠們的家也會跟著被毀掉。」小樹回答道。

乞丐聽了小樹的話，大受震動，喃喃地重複著：「我死了他們該怎麼辦呢？」他想起了遠在家鄉的父母和妻兒，自從自己外出以來，再也沒有回去探望過他們，一直以來，他都覺得自己現在的樣子很丟人，沒臉回家鄉。但是今天，小樹的這句話卻突然觸動了他，的確，如果自己死了，那麼自己的親人該怎麼辦呢？他們會不會還在遙遠的家鄉執著地等待自己的歸來？

乞丐若有所思的看看小樹頭上的那個僅僅容得下兩隻喜鵲的小窩，又看看這株弱不禁風的小樹，自問：「連小樹都知道替別人考慮，難道我連一株小樹都不如嗎？」就這樣，大徹大悟的乞丐從懸崖邊退了回來。

生活佛法

人不能僅僅為自己而活，無論遇到怎樣的困難，都不要忘了自己肩負的責任。這個責任不僅不會成為你的負擔，反而會讓你更有勇氣克服困難，直接面對生活。

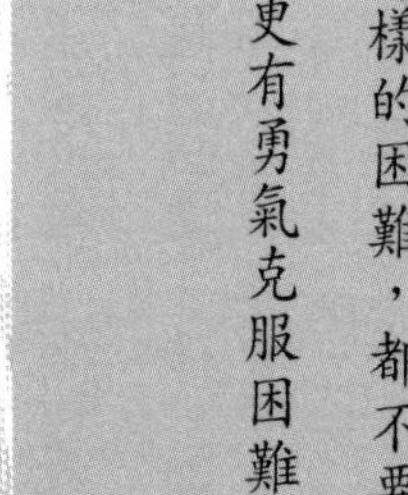

賭餅——忍讓是愛的前提

有一對歡喜冤家，脾氣又倔又暴躁，經常吵來吵去，但二人的感情卻並沒有因此受到影響，在一次次的鬥嘴吵鬧中，反而更加親密了。

這天，二人又因為一張餅吵了起來。

原來，丈夫在工作完回家的路上買了三張餅當晚餐，回家之後，夫妻二人一人吃了一張餅，可是最後一張餅該誰吃呢？

「我每天在外工作十分辛苦，再說了，男人本來就比女人食量大，於情於理這張餅都應該我吃。」丈夫理直氣壯地說。

「料理家務難道不辛苦嗎？若是沒有我每天辛勤地勞動，你能夠穿上乾淨的衣服，吃到熱乎乎的飯菜嗎？」妻子毫不相讓。

丈夫見妻子絲毫沒有退讓的意思，便想了一個計策：「不如我們來打個賭，從現在開始，我們誰都不能再說話了，看誰堅持得更久，誰先忍不住開始講話，誰就把吃餅的權利讓給堅持到最後的人。」

妻子十分贊同丈夫的這個決定，她立刻開始實施了起來，緊閉嘴巴不發一言。

丈夫正要追問，突然意識到這個賭局已經開始了，若自己此刻開口就輸掉了這張餅，也趕緊閉上了嘴巴，在妻子對面坐了下來。

時間一分一秒地過去了，窗外的天色越來越暗，漸漸地，天黑了下來，屋裡黑漆漆的，只有窗戶裡透出來一點月光。

夫妻二人誰都不想輸了這場賭局，所以誰也不動，就在黑暗中靜靜地坐著、沉默著。

夜深了，在外面乘涼的人也都陸續回家了，四周一片靜謐，丈夫和妻子依然在這靜謐中相視而坐，誰都不肯退讓。

「吱……」突然，一陣輕微的推門聲打破了這片靜謐，夫妻二人對看一眼，見對方依然一動不動，便也一聲不吭。這時聲音停了下來，屋中又恢復了靜謐。又過了片刻，又有推門聲響了起來，隨後，一個人躡手躡腳地來到了屋內，丈夫一驚，正要大聲呵斥，忽然看到妻子嚴肅的臉，又看了看桌上的餅，又把話吞了回去，一言不發。

原來，小偷見這家人沒有亮燈，想著這家可能沒人，他先推門試探了一下，見沒有動靜，便進屋行竊。

借著微弱的月光，小偷翻箱倒櫃地找尋貴重物品，一開始，他還輕手輕腳，後來見無人阻攔，便認定這家沒人，索性大膽了起來，將家中貴重的物品洗劫一空。

坐在角落裡的兩人心急如焚，互相用眼睛示意對方去阻止，可是兩人誰都不想先開口輸了這張餅，也只能任由小偷在家中亂翻一通。

這時，在月光下，小偷看見了角落裡的桌子上放著一張餅，他暗想：「今天真是走運，累了還有東西吃，正好我也餓了。」一想到這裡，小偷便伸手去拿那張餅。誰知他不小心碰到了桌邊坐著的妻子，不由得嚇了一跳，抬眼一看，原來對面還坐了一個男人。小偷嚇得魂飛魄散，他拔腿就想跑，可是沒跑兩步，又停了下來。他在心中尋思著：「我在屋裡折騰了這麼久，這二人明明看見了卻一言不發，莫非是傻子嗎？」

他走了回來，對著夫妻二人試探地拿起了桌上的餅，二人急得直給對方使眼色，小偷見二人依然不出聲，便放下餅哈哈大笑了起來：「原來真的是兩個傻子！」

夫妻二人心中氣惱萬分，可想到賭局，決定還是再忍耐一下。

這時，小偷見妻子長得頗為清秀，在月光中更是動人，便動了邪念，他上前抱過妻子，開始調戲起來。

妻子見丈夫到了這時還是一言不發，終於不能再忍下去了，氣得破口大罵起來：「你真的是個傻子，竟然眼睜睜看著別人輕薄你的妻子！」

這時丈夫才開口：「哈哈哈，我就知道妳肯定忍不住會先說話，現在妳輸了，我贏了，這張餅屬於我了！」說著，他拿起桌上的餅，大口啃了起來。

生活佛法

鷸蚌相爭，漁翁得利。

與親密的人生氣、賭氣是最愚蠢的做法，即使贏了又如何，傷了感情便已是兩敗俱傷，若被外人乘虛而入，更是得不償失。

退一步海闊天空，夫妻之道、朋友之道都莫過於此。

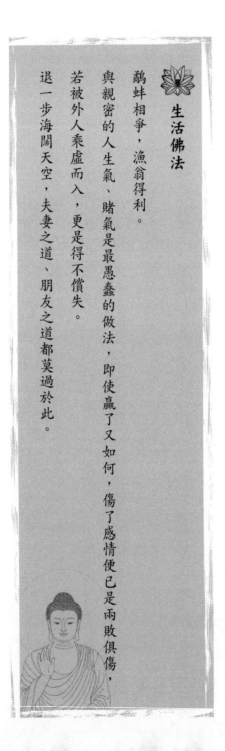

酒窖裡的情人——信任是家庭幸福的基石

有一對新婚夫婦，他們情投意合，婚後日子過得十分甜蜜。

一天，天氣非常好，丈夫決定邀請在寺廟中修行的朋友來做客。他買了些菜，打算再去自家的酒窖中取些珍藏已久的好酒來助興，賢慧的妻子立刻叫丈夫休息一下，自己替丈夫去取酒。

酒窖裡珍藏著很多桶美酒，妻子打開一桶酒，正要舀出，卻突然看見酒水上面有一個美女的身影，她嚇了一跳，手中的酒具也掉了下來。「這裡怎麼會有女人，難道是我看錯了？」妻子尋思著，揉揉眼睛，又往酒桶中一看，酒水上面又出現了一個女人的身影，也正滿臉狐疑地看著她。

「果然偷偷在這裡藏了個美女，怪不得非要自己來打酒，要不是我堅持替他來，恐怕到現在還蒙在鼓裡呢！」妻子生氣地蓋上了酒桶的蓋子，怒氣衝衝地回去同丈夫理論。

「你為何在酒窖裡藏了個美女，把我這妻子放在哪裡！」一回去，妻子便劈頭質問起丈夫來。

丈夫正悠閒地等著妻子取美酒回來，哪知沒有等來美酒，卻被莫名其妙地罵了一頓，又疑惑又生氣：「哪裡有什麼美女？」

「別裝了，就藏在酒桶裡，我看得清清楚楚。」妻子氣鼓鼓地說。

「走，我們一起去看看。」丈夫拉著妻子一同去酒窖一探究竟。

「就是那桶酒。」到了酒窖後，妻子指著剛才看見美女的酒桶：「你自己去看吧！我不想再看到她了。」丈夫疑惑地打開了酒桶，朝裡面看了一眼，憤怒地蓋上了酒桶蓋，對著妻子說道：「明明是你在酒桶裡藏了一個男子，為什麼要誣陷我！」

妻子聽丈夫如此說，半信半疑地打開酒桶蓋一看，那個女子又出現在了眼前。

「狡辯！」妻子決定不再相信丈夫的話，她喃喃自語地說。

聽到妻子的話，丈夫更是火冒三丈，憤怒地反駁道：「我看是你心虛！」

就這樣，兩人你一嘴、我一句地吵了起來。

這時，丈夫邀請的朋友到了，他在房中等了很久也不見夫妻二人的蹤影，聽僕人說二人在酒窖中，便前來尋找。

剛走到酒窖門口，朋友就聽到了兩人的爭吵聲，他急忙走到兩人身旁，想要問清楚是怎麼回事。

「他在這裡偷偷藏了一個美女，還不肯認賬！」妻子氣得直掉眼淚，指著酒桶向朋友訴苦。

「你來看，明明是她藏了一個男子，還倒打一耙。」丈夫急忙拉著朋友來評理。

朋友走到酒桶前，打開酒桶蓋朝裡一看，一個修行人的身影出現在了酒桶裡，他回過頭看見夫妻二人都氣鼓鼓的樣子，不由得微微一笑。

「你說，到底是他藏了一個女子還是我藏了一個男子？」妻子不依不饒地要朋友評理。

「我看，這其中既沒有男子，也沒有女子，反而是有一個修行人。」朋友緩緩地說道。

「怎麼可能？」夫妻二人異口同聲地回答道，一同來到酒桶前。修行人再次打開酒桶蓋，站在了酒桶前，夫妻二人探著頭往酒桶中一看，只見酒桶中的確有一個修行人的身影。

「這……到底是怎麼回事呢？我剛才明明看見一個女子在裡面。」妻子疑慮地看著丈夫，丈夫也不解地盯著自己的朋友。

「我也可以幫你們找到剛才藏在酒桶裡的男子和女子。」修行人說著，讓夫妻二人站到了酒桶前，兩人再次朝裡一看，一對男女出現了。「沒錯，就是這個人。」兩人又異口同聲地說道。

「咚……」只聽一聲巨響，酒桶被修行人用一塊大石頭砸了稀巴爛。

「現在，我替你們把酒桶砸爛，藏在裡面的人就會跑出來了，到時候你們再爭辯到底是誰的錯吧。」朋友說。

夫妻二人這才意識到剛才看見的不過是自己的影子，他們看著地上的酒桶碎片和正在滿地流淌的酒，面面相覷。

生活佛法

缺少了信任，無妄的嫉妒和猜疑就會擊退你的理智，在心中肆意滋生，而幸福也會離你越來越遠。若心中有疑慮、有猶豫、有迷茫、不妨先敞開心胸選擇相信對方，因為選擇信任，便是選擇了幸福。

妻子的鼻子——學著接受不完美

有一位富人，娶了一個如花似玉的妻子，他十分自豪，走到哪裡都要帶著自己的妻子。

這天，他又帶著妻子去一個新認識的朋友家做客，這朋友一見富人的妻子，就誇獎了起來：「尊夫人真是花容月貌，名不虛傳啊！」富翁像往常一樣，驕傲地享受著朋友的誇獎，可是朋友並沒有接著稱讚，而是話鋒一轉：「只可惜……」

富人一聽朋友話中有話，急忙追問道：「可惜什麼？」

朋友解釋說：「可惜尊夫人的鼻子……似乎有一點點歪，不然真的可以稱作是完美無瑕了。不過瑕不掩瑜，夫人還是非常漂亮的。」

富人聽朋友如此說，急忙盯著妻子的鼻子審視了起來。一整天，富人都心神不寧，一直在觀察妻子的鼻子到底有沒有歪，一回到家，他就立刻拉著妻子左看右看，隨後拿了一把尺子，在妻子臉上比來比去，想要證實一下朋友的話到底說的對不對。

這一量，富人嚇了一跳，原來妻子的鼻子不是在臉的正中央，而是往右偏了一點點。

富人沮喪極了，原來自己眼中完美的妻子竟然有缺憾。

接下來的幾天，富人都茶飯不思，每天唉聲嘆氣，盯著妻子的鼻子喃喃自語：「怎麼就差這麼一點呢？如果能再往這邊一點就好了。」

妻子見他走火入魔一般，便諷刺道：「我的鼻子已經長成這個樣子了，還能怎麼樣，難不成還能換個鼻子嗎？」

「換個鼻子？」聽到妻子的話，富人就像是突然被點醒了一樣：「對，可以換個鼻子！」從這天起，富人又開始思考給妻子換鼻子的事，他派人去尋找擁有最完美鼻子的女人，想要透過換鼻子把妻子打造成完美無缺的美女。

日子一天天過去了，富人一直沒有找到令他滿意的鼻子，這些日子裡，他看自己的妻子越來越不順眼了，總覺得她的鼻子越來越歪、越看越醜，有時候富人甚至恨不得自己能有神力，把妻子的鼻子給弄正了。也因為如此，富人不再帶妻子出門，怕別人發現妻子鼻子上的小缺陷，從而在背後笑話自己。

這天，富人一起床像往常一樣在家裡唉聲嘆氣，這時一位女僕給富人端來了早飯。富人一抬頭，正好看見了女僕的鼻子，這女僕雖不是花容月貌，但也十分清秀，最難得的是她有一個非常漂亮的鼻子，既高聳又挺直，為女僕添色不少。

「就是這個鼻子！」富人激動萬分，他找了這麼久都沒有找到合適的鼻子，沒想到竟然在自己家中的女僕臉上發現了，真可謂是「踏破鐵鞋無覓處，得來全不費工夫」。

富人與女僕說了自己換鼻子的想法，一開始，女僕並不同意，後來富人許諾給她修一座大房子，還會給她一大筆錢，女僕才勉強同意。

找到心儀的鼻子之後，富人就開始行動了，他想找醫術最好的大夫來手術，但是沒有一個大夫肯替他做這種事，還都勸告他不要犯傻。但是富人並沒有氣餒，他決定不再求別人，而是自己動手。

下定決心之後，富人就動手了。他找了一把鋒利的刀，一下子就將女僕臉上漂亮的鼻子給割了下來，隨後他又將妻子的鼻子割了下來，想要將兩人的鼻子互換。頓時，女僕和妻子都連聲喊疼，臉上鮮血直流，而富豪無論如何都沒有辦法將鼻子固定到臉上。

就這樣，兩個女人都丟掉了鼻子，富人也是後悔莫及。

生活佛法

世上完美只存在於「想像中的戀情」和「得不到的愛人」中，真實世界中沒有完美的人，也沒有完美的事。每一個人都有缺點，但卻是獨一無二的，接受了這個觀念，才能夠更理智地看待自己和他人。

真正的佛——父母就是家中的佛菩薩

從前，有一位性格暴躁的農夫，他的家境十分貧寒，可以說是家徒四壁，只有一位年邁的老母親和他相依為命。農夫嫌棄母親不能替自己工作，還經常生病給自己添麻煩，因此平日裡總是對老母親呼來喝去。

後來，農夫聽村子裡的其他人說佛祖慈悲為懷，可以保佑世人，便學著別人的樣子，整日裡在家燒香許願，想要獲得佛祖的保佑，過上好日子。

一天，農夫的母親正在縫衣服，因為眼睛不好，便叫他替自己穿針。農夫正全心全意地祈求佛祖賜予自己財富，見母親打斷了自己，十分憤怒：「我正在和佛祖說話，你打斷我會讓佛祖怪罪的，這樣我一輩子都會過窮日子了。」

母親聽了十分傷心，暗自流起淚來。

農夫見狀更生氣了：「妳這樣整天哭哭啼啼，若真佛來了家裡，也要被妳哭走了！」母親聽見自己十月懷胎生下的孩子居然如此嫌棄自己，不停地搖頭嘆氣。

日子就這樣過去了，雖然農夫每天都祈求佛祖的保佑，但是他的生活依然沒有任何起色，他還是和老母親過著清貧的生活。

後來，農夫聽到一個消息：隔壁村有一個人千里迢迢去一個著名的廟宇裡燒香拜佛，最後在高僧的指導下見到了真佛，得到了佛祖的保佑，回來之後便萬事順遂了起來。一聽到這個消息，農夫又動了心思：「既然別人能求得真佛，那我何不也去試一試呢？如果能見到真佛，得到他的庇佑，那可就賺大了！」想到這裡，農夫決定自己也要學著鄰村人的樣子，去尋找真佛。

由於沒有帶多少盤纏，農夫一路上都風餐露宿，吃盡了苦頭。長途跋涉之後，他終於到達了那座著名的廟宇，滿懷希望走進了廟中，拉著一個小和尚問了起來：「真佛在哪裡？我要找他！」小和尚看見農夫兇神惡煞的樣子，沒有說話，搖頭走開了。

農夫又拉著別的和尚問了起來，可是沒有一個人告訴他該去哪裡找真佛。

一天下來，農夫一無所獲。

見沒有人肯搭理自己，農夫氣急敗壞地在寺廟門口大吵大叫了起來：「都說佛祖慈悲為懷，為什麼我走了這麼遠到這裡，卻連面都不讓我見，到底是佛祖不見我，還是這寺廟裡的和尚們不肯讓我見佛祖？」沒一會兒，住持便叫人帶農夫進來，親自接待了農夫：「小伙子，聽說你是來找佛祖的？」

「沒錯，我從很遠的地方來，聽說他能庇護世人，就想請求他庇護我。老和尚，你不要廢話了，快點叫我去見佛祖吧！」農夫答道。

住持微微一笑：「要見佛祖倒也不難，只是……」

還沒等住持說完，農夫就搶過話來：「不要只是了，趕緊告訴我佛祖在哪裡，我不怕吃苦，我去找他。」

「佛祖早已知曉你要來找他，所以提前到你家中等你，現在你回去一定能看見佛祖。」住持依然微笑著說道。

「你不早說！」農夫一聽，急忙要往回趕，走了兩步，他又停了下來：「等等，我差點被你這個老和尚給騙了，我又沒見過佛祖，怎麼知道家中的是不是真的佛祖呢？」

「佛祖法相莊嚴，並非簡單言語可以形容的，若你在家中見到有人倒穿著鞋子，那就是真正的佛祖了。只要你善待佛祖，一定會得償所願的。」住持耐心地向農夫解釋。

就這樣，為了能早點見到真正的佛祖，農夫連夜出發，很快，他就回到了家鄉。

農夫到家時正是半夜，村子裡一片寂靜，家中的門也緊閉著，他急匆匆地敲著自己家的門，口裡喊著：「快點開門！」

「吱……」門開了，老母親站在了門口，農夫正要罵她開門開得太慢了，忽然一低頭，看見母親的腳上正倒穿著鞋，原來她急著給農夫開門，連鞋都沒穿好就出來了。

農夫心中一驚，仔細打量了起來，月光下母親顯得有些憔悴，他突然想到小時候母親正是這樣站在門口等自己回家，不由得心中愧疚萬分。也是在一瞬間，他突然明白了住持的話，原來母親就是一直在庇佑自己的佛菩薩。

生活佛法

家，是一個人奮鬥的堅實根基，是向你永遠開放的庇佑所。而父母無私的愛則是你勇氣和智慧的最初來源。善待父母，便是善待自己的根基；珍惜父母的愛，便是珍惜幸福。

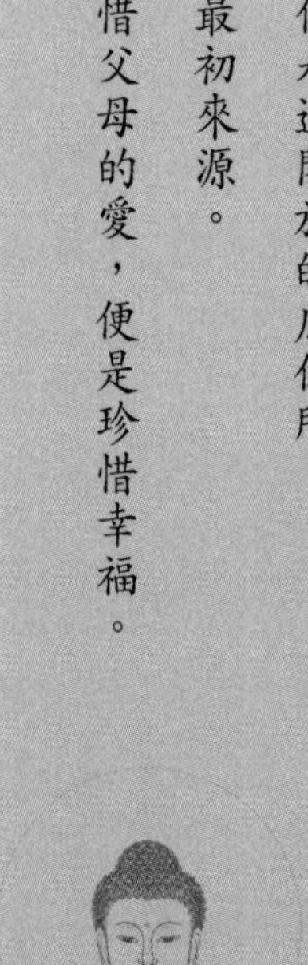

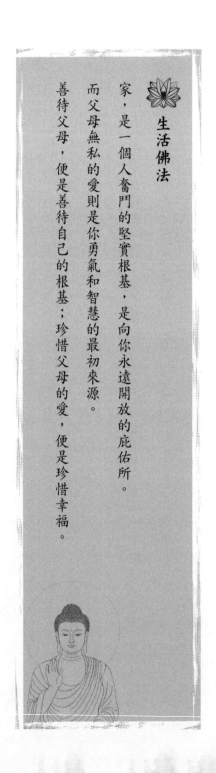

世間最珍貴的東西——握住身邊的幸福

在靈山上，有隻小蜘蛛總是靜靜地聽佛祖講經，日復一日，年復一年，轉眼便是一千年。

這天，佛祖講完經之後，抬起頭看見了正在盯著他的蜘蛛，就停了下來，對蜘蛛說：「你聽我講經也已有一千年之久，不知這一千年來你有何感悟？」

小蜘蛛見佛祖親自和自己說話，激動極了，急忙將自己平時聽到的經文向佛祖復述了一遍。

佛祖點點頭，繼續問道：「那在你看來，這塵世間最珍貴的東西是什麼？」

小蜘蛛沉思了片刻，答道：「我認為這世界最珍貴的便是『得不到』與『已失去』。」

佛祖沒有說話，默默地離去了。

很快，又一千年過去了，小蜘蛛依然日復一日地聽著真經。

這日，佛祖又來到了牠的身旁：「又是千年逝去，不知我原來問你的那個問題你可有不同的答案？」

小蜘蛛略想了一下，堅持說道：「我依然認為這世界上最珍貴的就是求不到的東西和已經失去的美好，所以，我的答案仍然是『得不到』和『已失去』。」

佛祖微微一笑，說道：「好的，再過一千年我還會來問你這個問題，在這一千年裡，你可以好好考慮考慮。」說罷，又飄然離去。

這下，小蜘蛛每天煩惱了起來，牠在心裡琢磨著：「難道我的答案有什麼問題嗎？為何佛祖三番五次地問我這個問題呢？」牠百思不得其解。

正在這時，牠看見自己的蛛網上多了一顆晶瑩的水珠，這水珠清澈透亮，在陽光的照耀下映射出斑斕的色彩，煞是好看。

這一刻，小蜘蛛所有的煩惱都煙消雲散了。

可是好景不長，沒多久，一陣大風吹來，小蜘蛛急忙去護著小水珠，可是它還是隨風而逝，這讓小蜘蛛失落極了。

很快，又是一千年過去了，這一千年來，小蜘蛛無時無刻都在懷念著那天早上看見的小水珠。當佛祖走近時，牠又想起了小水珠帶給自己的片刻平靜與快樂，於是堅定地對著佛祖說：「沒錯，那個問題的答案依然是『得不到』和『已失去』。」

洞悉萬物的佛祖瞬間看透了蜘蛛的心思，他對小蜘蛛說：「既然如此，我就讓你去人間走一遭吧！」

於是，小蜘蛛投胎到一個大戶人家，轉眼十幾年過去了，小蜘蛛長成了一位亭亭玉立的少女。

有一天，小蜘蛛與母親一同去寺廟上香，在寺廟中，小蜘蛛見到了一位玉樹臨風的男子，一見他，小蜘蛛立刻就明白了佛祖要自己投胎人世的目的。

原來，幾千年的修煉讓小蜘蛛一眼就認出了這個男子便是當年在自己的蛛網上短暫停留過的小水珠。

小蜘蛛激動極了，她立刻上前向男子搭訕：「你還認得我嗎？很多年前，我們曾經在佛祖的寺廟裡相遇，現在，我們在這裡再次相遇，這就是佛祖的旨意啊！」

男子嚇了一跳：「姑娘為何如此說，我以前從未見過姑娘。」

小蜘蛛失望極了，她在心中開始怨恨佛祖，既然讓自己同小水珠再次相遇，為何又要奪取他的所有記憶呢？她決定用自己的努力來喚醒小水珠的記憶，重溫當年那片刻的幸福。

回家之後，小蜘蛛就纏著父母去向男子提親，父親一聽，勃然大怒：「自古以來，哪有女方向男方提親的道理？我看妳是鬼迷心竅了，從今天起再也不准出門！」

自此，小蜘蛛整日在院子裡思念男子，茶不思飯不想。母親見她如此癡情，十分心疼，便差人偷偷替她去給男子傳信，哪知隨從沒有帶來男子的回信，卻帶來了男子已定親的消息。小蜘蛛一聽，頓時覺得天旋地轉，從此一病不起。

在病中，小蜘蛛無數次地向佛祖祈求，祈求他現身救救自己，讓男子可以記起自己，同自己再次相聚。可是事與願違，男子並沒有心回意轉，沒多久便成親了。

這下，小蜘蛛的病更重了，她想起了佛祖曾經三番五次的問自己的那個問題，不由得更加堅定了自己的答案：「這世上還有什麼比『得不到』的人和『已失去』美好時光更讓人值得珍惜的呢？」

就這樣，小蜘蛛被心病折磨得奄奄一息，在半夢半醒間，她似乎覺得有一個男人在自己身邊哭泣。

「難道是小水珠恢復記憶了？」小蜘蛛一下子清醒了過來，仔細一看，原來是自己青梅竹馬的夥伴，他坐在自己床邊，輕輕地啜泣著，見小蜘蛛醒過來，他立刻握住她的手：「幸虧妳已醒來，若妳有什麼三長兩短，我也不活了！」

此刻，佛祖現身了，他告訴小蜘蛛與她心愛的男子結婚的女人本是一千年前的那縷風，當初正是她輕輕一吹，從小蜘蛛身旁帶走了小水珠。而如今在小蜘蛛床邊啜泣的這個男子，卻是廟宇裡的一棵小草，它靜靜地陪伴了小蜘蛛三千年，看著她成長，看著她與小水珠相遇，看著她為失去小水珠而煩惱，可是小蜘蛛卻從來沒有注意過他的存在。

剎那間，小蜘蛛似乎明白了什麼，她看看自己面前的這個男子，終於明白了佛祖的良苦用心，原來最珍貴的東西一直都在自己身邊。

生活佛法

世間最珍貴的是最初默默陪伴的情誼，也是後來相濡以沫的平靜，不要把時間和精力留給「過去的回憶」和「未來的期許」，也不要做別人人生中的配角，珍惜屬於自己的人生，珍惜愛自己的人，才能夠留住最珍貴的幸福。

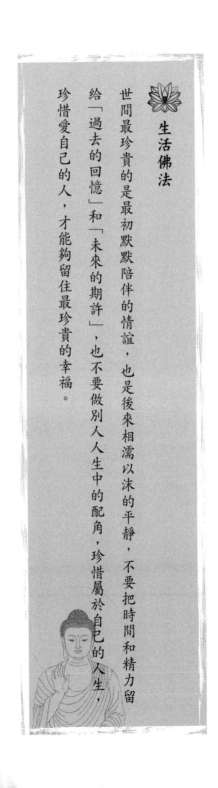

烏鴉和孔雀——不離不棄是愛的真諦

在遙遠的北方，有一個小國，這個國家的人過著自給自足的生活，從來沒有去過別的地方。

有一天，小國裡的一個年輕人突發奇想，想要去看看外面的世界，他不顧家人的阻攔，帶著乾糧和行李就出發了。因為從來沒有出過遠門，年輕人一路上吃了不少的苦頭，經歷了長途跋涉之後，他終於到了一個大國。在這裡，他大開眼界，見到了很多自己從來沒有見過的東西，這其中，他最喜歡的便是——烏鴉。

沒錯，年輕人最喜歡的就是烏鴉，在這個大國裡，這種黑色的小鳥並不起眼，聲音也不好聽，並不受歡迎。當時，年輕人所在的小國從來沒有過鳥類，因此當他第一次看見這種有翅膀，又會在天上飛來飛去的小鳥時完全震驚了。於是，他捉了一隻烏鴉，並且買來各式各樣的好東西來餵牠，喜歡極了。

後來，年輕人決定帶著自己喜歡的烏鴉回國，一路上他自己忍饑挨餓，把食物都用來餵烏鴉，生怕牠餓肚子。終於，他帶著烏鴉回到了自己的國家。

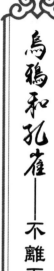

一回國，烏鴉便引起了所有人的注意，與年輕人一樣，小國裡的其他人從來沒有見過可以在天上飛的鳥類，因此，這個毛色烏黑，可以在天空翱翔的動物被他們看作是稀世的神物，連國王也親自召見了年輕人和他的烏鴉。最後，國王決定將烏鴉養在了王宮裡，還特地為烏鴉修了一個小的院子供牠居住，並派專人來伺候牠。為了感謝年輕人帶回烏鴉，國王也給了他很多賞賜，年輕人雖然對烏鴉萬般不捨，也只能將牠留在了王宮中。

從此，烏鴉在王宮裡過起了錦衣玉食的生活，每天都有人定時為牠做飯、洗澡、梳理毛髮，一到重要的場合，國王就會叫烏鴉出來表演。每當這時，人們都對牠讚不絕口。沒多久，烏鴉也跟著驕傲了起來，認為自己是珍貴的神鳥，把那個將自己從大國帶回來的年輕人拋在了腦後。

但烏鴉的好日子並沒有持續多久，見年輕人得了賞賜，很多人也動了去外面看看的心思。就這樣，越來越多的人開始離開家鄉去國外，越來越多的珍奇寶貝被帶回小國，而這次，人們帶回了一隻孔雀。

舉國上下的人又一次震驚了，孔雀五彩繽紛的羽毛就像是天上的織錦一般，牠走起來的樣子又是那麼的優雅大方，叫聲也是如此的婉轉動聽，尤其是開屏的時候，五彩的羽毛像是一幅美麗的圖畫般緩緩地展開，著實是讓人稱奇。與高貴大方的孔雀一比，烏鴉的羽毛顯得那麼的黯淡無光，牠的聲音嘶啞無比，連走起來的樣子都是一跳一跳的，完全沒法同孔雀相提並論。

很快，烏鴉的地位便一落千丈，牠的院子被孔雀佔據，原先服侍牠的人都跑去服侍孔雀。再也沒有人費盡心思地給牠做精美的食物，牠只能吃一些孔雀吃剩下的殘羹冷炙。再也沒有人看牠表演，當人們看見牠時，都會說：「看，這烏鴉跟孔雀比起來，的確是差遠了啊！」

烏鴉失落極了，牠整天都悶悶不樂，終於有一天，牠決定飛離王宮，遠離這個傷心之地。

正在這時，一位宮女走了過來，對烏鴉說：「快，趕緊跟我一起去見國王。」

烏鴉眼中一亮：「國王又需要我表演了嗎？」

宮女嘲笑地說：「現在有孔雀，誰還需要你表演，是帶你回來那個年輕人，他把國王原先的賞賜都退了回來，說要買你回去。你說，他是不是個傻子？」宮女一邊說，一邊笑了起來。

烏鴉一聽，心中感慨萬千，想當初眾人仰慕之時，自己將年輕人拋諸腦後，到最後沒想到卻是他重新收留自己，想著想著，悔恨的淚水從烏鴉眼中流了下來。

生活佛法

真愛是什麼？不是一見鍾情的衝動，也不是再見傾心的激情，更不是「三生三世，永不相離」的濃烈誓言，而是「任憑弱水三千，只取一瓢飲」的專一，是「世事變遷之後，我依然在等你」的堅持。

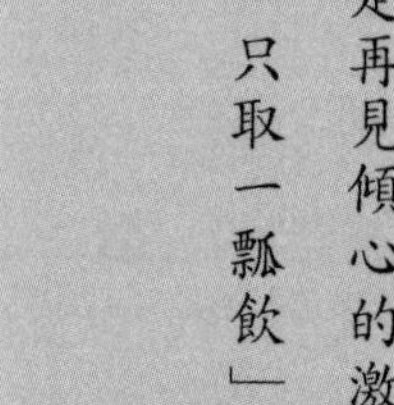

吃鹽——愛得適度才能愛得幸福

秋收之後，大家都閒了下來，一位鄉下人覺得百無聊賴，便想去拜訪自己在都城裡的親戚，順便開開眼界。

親戚自從搬到都城以後，已經很久沒有回過家鄉了，因此看到從家鄉來的鄉下人十分高興，立刻去市場上大肆採購了一番，買了很多名貴食物，想好好招待鄉下人。

鄉下人見親戚如此殷勤，準備了滿滿一桌的好酒好菜，十分感動。他拿起筷子夾了一口菜，想要好好品嚐一下這名貴的食物，可是口中感受到的卻是無比平淡的味道。

鄉下人心想：「這和我在家做的菜也沒有什麼區別啊，一樣沒有味道。」他轉念又一想：「可能是這道菜就是這個味道，也許別的菜會有驚喜呢！」於是，鄉下人又夾了另外一道菜，同樣淡而無味，就這樣，鄉下人品嚐完了所有的菜餚，都是平淡無味。

他與主人說道：「都說都城裡的飯菜美味可口，可是吃起來也不過如此，跟青菜蘿蔔也差不多。」

主人一聽，疑惑地拿起筷子嘗了一口菜：「哎呀！糟糕！我忘了放最重要的一樣東西了。」說著，主人就把菜端進了廚房，不一會，又將菜重新端了出來：「這次沒有問題了，你再嚐一嚐，肯定比剛才好吃多了。」

「就這麼一會工夫，味道能改變到哪裡去？」鄉下人在心中暗想著，他半信半疑地嚐了一口，果然，這次菜餚變得美味多了。

嚐到了美味的鄉下人一口氣，將桌上的飯菜一掃而光。吃完之後，鄉下人打著飽嗝問道：「不知道你剛才在廚房變了什麼魔法，一下子就將飯菜變得如此美味，不如也教教我這個魔法，這樣我回家之後也可以吃上美味的飯菜了。」

主人一聽，哈哈大笑了起來：「哪裡有什麼魔法啊！我不過是在菜裡放了點鹽而已。」

「鹽？」鄉下人疑惑地問道：「那是什麼東西？它的魔力如此之大？」

「這是都城裡最近才流行起來的調味品，聽說是從海裡找到的，放了它飯菜就會有味道了，一開始我做飯的時候忘了放鹽，所以吃起來才會沒有味道。」主人耐心地和鄉下人解釋著。

「這麼神奇？」鄉下人激動地睜大了眼睛：「那這叫『鹽』的東西一定很貴吧！」

主人見自己的這個親戚對鹽如此感興趣，便大方地說：「等你走的時候我送你一布袋吧，這樣回去你也可以做美味的飯菜了。每次只要加一點，飯菜就會變得很好吃了，這一布袋鹽夠你吃好一陣子了。」鄉下人一聽，忙不迭地和親戚到起謝來。

回鄉之後，鄉下人立刻將鄰居全都叫了過來，說要讓大家看看好東西，大家好奇地看著桌上布袋裡的白色東西，不知道鄉下人的葫蘆裡賣的是什麼藥。

「這個叫做鹽，別看樣子不起眼，它可是有神奇魔力的，能把飯菜變得十分的美味。我也是去了都城才知道有這個東西的。」鄉下人得意地和鄰居們炫耀著。

大家半信半疑地圍著鹽看來半天，還是不能相信這個東西能有鄉下人說的那麼神奇。

見大家不肯相信，鄉下人決定親自給他們展示一下：「今天中午，我就用鹽給大家做一鍋菜，這樣你們就知道它的神奇了。」

為了驗證自己的話，鄉下人做了一大鍋的菜，在加鹽時，他心想：「上次親戚只加了一點點就如此美味，若我多加點豈不是會更加美味嗎？」想到這裡，他立刻將一布袋的鹽全部倒進了鍋裡：「這下子應該美味到極致了吧！」他洋洋自得地將飯菜端了出去。

院子裡，期待著品嚐到鄉下人口中美味的鄰居們早就等不及了，一見到飯菜端出來就立刻爭先恐後地夾著吃了起來，可是很快，大家又都吐了出來。

「太苦了，這是什麼味道？」

「是啊，從來沒吃過這麼難吃的東西！」大家抱怨著。

看見大家的反應，鄉下人疑惑地嚐了一口，一股苦澀的味道立刻在口中蔓延開來。

生活佛法

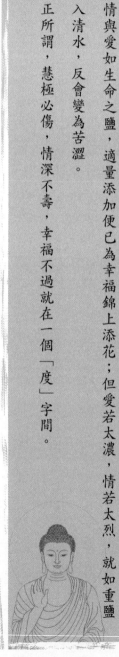

情與愛如生命之鹽，適量添加便已為幸福錦上添花；但愛若太濃，情若太烈，就如重鹽入清水，反會變為苦澀。

正所謂，慧極必傷，情深不壽，幸福不過就在一個「度」字間。

天堂——在生活中尋找自我價值

有一個農夫，每天日出而作，日落而息，十分辛苦。

一天，他像往常一樣做完了一天的農活，拖著疲勞的身體向家裡走去，走在路上時他突然覺得這樣的生活煩透了：「真想去一個不用再做農活的地方，那一定得是天堂吧！」農夫一邊走一邊抱怨著。

正在這時，農夫的面前突然出現了一條他從來沒有見過的小路，在小路上站著一個衣著華麗的男子。

男子見農夫走過來，便彎彎腰說：「我的主人請我來邀請你去做客。」

農夫嚇了一跳，他悄悄地用手指掐了掐自己，覺得很疼並不是做夢，就怯生生地說：「可是我不認識你的主人啊！再說，我明天還有很多農活要做，沒辦法去。」

男子笑著對農夫說：「你不是討厭做農活嗎？我們主人邀請你去的地方不用做農活。」

「真的？」農夫興奮了起來，可是他神情立刻又黯淡了下來：「如果不做農活的話，我就沒辦法養活自己，恐怕就要挨餓受凍了。」

男子繼續邀請道：「這你不用擔心，我們那裡有充足的食物，你想吃什麼就吃什麼，也有數不盡的衣服，你想穿哪件就穿哪件。」

農夫一聽，有些動心了，他半信半疑地問：「在你們那裡我需要做些什麼呢？」

男子答道：「什麼也不用做，你只需要吃好、穿好、睡好就行了，也不會有什麼人來打擾你。」

農夫聽見有這種好事，立刻答應同男子一同去做客。

在路上，他繼續詢問道：「你們那裡到底是什麼地方？有這樣的好事，一定是天堂吧！」

男子又是一笑，回答道：「到了你就知道了。」

很快，農夫就和男子到了一座金碧輝煌的宮殿前，男子指給農夫：「就是這裡。」

農夫興奮地看著眼前的建築：「天啊，我這輩子從來沒有見過這麼好的宮殿，這裡一定就是天堂！」

很快，宮殿的主人接見了農夫，他問農夫道：「我聽說你不想做農活，只想每天吃吃睡睡，是這樣嗎？」

「沒錯。」農夫用力地點點頭。

「那恐怕沒有比我們這裡更適合你了，你好好地在這裡生活吧！」主人說道。

就這樣，農夫就在這個宮殿裡住了下來。

這裡的生活果真如男子和宮殿主人所說一般，沒有任何壓力，每天都有豐富的食物供農夫挑選，而他穿的衣服也都是精心縫製的，農夫每日吃吃睡睡，好不快活，他覺得自己過得簡直是神仙一般的日子。

可是這樣的日子沒過多久，農夫就開始覺得無聊了，想要找點事情做。但這裡衣來伸手，飯來張口，他實在是找不到能做的事。

這一天，農夫吃完飯又在床上躺了下來，看著豪華的房頂，他覺得自己實在不能忍受這樣的生活了。

「再這樣下去都要悶死了！」農夫決定去找宮殿主人要求做點事情。

「主人，我非常感謝你對我的殷勤款待，但我這樣每天吃完了睡，睡完了吃實在是無聊透頂了，你看這裡有沒有什麼事情需要我做呢？」

「沒有，你來的時候我就已經和你說過了，這裡不需要你做任何事情。」宮殿主人說道。

「哪怕是幫你掃掃地、擦擦灰，不論做什麼都行。」農夫央求道。

宮殿主人依然嚴肅地說：「在我們這裡你只需要做好吃和睡兩件事，其他的事在這裡一概不存在。」

見宮殿主人如此說，農夫只得悻悻地回到了自己的房間。

又一段日子過去了，農夫每天依然重複著吃吃睡睡的生活，他身上的肉越來越多，皮膚開始鬆弛，因為長期不活動，他走幾步路都會覺得累。這次，農夫覺得自己實在住不下去了，他又跑去對宮殿主人說：「求求你，讓我做點活吧！」

宮殿主人依然堅定地說：「在我們這裡沒有勞動這種事。」

農夫氣憤地抱怨道：「在這裡整日百無聊賴，實在是空虛，要是繼續在這裡待下去，那我還不如去下地獄呢！」

聽農夫如此說，宮殿主人詭異地笑了起來：「這裡本來就是地獄，你以為是什麼地方呢？」

農夫一聽，頓時渾身無力，癱軟在了地上。

生活佛法

生活的真諦便在於實現自己的價值，有所思、有所做、有所得、有所捨。也許過程有喜悅、有悲傷，但這一切的體驗都是幸福的來源。

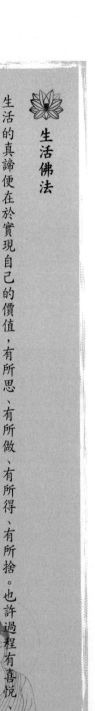

快一點——停下來，讓心靈跟上步

從前，有一位年輕人，他的口頭禪是「快一點」，因為他最不喜歡的事就是等待。在他看來，等待無異於白白浪費時間。

這天，年輕人約了朋友一起吃飯。和往常一樣，他早早地就到了飯店等著朋友來，時間一分一秒地過去了，朋友們還是一個都沒有來。

年輕人越來越覺得坐立不安，他自言自語道：「為什麼總要等待呢？要是在等待的時候時間能過得快一點就好了！」

話音剛落，一個鶴髮童顏的老人坐到了年輕人的對面，年輕人正等的心焦，不客氣地對著老人說了一句：「別坐這裡，我在等人！」

老人並不惱怒，他微微一笑，摸著鬍鬚說：「我剛才聽見你說想要時間過得快一點，不知道是否是真心話呢？」年輕人不耐煩地說：「當然了，誰想把時間白白浪費在這些毫無意義的等待上。」

老人輕輕地對著年輕人吹了一口氣，神祕地說：「現在你已經具有這種神奇的能力了，每當你閉著眼睛說『快一點』時，時間就會快速流逝，這樣你就不用一直等待了。」說罷，老人就起身離去了，只留下一臉驚愕的年輕人。

這時，年輕人才回過神來，雖然剛才的經歷覺得有些荒唐，但他還是決定試一試。於是，他半信半疑地閉著眼睛說了一句「快一點」，身邊立刻響起了朋友們說話的聲音。他立刻睜開了眼睛，發現朋友們已經到齊了，他眨了眨眼，確認自己沒有看錯，只見朋友們正聊得開心，誰都沒有注意到他奇怪的樣子。

「原來真的有用啊！」年輕人輕輕地說。

「你說什麼？」有朋友問他。

「沒什麼，今天很開心。」年輕人回答道。

「你應該開心，昨天有一位妙齡女子的父親向我打聽你的情況，想要把女兒許配給你，要知道，那家的女子長得可真是花容月貌，大家都正羨慕你呢！」一位好友說道。

「是嗎？」年輕人一下子感了興趣：「那我明天就去和她提親。」

「哪有這麼快，你得先找媒人，再準備好彩禮，才能去和她提親，你不會又等不及了吧。」朋友知道年輕人的急脾氣，取笑起他來。

「如果能快一點就好了。」年輕人閉上眼睛，輕輕地說：「快一點。」

周圍朋友們的聲音突然消失了，取而代之的是一個從來沒有聽過的男人的聲音，年輕人趕緊睜開眼睛，自己正坐在一家的大廳中，堂上坐著兩位老人，大家都一副喜氣洋洋的樣子。

「真的來提親了！」年輕人心裡暗想，「可惜還是沒有見到未來妻子的樣子，實在是等不及了，要是可以再快點見到妻子的樣子就好了。」想到這裡，他又一次閉上了眼睛，口中默念著：「快一點。」

這次，還沒有睜開眼睛，他便知道發生了什麼事情，外面正敲鑼打鼓，這一定是成親的日子。年輕人趕緊睜開了眼睛，只見自己正在洞房之中，對面坐著披著紅蓋頭的妻子。

他輕輕挑落妻子頭上的蓋頭，果然是一個如花似玉的美女。

年輕人高興極了，覺得自己這個神奇的能力實在是太好用了。

和妻子一起生活沒過幾天，年輕人又覺得有些無聊了，他與妻子商量著：「我們快些生個孩子吧！每天陪著孩子玩日子應該更快樂。」

妻子笑著答道：「哪能那麼快啊，要生孩子得十月懷胎才行。」

年輕人一聽，又覺得有些不耐煩了，便動起了用神奇口訣的心思。於是，他趁妻子不注意，閉上了眼睛，再次讓時間飛速流逝，等再睜開眼睛時，他看見了一個正在嗷嗷大哭的嬰兒躺在了妻子的身旁。

「天哪，要照顧這嬰兒實在是太費力了，還是讓時間再快點過吧！」年輕人又一次用了自己的超能力。

就這樣，年輕人一次次地讓時間流逝，他的孩子長大，然後又有了第二個孩子、第三個孩子，孩子們又逐漸有了自己的生活，結婚、生子，年輕人也漸漸變成了行動遲緩、重病纏身的老人。

在生命的盡頭，他開始有些後悔，似乎還沒有好好體驗，自己就即將告別人世。如果可以重來一次的話，他一定不會錯過每一個等待：等待成親的甜蜜、等待孩子出生的喜悅、等待孩子長大的幸福……可是一切都來不及了，年輕人後悔萬分。

正在這時，年輕人耳邊傳來了朋友的聲音：「你來得這麼早，久等了吧？」他抬起頭，發現自己還在那個飯店中，朋友們剛剛來到，他長長地出了一口氣：「幸虧只是一場夢！」

生活佛法

等待是通向幸福的一條必經之路，在等待中有焦慮、有不安，但也有期待、有希望。

生命的意義，就蘊含在一場場漫長的等待之中。

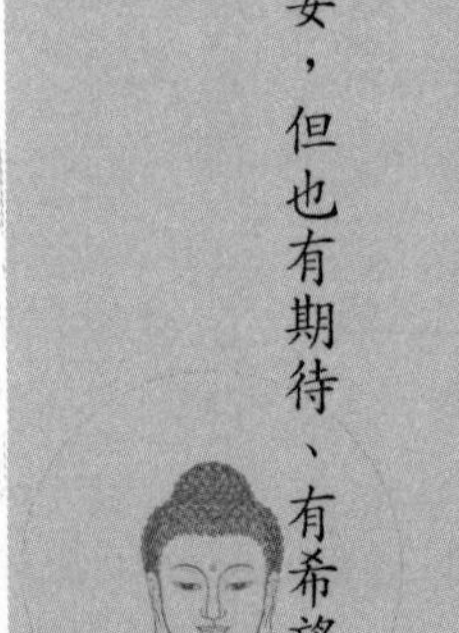

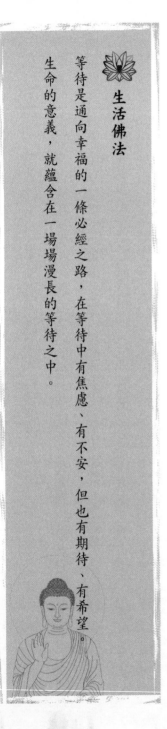

種草——隨性、隨緣與隨喜

在一個寺廟後面有一片荒地，小和尚整日想著要找機會在上面種點草。

這天，小和尚碰見了師父，便對師父說：「師父，寺廟後面那塊地看起來太荒涼了，我在上面撒上草籽吧！到了明天春天就會有一片草地了。」

師父見小和尚一副期待的樣子，便點了點頭。

小和尚見師父答應了，立刻下山買了一些草籽，想要早點種下。

師父看見小和尚忙忙碌碌的樣子，微微一笑。

自從種上草籽之後，小和尚每天都要去看很多遍，生怕自己種下的草出了什麼問題。

這天一起床，小和尚就發現外面狂風大作，他趕緊隨便披上了一件衣服，跑到了寺廟後的荒地上，這裡早就被吹得亂七八糟，小和尚著急壞了，急忙找到師父：「師父，外面，你看，風……」

小和尚語無倫次地說。

師父不解地看著小和尚：「我知道起風了，但是你到底要說什麼呢？慢慢說。」

小和尚依然急匆匆地說：「就是我前兩天撒下的草籽，風這麼大，恐怕都給吹走了，得趕緊想個辦法，不然明年就長不出多少草來了。」

師父一聽是這件事，就安慰小和尚道：「沒關係，順其自然就好了，風刮起的都是比較輕的草籽，這種草籽裡面是空的，這是風在幫你選擇草籽呢！」

聽師父如此說，小和尚這才稍稍放下心來。

沒有多久，小和尚又發現了一個問題，他看見每天都有很多的鳥在荒地裡啄來啄去，又擔心地跑去向師父求助：「師父，師父，外面有很多鳥，牠們會把草籽給吃光的，我們一起去趕鳥吧！」

師父淡定地說：「不用擔心，鳥不會把草籽吃光的，若它們的身上沾上了草籽，還會把草籽帶到其他的地方去，明年草籽就會在更多的地方生根發芽了，豈不更好。」

小和尚雖然還是有些擔心，但見師父如此淡然，便放棄了趕鳥的念頭。

就這樣一天天過去了，小和尚撒下的草籽還是沒有發芽，他每天都要往荒地跑好幾次，恨不得這裡能立刻長出草來。

一天，師父有事找小和尚，卻到處都找不到他，他到廟後一看，小和尚果然在這裡傻傻地盯著荒地看。

見師父過來，他委屈地說：「師父，我撒了那麼多的草籽，怎麼毫無收穫啊，是我種的方法不對，還是我買的草籽不好啊？」

師父看看荒地，依然淡定地說：「順其自然吧！萬物生長自有規律，我們要做的只是等待而已。」

這次小和尚再也不能淡定了：「可是我花了這麼多心思，難道就白費了嗎？」

「萬事萬物皆有緣，隨緣即可。」師父繼續指點說。

小和尚思考著師父的話，若有所思地看著荒地。

這天晚上，天突然下起了大雨，小和尚半夜裡被雨驚醒，他第一時間就想到了那塊荒地和自己的草籽。「這雨這麼大，草籽都給沖走了，這可怎麼辦啊？」

想到這裡，小和尚立刻穿上了衣服想要出門看看，就在臨出門前，他突然想起了白天師父說的話，想了一會，自言自語道：「還是隨緣、隨喜吧！」

天亮時已雨過天晴，小和尚一出門就遇上了師父，師父笑著問：「昨晚一夜風雨，你可曾又去荒地查看？」小和尚搖搖頭：「師父說得對，隨緣即可。」師父笑著點點頭。

又過了一些日子，小和尚路過了廟後，他不經意地往荒地上一看，卻發現那裡早已有了一層淺淺的綠色，仔細一看，正是自己撒下的草籽發了芽。

小和尚高興地跑去和師父分享自己的喜悅：「師父，我的草籽都發芽了！」

師父依舊微微一笑，淡定地點點頭。

生活佛法

與其念念不忘，不如隨性、隨心、隨緣。

當你為愛情悲傷、為事業憂心、為生活煩惱時，不妨換個心境，換個角度，用順其自然的態度來享受人生，是一種生活的藝術，也是自在的生活方式。

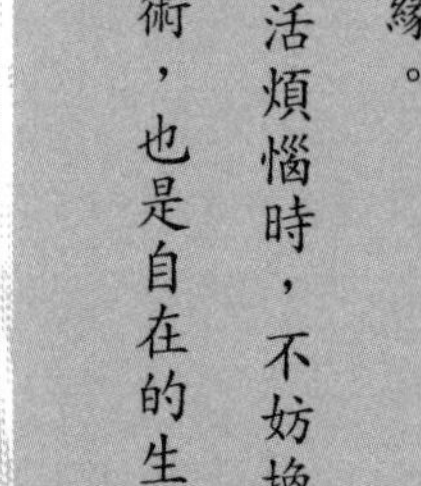

遍地花香——予人玫瑰，手有餘香

一位養花人，在自己的院子裡種了滿滿一院子的鮮花，一到花開的季節，院子裡姹紫嫣紅，非常漂亮。若有一股微風吹過，更是暗香浮動，滿園飄香。

每每閒時，養花人就會坐在院中，獨酌賞花，愜意極了。

這天，養花人又坐在了院中，欣賞著這些自己一手養大的花。

正在這時，有人走進了院中感嘆道：「真是一片世外桃源，太美了！」養花人見有人欣賞自己的花，開心地邀他和自己一同賞花。來人在養花人的帶領下參觀了他養的這些千嬌百媚的花朵，不由得嘖嘖稱讚：「我剛才在院外正是被院中的香氣所吸引，所以才冒昧走進來，沒想到這裡真的是別有洞天。」

養花人一聽，更是開心，笑著說：「獨樂樂不如眾樂樂，歡迎你隨時來與我一起賞花。」

來人不好意思地說：「非常感謝你今天的招待，但是我還有一個不情之請……」

「所求何事？」養花人好奇地問。

「我想向你要幾株花養在自己的院子裡，不知可不可以？」來人試探著問道。

「當然可以！」豪爽的養花人一口答應了來人的要求，並親自替他挑了幾株長勢好的花送給他，還教給他一些養花的方法。

來人拿著花，高興地離開了。

不多久，又有人聞到了花香，前來向養花人要花，養花人依然熱情地接待了他，親手幫他挖出喜歡的花來，送給了他。

就這樣，消息越傳越遠，住在養花人附近的人都來向他要花。

每次，養花人都是有求必應，大方地將自己的花送給別人。

這時，養花人的妻子看不過去了，她抱怨說：「這些人只知道來要花，一點也不考慮我們當初花了多大的力氣才種了這麼一院子的花，如此下去，我看這裡很快就變得空空蕩蕩了。」

養花人並不在意，他安慰妻子說：「古時文人常以文會友，現在我們是以花會友，應當高興才是。」

妻子依然不能理解丈夫的做法，想當初為了種好這些花，丈夫帶著自己辛苦了好一陣，可以說每一朵都是他們的心血。可是，好不容易這些花都開了，丈夫卻就這麼把它們輕易送人了，實在是讓人不能理解。

可是不論妻子如何抱怨，養花人依然我行我素地繼續送著院中的花，眼看著滿院子的花只剩下三兩株了，妻子急壞了：「再這麼送下去，我們院子裡就什麼都沒了！」

「當初我們種之前這就是空蕩蕩的一片，那我們就再還它一個空蕩蕩的院子吧！」養花人大笑著和妻子開著玩笑。

果然，沒多久，連最後的幾株花都被人要了去，養花人的院子裡再也沒有滿院的芬芳了。

妻子看著這滿院的淒涼，想到不久之前這裡的繁華景象，悲傷地哭了起來。

養花人安慰妻子說：「我們的院子裡雖然沒有了原來的芳香，但是妳走出去看看，現在附近幾乎家家戶戶都種著我們的花，不論走到哪裡都能看見滿目的繽紛，都能聞到沁人的清香，原來是一院子的快樂，現在處處有快樂，妳應該高興才是啊！」

生活佛法

幸福的生活來源於分享而不是私藏，將自己的愛分享出去，就會收穫更多的甜蜜；將自己真心分享出去，就會收穫真情；將自己的快樂和幸福分享出去，就會收穫成倍的快樂和幸福。

樹的束縛——不作繭自縛，又怎能破繭成蝶？

馬車上拉來了一車小樹苗，植樹人想要把它們栽在樹林裡。

一棵小樹苗看見樹林裡那些已經長成參天大樹的長輩們，羨慕極了，它暗暗地下了決心：「我一定要好好生長，長成樹林裡最高的一棵大樹。」

在期盼中，植樹人終於將小樹苗栽到了森林裡，它高興地伸展了一下自己的身體，將根深深地扎進了腳下的土地中，又將樹枝用力往上一伸……「咚」，小樹的樹枝碰上了邊上的一棵大樹。

小樹抬起頭，怎麼看也看不見大樹的臉，它不由得感嘆道：「真高啊……」

大樹笑了起來，它在這森林中已經生長了有好幾百年，這些年來，它見過無數這樣的場景，這些充滿了希望的小樹苗為它帶來了不少活力。

它笑著對小樹苗說：「總有一天，你也會長到這麼高，可以像我一樣看到更遠的風景。」

小樹一聽，更加憧憬了起來：「我一定會長得比你還高的，到時候我們一起看風景……」可是話還沒說完，小樹苗就覺得身上多了一個東西。它低下頭一看，原來植樹人在它的身上綁上了一根粗粗的繩子，又在它的腳下深深地釘下了幾個木樁，最後將小樹苗身上的繩子緊緊地綁在了木樁上。

「不要，不要！」小樹憤怒地叫著：「把這討厭的繩子拿開！不要綁住我！」可是植樹人並沒聽見小樹的叫聲，他用力一拉，把小樹身上的繩子綁得更緊了。這下子小樹徹底不能動了，它使勁扭了扭，想要掙脫繩子的束縛，可是植樹人實在是綁得太緊了，小樹完全掙脫不開。

這下，小樹被氣壞了，它對著木樁大罵道：「為什麼要把我和你綁在一起，這樣我怎麼能自由地長大啊！都是你束縛了我的自由，現在我連伸伸腰都不行了，太可惡了！」

木樁一開始並不解釋，後來見小樹越來越生氣，就耐心地和小樹苗解釋道：「把你和我綁在一起並不是為了束縛你的自由，而是因為你現在還太小了，不能抵擋風雨，根也還不夠深，若不把你和我綁起來的話你就會東倒西歪，長不成參天大樹了。」

可是小樹苗不相信木樁的話，它依然氣鼓鼓地罵道：「胡說！哪裡有這種道理，和你綁在一起明明是我的負擔。如果沒有你的束縛，我一定能長得更快、更高！」

木樁見小樹苗不肯相信自己，只能無奈地嘆口氣，不再理論。

從這天起，小樹苗每天都在想著如何能掙脫綁在自己身上的繩索，它總是用力地搖來搖去想鬆開繩子。嘗試了幾天見沒有效果，便又故意將自己的身體靠近木樁，磨來磨去，想要將繩子磨斷。

木樁看著小樹苗每天忙得不亦樂乎，一心想著掙脫出去，只得無奈地搖搖頭。

皇天不負有心人，又過了一些日子，小樹苗終於將身上的繩子磨斷了，看著束縛了自己這麼久的繩子從身上掉了下去，小樹苗興奮極了，立刻用力伸了個懶腰，接著活動活動身體，便開心地左扭右扭，跳起舞來。

「這下，我徹底自由啦！」小樹苗興奮地喊著，它看看腳下的木樁，得意地說：「你看，沒有你和繩子的束縛，我不是也好好的嗎？你看著吧，我一定會長成樹林裡最高的大樹！」木樁看看正在將幼小的枝幹扭來扭去的小樹苗，又嘆了一口氣。

這天夜裡，天色突變，一時間狂風大作、暴雨傾盆，樹林裡的樹都被風吹得東倒西歪，幼小的小樹苗自然也不例外，在狂風中它想用根牢牢地抓住地面，怎奈力氣實在是太小了，細小的樹幹隨著風擺來擺去，眼看就要支援不住了。這時，它才想起了木樁了，大叫著向木樁求救。

木樁看著隨風搖擺的小樹苗，無奈地說：「現在你身上沒有了繩子，我也無能為力了。」

小樹苗悔恨極了，又一陣大風吹來，它被連根拔了起來，失去了生命。

生活佛法

沒有人能夠完全自由、隨心所欲地生活，人生總有束縛，如感情的羈絆，又如家庭的義務……但這些束縛又何嘗不是生命中的一種責任，讓你能更堅強、更有韌性地面對風風雨雨。

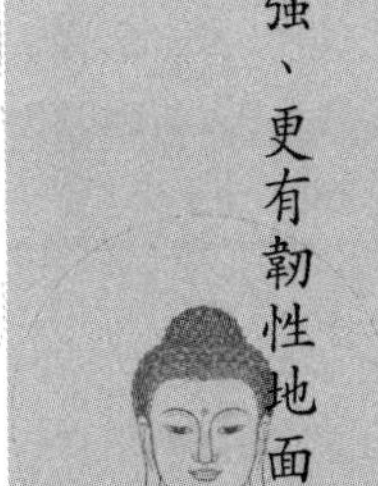

掃落葉——活在當下

在富人的院子裡有一棵銀杏樹，一到入秋時分，蕭瑟的秋風吹掉了樹上的銀杏葉，金黃色的樹葉子三三兩兩，像飛舞的蝴蝶一般隨風飄蕩、打轉，最後落在了地上。

「秋景真是美不勝收！」富人站在窗前，看著落葉，又看看自己如花似玉的妻子，不由得感慨了起來，「有此美景佳人，夫復何求！」

「那夫君明天再來陪我欣賞落葉好了。」妻子撒嬌地說。

富人搖搖頭：「可惜明天我有事，沒辦法陪妳繼續欣賞秋景了。若是我們現在就能看到明天的落葉就好了，這樣就不會錯過這等美景了。」富人一邊賞落葉，一邊抱怨著。

在院子裡，僕人卻對著這棵銀杏樹抱怨：「秋天真是最麻煩的季節，每天起來的第一件事就是得掃落葉，好不容易掃完了又是一陣風，地上又是一堆葉子，不得不再掃一次，實在是讓人不甚其煩。如果能有一個辦法能把明天的落葉也掃了就好，這樣我明天就可以休息一天了。」

這時，又是一陣風吹過，又有幾片銀杏葉飄飄蕩蕩地飄落了下來，僕人一邊抱怨著，一邊把這幾片落葉掃到了一起。突然，他狠狠地踹了大樹一腳，想要出出氣，大樹的樹幹微微震動了幾下，又有幾片樹葉飄落了下來。

富人看見了這個場景，突然想到了一個主意，立刻叫僕人過來。

僕人以為主人要責怪自己，嚇得戰戰兢兢地解釋了起來：「我不是故意踹樹，只是每天不停地掃落葉實在是太讓人頭痛了……」

「不，不，我不是要責怪你，我是想讓你再去多找一些人，大家一起狠狠地搖晃大樹，越用力越好。」富人吩咐道。

「搖晃大樹？」這下僕人徹底暈了：「為何要故意搖晃大樹呢？」

「我剛才看你踹了幾腳大樹，樹上就飄落了幾片葉子，若是再多些人一起搖晃，就能把明天的落葉一起搖晃下來，這樣我就能欣賞到明天的落葉了。」富人解釋道。

「對，還是您有辦法。」聽了主人的解釋，僕人也跟著激動了起來：「若是能把明天的落葉搖晃下來，那我明天就不用再清掃葉子了。」

於是，僕人立刻去找了很多身強力壯的人來，和他一起搖晃大樹。一時間，樹葉紛紛飄落了下來，樓上的富人看見樹葉如雨般落下，高興地對妻子說：「看，這些是明天的落葉！」

院子裡，僕人也正興奮地看著落葉：「太好了，太好了，這下子我明天就不用一早起來掃落葉了。」

第二天，僕人放心地睡了個大懶覺，等到他懶懶地起了床，往院子裡一看，院中又是滿滿的落葉。

富人的妻子也正在樓上抱怨著：「昨日不是已經一起賞過今日的落葉了嗎？這又是何日來的落葉呢？莫非是明日的？看來我們沒有錯過一同欣賞今日的美景，卻始終錯過了欣賞明日美景的機會。」

生活佛法

花開花落自有時，事物發展自有其歷程，你無法預支明天的快樂，也無法預支明天的痛苦。活在「今日」，用心感受當下的幸福，至於明日的事，不妨留到明日再來體會吧。

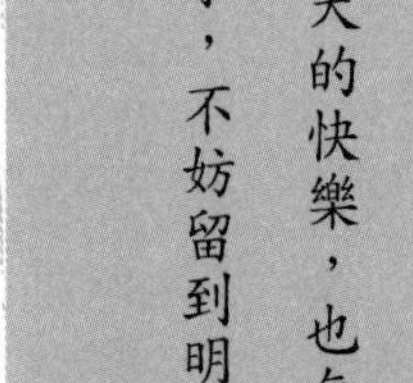

夜明珠——珍惜你所擁有的

從前，有一位富人，家財萬貫，富可敵國，卻整天愁眉苦臉。

為了能讓自己高興起來，富人花了很多錢請來了全國最有趣的賣藝人來逗他開心。可是不論賣藝人說多好笑的笑話，他都高興不起來。

有一次，他偶然聽說在別國有一位智者，這個智者具有神奇的本領，只要他願意，便可以隨時隨地讓你擁有好心情。

富人一聽便動了心，他拿了一顆非常珍貴的夜明珠，想要去和智者交換好心情。

富人長途跋涉，終於來到了智者的家鄉，他在一棵大樹下找到了正在打坐的智者。

「智者，我想和你買『好心情』，我帶來了這世上最珍貴的夜明珠，如果你能帶給我好心情，我就把夜明珠送給你。要知道，這顆夜明珠價值連城，可以買下一個小國。」富人對智者許諾道。

智者卻並沒有應答，他依然閉著眼睛，專心致志地打坐。

富人見智者沒有應答，便在旁邊坐了下來。一個時辰過去了，兩個時辰過去了……智者還是一動不動地在樹下打坐。

這下，富人著急了，他站起來質問：「你為何對我不理不睬？我千里迢迢跑到這麼個鄉下地方來，不是為了看你打坐的，我是為了買『好心情』而來的。」

這時，智者才緩緩地開口了：「請問，你為什麼沒有好心情呢？」

富人等了很久，才等到這麼一句話，氣得火冒三丈：「我要是知道為什麼沒有好心情，那我還用專門跑來跟你買嗎？」

智者睜開眼，微微一笑：「不知你要買多久的『好心情』呢？」

富人不假思索地說：「哪怕只有一次，只要我能完完全全地感受到真正的高興是什麼就好了。」

智者點點頭，繼續問道：「剛才我聽說你要拿一顆夜明珠向我換『好心情』？」

富人立刻點頭道：「沒錯，如果你可以給我『好心情』，我就把我夜明珠送給你。」

智者問道：「看來這夜明珠是你非常喜歡的寶貝。」

「當然，我剛才說過了，這夜明珠可是價值連城的！」富人覺得智者十分囉嗦，有些不耐煩起來。

「我可以先看看你的夜明珠嗎？」智者問道。

富人思考了一下，將夜明珠從包中拿了出來，遞到智者面前。說時遲、那時快，智者一把從富人手中搶過夜明珠，拔腿就跑。富人沒有絲毫的防備，一下子驚呆了，他怔怔地看著智者搶走了夜明珠，這才反應過來，大聲喊著：「我的夜明珠，快抓強盜啊，抓強盜！」說著，他拼命地追了過去。

可是富人平時嬌生慣養，哪裡能跑得過智者，很快，智者就拿著夜明珠不見了蹤影。

「天啊，這哪是什麼智者，明明是個強盜！」富人跑的氣喘吁吁，在心中暗自抱怨著自己：「都怪我，沒有打聽清楚就貿然跑來，居然還把夜明珠送到了他眼前。」想到夜明珠，富人傷心萬分，這可是他最珍惜的寶貝，平時都不肯拿出來給別人看，沒想到就這樣被這個謊稱智者的無賴給搶走了。

想到這裡，富人坐在一棵大樹下，大哭了起來，一邊哭，一邊口中抱怨著：「若是我不想著買什麼『好心情』就好了，這樣我就不會失去自己最珍惜的夜明珠了。可惜了這顆美麗的夜明珠，想當初我可是花了大價錢才把它從別人手中買來的。」

富人哭得傷心欲絕，不經意間，他一抬頭，卻看見自己的那顆夜明珠就放在頭頂的樹枝上。

富人不敢相信自己的眼睛，他站起來仔細一看，那樹枝上放著的，分明就是自己的那顆晶瑩剔透的夜明珠。

富人喜出望外，立刻將夜明珠拿了下來。

「終於找到了！」富人激動地捧著夜明珠，喃喃自語道。

「現在，你的心情如何？」正在富人沉浸在失而復得的喜悅中時，智者從樹後走了出來。

「太高興了，太高興了。」富人興奮地說道。

「這不還是你帶來的那顆夜明珠嗎？為何你來時沒有如此高興呢？」智者接著問道。

富人這才從喜悅中冷靜了下來，他也問自己：「是啊，現在我並沒有多得到些什麼，為何會如此快樂呢？」

「若是你能早點發現自己如此在乎這顆夜明珠，也許早就擁有了好心情。」智者繼續說道。

「沒錯，沒錯，以前這夜明珠一直都放在家裡的時候我並沒有在意，但是現在我知道了，自己真的很在乎夜明珠。現在有了它，我就有了好心情了。」富人急忙答道。

「好，現在我已經把『好心情』賣給你，那麼這顆夜明珠就歸我了！」說著，智者又一把從富人手中拿走了夜明珠。

生活佛法

多把目光放在自己所擁有的上面：相敬如賓的愛人、其樂融融的家庭、承歡膝下的孩子、促膝夜談的朋友……這些都是你最寶貴的財富。

刷牆——適合的才是最好的

有一個年輕人應邀到朋友新裝修的家中做客，他一進門，就看見了朋友家的牆，這面牆刷的又平整又光滑，看起來乾淨氣派。

年輕人十分喜歡這面牆，他用手撫摸著，羨慕不已。

朋友見他羨慕的樣子，建議道：「你也可以將家裡的牆重新刷一次啊！」

年輕人嘆了口氣：「可惜我家中的牆無論如何也刷不好，上次我花了很長時間仔細刷，可刷出來的還是凹凸不平，而且還有很多泥漿流過的痕跡，難看極了，這和你家中的牆沒法比！」說著，年輕人又羨慕地摸著朋友家的牆。

「哈哈，原來你是擔心這個，我告訴你一個方法好了。」朋友神祕地說：「這也是我的一個朋友告訴我的，在刷牆前你先把米糠用水泡爛，再把泥土放到米糠水中調勻。用這樣調製的泥漿來刷牆就不用擔心不平整了，而且還會經久耐用。」

「米糠？」年輕人聽了朋友的話，半信半疑地詢問道。

「沒錯，就是米糠，一開始我也不相信，但是現在一看，這方法果真有效。」朋友鼓勵著年輕人。

聽朋友一說，年輕人動了心，他也打算將自己那個住了許久的屋子翻新一下，好好刷一刷牆，要刷得像朋友家一樣，不，一定要比朋友家的還好才行。

想到這裡，年輕人的心中突然冒出了一個念頭：「既然朋友家用米糠與泥漿混合就能把牆刷得如此好，那麼我用比米糠更好的東西，效果豈不是會更好？」

他想來想去，打算用今年剛收的新穀子來代替米糠。

「黃燦燦的穀子比米糠強多了！」年輕人認為自己找到了一個絕好的替代物，不由得洋洋自得起來。

於是，年輕人很快行動了起來，他精挑細選了一些新穀子，這些穀子顆粒飽滿、大小均勻、顏色金黃。

年輕人滿意地看看這些穀子，按照朋友的說法，將穀子與泥漿混合到了一起，接著用這個自己發明出來的穀子泥漿刷起牆來。

他本以為自己很快就會刷好牆壁，可是事與願違，這樣調製的泥漿無論如何也刷不好牆，穀粒在泥漿中全都露了出來，顯得牆面凹凸不平，更可惡的是，沒有了米糠的黏合力，牆面沒幾天就裂開了縫。

年輕人看著自己的牆不但沒有朋友家的好，反而大不如前，就氣急敗壞地前去找朋友評理：「我用你的方法刷過牆後，牆變得更糟糕了！」

朋友驚訝地問：「你真的是按照我的方法來刷的嗎？」

年輕人理直氣壯地說：「當然，只不過我覺得米糠太便宜了，所以就選擇了更貴的穀子來代替它。」

朋友聽了年輕人的話，啼笑皆非：「米糠正適合用來刷牆，而穀子是用來吃的，再值錢也不能用它來刷牆啊！」

生活佛法

房屋不必富麗堂皇，住著舒心就好；愛人不必才貌無雙，兩情相悅就好；生活不必與旁人攀比，自我滿足就好。

過適合自己的日子，看屬於自己的花開花落，享受獨一無二的人生。

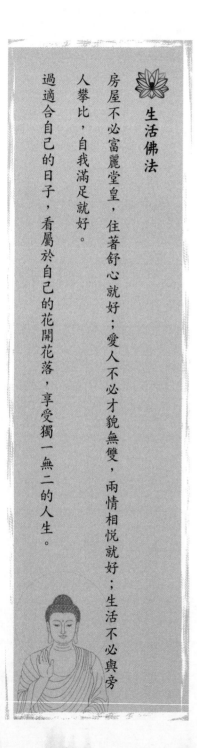

綢緞和駱駝皮——人生最大的遺憾莫過於本末倒置

在沙漠盡頭有一個小國，由於交通不便，這個小國裡的人很少與外界打交道。有一個商人在做生意時路過了這個小國，他無意間發現在小國中人們穿的都是粗布衣，從來沒有見過質地精美的布料。

商人認為這是一個發大財的好機會，便回家鄉購買了一批珍貴的綢緞，想要把這些東西賣給小國的貴族們，好大賺一筆。

商人買了一頭駱駝，又雇了兩個僕人，就帶著這些綢緞上路了。

在一望無際的沙漠裡，他們走得非常慢，這下商人著急了，他知道沙漠中的氣候瞬息萬變，在這裡耽擱的時間越長就越容易有變故。

為了能儘快到達小國，把這些綢緞全部賣掉，商人時刻催趕著僕人和駱駝走得再快一些。

可是事與願違，沒幾天，勞累過度的駱駝就生病了。

氣息奄奄的駱駝懶洋洋地臥在地上，無論商人怎麼趕都不肯動，最後，在商人的鞭打下，駱駝不但沒有站起來，反而閉上了眼睛，死掉了。

看著躺在地上的駱駝屍體，商人又生氣又後悔，他想著：「得趕緊想個辦法才行，要是沒有駱駝，我們在沙漠中就會寸步難行。」

突然，商人眼睛一亮，想到了一個好方法，他叫兩個僕人把駱駝的皮剝下收起來，打算到了小國之後一起賣掉。然後，他讓兩個僕人在沙漠中等自己再買一頭駱駝回來。走之前，商人囑咐僕人們：「若是食物不夠了，你們兩個可以把駱駝肉也吃掉，但一定要好好保管這張駱駝皮，千萬不要丟了或者弄壞了。等到了小國，我們把駱駝皮也賣掉，這樣還能再賺一筆，到時我會從中分一部分給你們。你們安心地在原地等著，我買到駱駝之後會儘快趕來找你們的。」

就這樣，兩個僕人在沙漠中守著駱駝的屍體等待了起來。他們始終記得商人走之前的囑咐，因此倍加小心地保管著駱駝皮，生怕把它弄壞了。

可是天不遂人願，這天，沙漠中突然狂風大作，兩個僕人見風沙四起，立刻將駱駝皮抱到了身邊，生怕駱駝皮在風沙中有所損傷。沒一會，天突然下起了雨，眼見著駱駝皮被雨點打濕，兩個僕人急壞了。

「若是這張駱駝皮有什麼閃失，商人回來一定會責罵我們的！」一個僕人焦急地說。

「沒錯，到時候不但我們拿不到賞金，可能還得替他賠錢，這可如何是好啊？」另一個僕人也急得團團轉。

這時，一個僕人突然看見了地上放的包裹，包裹中是商人所帶的綢緞，立刻有了主意：「不如我們用這些布把駱駝皮一層層包起來，這樣，駱駝皮就不會被淋濕了。」

兩個僕人立刻行動了起來，他們把商人所帶的精美綢緞全都拿了出來，緊緊裹在了駱駝皮上。「這下，駱駝皮安全了。」包完之後，兩個僕人終於鬆了一口氣，「等商人回來一定會誇我們聰明的！」

又過了幾天，商人終於帶著新買的駱駝回來了，一回來，兩個僕人就立刻向商人邀起了功來：「您走之後，天下了一場大雨，我們始終記著您的囑咐，所以把駱駝皮保護得很好，一點也沒有被淋濕。」

富人一聽，十分高興，笑著說：「真是辛苦你們了，等賺了錢我一定給你們加……」正說著，他突然看見放在地上，被綢緞所包起來的駱駝皮，立刻驚訝得說不出話來。

過了一會，他才指著駱駝皮問：「那，那是什麼？」

兩個僕人自豪地說：「駱駝皮，我們怕雨把駱駝皮淋濕了，就用綢緞把它裹了起來，您看，這駱駝皮一點也沒壞。」

商人仔細一看，這些貴重的綢緞被兩個僕人亂七八糟地裹在了駱駝皮上，在風雨的沖刷下，綢緞看上去又舊又爛，就像是一堆破布一般。

「這下子全完了！」商人氣得一下子昏了過去。

生活佛法

人原本是為了享受生活而生：享受工作的樂趣，享受愛情的甜蜜，享受家庭的溫馨，享受朋友的知心……可是卻有很多人被慾望迷住了雙眼，放棄對家庭的責任來追求所謂的成功，放棄對愛人的忠誠來追求片刻的歡愉……用重要的東西來換取廉價的東西，簡直是本末倒置。

善求和惡求——慾望無窮，知足常樂

在波羅奈國有兩兄弟，他們的母親在懷哥哥時心情舒暢、身體舒適，而懷弟弟時情緒不佳、身體常有不適，因此便將哥哥起名叫做善求，弟弟起名叫做惡求。

善求和惡求長大之後，都想學做生意，父親便讓他們各自帶著一些隨從，去海外闖蕩。

就這樣，善求和惡求分別帶著隨從出發了。

要到海外去必須穿過一片荒無人煙的沙漠，由於沒有穿越沙漠的經驗，善求一行人在沙漠中迷路了。他帶著隨從在沙漠中走了七天七夜，依然沒有找到路。這時，他們帶的食物和水已經全部吃完了，又渴又餓的隨從們一點力氣都沒有了。

善求看著精疲力竭的隨從們，無奈地自嘲道：「難道我們就要葬身此地了？」他不住地祈禱著，想要儘快得救。

這時，善求派去探路的一個隨從回來了，他興奮地告訴大家前方不遠處有一棵綠油油的大樹，樹邊還有一條小溪。

聽到這個消息，善求和隨從們重新燃起了希望，他們拖著疲勞的身體，勉強到了樹邊。探路的隨從說得果然沒錯，這裡正有一棵鬱鬱蔥蔥的大樹，樹邊的小溪正緩緩地流著。看見了溪水，善求一行人興奮極了，他們迫不及待地低下頭，貪婪地飲起了溪水。

這時，大樹說話了：「我知道你們是迷路的商人，若你們沒有了食物，可以砍下我的樹枝，自然會有食物出現。」

善求聽大樹說話了，不敢相信自己的耳朵，他疑惑地看著隨從們：「剛才你們聽見大樹說話了嗎？莫不是我餓得出現幻覺了？」

「我們也聽見了，不妨試一試！」隨從們興奮地回答道。

於是，善求和隨從們半信半疑地砍掉了大樹的一根樹枝，果然，從樹枝中流出了牛奶。他們又砍下了第二根樹枝，各種美味的食物出現了。早就餓得發暈的善求和隨從們立刻大吃大喝了起來，不一會便填飽了肚子。

吃飽之後，善求對著大樹深深地鞠了一躬，感謝它救自己於危難之中，並許諾將來一定會回來報答它。

大樹見善求真誠的樣子，笑了起來：「其實我的好處還不止這些，看你如此真誠，我便向你透露一二，你可以試著再砍幾根樹枝看看。」

於是，善求和隨從們又照著大樹的話砍了幾根樹枝，奇蹟出現了，樹枝中立刻出現了很多綾羅綢緞和珍奇異寶，善求和隨從一時間傻了眼。

這時，大樹又笑著說話了：「既然你們在沙漠中發現了，那就是與我有緣，既然如此，這些東西就當是我送給你們的禮物吧！」

善求這才反應過來，自己是遇上神樹了，就立刻跪了下來，對著神樹磕起頭來：「神樹的恩澤，善求沒齒不忘！」

大樹依然笑著問道：「這些是否足夠，你還需要再砍一些樹枝嗎？」

善求立刻回答道：「已足夠，剩下的樹枝就留給別人吧！這樣您就能救更多的人了。」

大樹聽了善求的回答，點了點頭。

就這樣，善求一行人帶著從大樹那裡得到的珍寶離開了。

在回去的路上，他們碰上了同樣迷路的惡求一行人，善求立刻將自己的遭遇一五一十地告訴了惡求，並向他們指明了神樹的位置。

惡求一聽，喜出望外，立刻帶著隨從們去找神樹。

根據善求指的路線，惡求很快找到了這棵神樹，他學著善求的樣子砍了兩根樹枝，果然牛奶和食物出現了。

惡求顧不上吃，又砍了幾根樹枝，綾羅綢緞和奇珍異寶也出現了。

惡求還不滿足，繼續砍了下去，越來越多的珍寶出現了，很多東西惡求從來都沒有見過。他越砍越興奮，幾乎要將大樹上的樹枝全部砍了下來。

這時，大樹說話了：「剛才我念你是迷路之人，找到我便是緣分，所以不和你計較，不知你為何要如此貪婪？」

惡求回答道：「既然我們有緣，不如將你所有的珍寶都給我吧！」

大樹聽惡求如此說，搖了搖頭：「你若繼續如此，後果不堪設想。」

被珍寶迷惑了雙眼的惡求哪裡會聽大樹的話，繼續不停地砍著。

大樹見惡求對自己不理不睬，也不再言語。

不一會，惡求就將大樹上的樹枝全部砍了下來，可是他依舊不滿足，心想：「既然砍下樹枝會出現珍貴的寶物，若是將大樹整個砍下來，挖出它的根來，恐怕更稀世的珍寶就會出現了。」

想到這裡，惡求便帶著隨從挖起大樹的根來，他們費了九牛二虎之力，終於將大樹的根挖了出來。

可是出現的並不是什麼稀世珍寶，而是無數的鬼怪，各種各樣的鬼怪一湧而出，將惡求一行人全部吃掉了。

生活佛法

知足，然後知進退，是一種智慧，更是一種境界。

對於不知進退、一味索取的人來說，生活不過是永遠無法得到滿足的失落，在慾望的驅使下只會越來越空虛；但是對於知足者來說，生活永遠是充滿了驚喜的禮物。

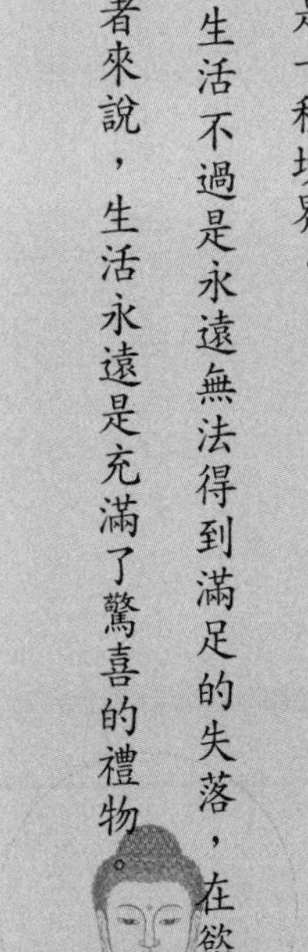

蛇頭與蛇尾——相愛的人請不要互相傷害

從前，有一條巨蛇，牠的身形十分龐大，力量也非常大，每個見過牠的人都嘖嘖稱奇。

長此以往，大蛇漸漸地驕傲了起來，牠認為自己是森林裡最厲害的動物，誰都比不過自己。

有一天，大蛇吃過了食物，盤在樹上休息。

看著地上跑來跑去的小動物們，蛇頭驕傲了起來，牠環視了一下四方，自豪地說：「看森林裡這些小動物整天匆匆忙忙地東跑西竄，卻吃不到多少東西，真是可憐啊！」

蛇尾也急忙補充道：「是啊，還是我最厲害，每天不怎麼費力就能捕到獵物，輕輕鬆鬆就可以吃飽肚子。」

蛇頭一聽，不高興了：「怎麼是你厲害呢？你說的這些明明都是我的功勞。」

蛇尾見蛇頭說的毫不客氣，立刻來了氣：「難道每次是你把獵物纏住的嗎？還不都是靠我？你明明什麼都沒有做，可是每次獵物一死，都是你先吃，我早就看你不順眼了。」

蛇頭不滿地爭辯著：「若不是我的眼睛看到獵物，不是我的鼻子聞到獵物的味道，你能捕食到獵物嗎？再說，如果不是我吃下去食物，你能有力氣來捕食獵物嗎？況且每次走的時候我都是走在最前頭的，哪次你不是緊緊跟在我的後頭，這就說明我的地位遠遠在你之上！」

聽到蛇頭的話，蛇尾氣得幾乎說不出話來：「你真是大言不慚，大言不慚……」

蛇頭扭回頭去看看蛇尾，鄙視地一笑：「理虧就理虧，何必為自己找藉口呢？」

蛇尾見蛇頭變本加厲地羞辱起自己來，決定不再與牠做口舌之爭，而是要在暗地裡給牠點顏色看看。

蛇頭見蛇尾不再說話，以為是牠已經認輸了，更加驕傲了起來：「哈哈，早就說了，我才是頭領，你就好好跟著我吧！」說著，蛇頭便昂著頭，趾高氣揚地往樹下爬去。可是這一次，蛇頭怎麼也走不動，牠疑惑地回頭一看，原來蛇尾正死死地纏著樹枝，動也不肯動一下。

蛇頭氣壞了，大聲呵斥道：「你在做什麼？為什麼要纏在那裡不肯動。」

蛇尾得意洋洋地說：「你不是說你的功勞最大，離了我也沒關係嗎？現在你有本事就自己走吧！」說著，又把身體在樹枝上纏得更緊了一些。

蛇頭氣得哭笑不得：「若我們一直在這裡糾纏下去，那誰都吃不到東西，最後你非得餓死不可。」

蛇尾卻毫不退讓：「要餓死也是你先餓死，若你想讓我鬆開樹枝，那就答應讓我當頭領，以後讓我走前面。」

「這不是無理取鬧嗎？」蛇頭扭過頭去，理都不理蛇尾。

就這樣，蛇頭和蛇尾在這棵樹上僵持了三天三夜，牠們都餓得饑腸轆轆，可是誰都不想向對方認輸，繼續怒目而視著。

後來，蛇頭忍不住了，它虛弱地說：「你還是放開樹枝吧！再這麼耗下去我們都得死。」

蛇尾雖然也餓得有氣無力，但依然逞強說：「還是那句話，放開可以，但是你必須得讓我當頭領。」

餓得雙眼發昏的蛇頭心中想：「就算讓牠走前頭，牠也看不見路，沒幾步就要向我求救了，到時候我再羞辱牠。」想到這裡，牠便點了點頭，答應了蛇尾的要求。

就這樣，蛇尾終於鬆開了纏在樹枝上的身體，帶著蛇頭一起從樹上爬了下來。

正如蛇頭所料的一般，蛇尾完全看不見路，可是牠也不想就這樣向蛇頭認輸，堅持摸索著向前走。

蛇頭見蛇尾依然不肯認輸，就賭氣閉上了眼睛：「我倒要看看沒有我來指路，你能走成什麼樣！」

就這樣，這條巨蛇在森林裡詭異地行走著，尾巴在前，蛇頭在後。互相賭氣的蛇頭和蛇尾誰也沒有想到，有人在森林裡點了一把火，沒有眼睛的蛇尾帶著蛇頭一起走到了火焰之中，等牠們反應過來的時候已經晚了，巨蛇就這樣失去了生命。

生活佛法

蛇頭蛇尾本為一體，如何能分得出先後強弱？夫妻之間的相處也正是如此，成為一家人就已是利益共同體，為一些無謂的爭執，用惡言惡語來傷害對方，只會損害自身的利益。

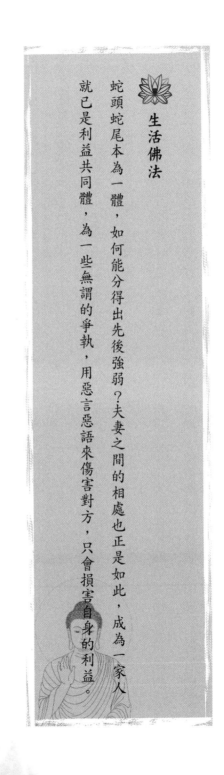

哭牛——放下才能自在

有一對非常恩愛的夫妻，自從成親之後感情便如膠似漆。

後來，丈夫突然身患重病，不治身亡。妻子十分悲傷，守著丈夫的屍體整整哭了七天七夜。在丈夫下葬之後，妻子仍然久久不能平靜，她一想到自己與丈夫一起度過的快樂時光，就會不自主地流下淚來。

日子一天天過去了，妻子的悲傷卻沒有一絲一毫減少。她每天都會來到丈夫的墳前，與長埋地下的丈夫傾訴著自己的思念之情。

整日陷入悲傷之中的妻子不再做家務，也不再撫養孩子，唯一要做的事，就是到丈夫的墳前與丈夫說話。親人和孩子們都勸她不要再如此傷心難過，免得哭壞了身體，但妻子對於這些勸告置若罔聞，依然每天到丈夫墳前哭訴。

一位親人見她久久走不出喪夫的陰影，便想了一個辦法。

這個人雇了一個男子，讓他幫助自己來點化那位傷心的妻子。

這天，妻子像往常帶到丈夫墳前，一邊哭一邊向他傾訴著自己的思念之情。正在這時，妻子聽見不遠處有一個男子在哭，她擦擦眼淚，好奇地看過去，只見男子前方躺著一頭牛。

妻子見男子十分傷心，便詢問道：「不知你為何如此傷心？」

男子回答道：「從小就跟隨我的牛今日去世了，小時候牠帶著我嬉戲玩耍，長大了牠又幫我耕地幹活，可以說是我的好幫手、好夥伴、好朋友，現在牠死了，我自然是十分傷心。」

聽到男子的話，妻子想到了自己的丈夫，又啜泣了起來，她感同身受地說：「這種感覺的確讓人難以忍受。」說著，妻子便幫男子一同將牛埋葬了。

第二日，妻子又來到了丈夫墳前，正要和丈夫說話時，她又聽見有人在哭。

妻子轉頭一看，還是昨日的男子，她嘆口氣：「同是天涯淪落人啊！」

又過了一日，妻子剛剛到達丈夫的墳前，就發現那個熟悉的男子已經坐在了那裡哭，他一邊哭還一邊說：「求求你吃一口吧！再吃一口你最喜歡的青草，如果你能再吃一口我就滿足了！」

妻子見男子一本正經地捧著青草，不由得笑了出來。

她拍拍男子的肩膀說：「你的牛已經死了，怎麼可能吃青草呢？」

男子扭過頭來，說道：「妳的丈夫也早就去世了，為何妳每日都與他聊天呢？難道妳的丈夫在地下可以聽到妳說話嗎？」

妻子一聽，愣住了，她想了片刻，覺得男子說得很有道理，就離開了。

生活佛法

生活中總有幸與不幸，對待這些起起伏伏，可動心、動情但不可過於沉溺其中。一味沉湎在過去的情緒中不能自拔，就會失去了面對未來生活的勇氣。

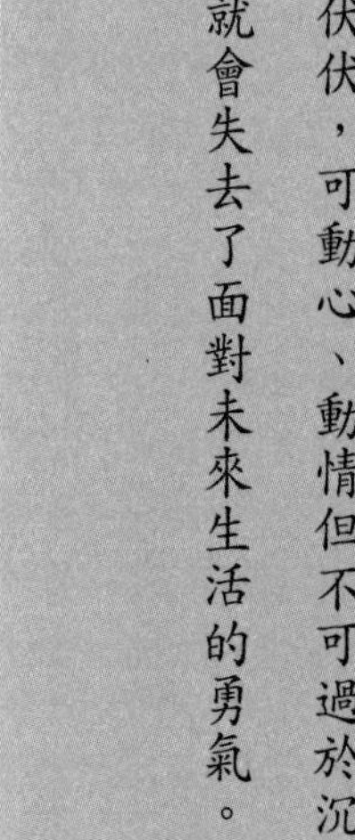

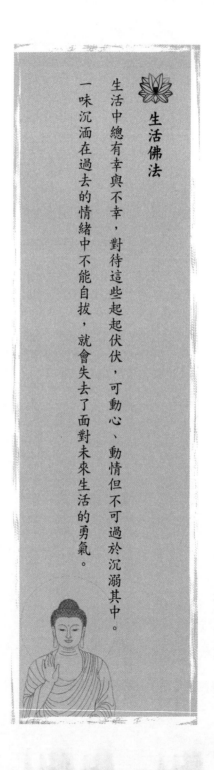

揭鳥——放棄是一種生活智慧

從前，有一種鳥，叫做揭鳥。牠長得雖然不大，卻有非常美麗的羽毛，那羽毛五彩斑斕、色澤明豔，還隱隱地藏著星星點點的金點。若是揭鳥飛起來，那羽毛看起來就更加美麗了，五彩的翅膀輕輕地扇動，泛出閃閃的金光，遠遠看過去，就像是畫中的仙鳥一般。

每一個見過揭鳥的人都對牠的羽毛嘖嘖稱奇，而揭鳥也十分珍愛自己的羽毛，每天起床都會用清水清洗羽毛，再仔細用嘴巴將羽毛梳理一遍。若是在飛行中一旦有灰塵落到了自己的羽毛上，揭鳥也會在第一時間停下來進行清理，生怕這些灰塵弄髒了自己羽毛，影響了自己的美麗。

有一天，揭鳥和自己好朋友喜鵲一起在天空中玩耍。牠們在空中飛來飛去，嬉戲打鬧，一點也沒有感覺到危險正在靠近。

原來，一個捕鳥人見揭鳥的羽毛非常漂亮，便想將牠捕來展覽。可是揭鳥長得很小，身體又十分靈活，若用鳥網來捕的話，牠很容易就會逃脫，用獵槍或者其他方法的話又會破壞牠美麗的羽毛。為了能找到一個既不影響揭鳥的美麗，又能將牠抓住的方法，捕鳥人每天都悄悄地跟著揭鳥觀察牠的習性。
觀察了一段時間之後，捕鳥人終於想到了一個好辦法，他在鳥網上塗了厚厚一層牛糞，然後將鳥網放在了揭鳥經常停留的樹枝上方。隨後，捕鳥人躲到了一邊，靜靜地等待著。
完全沒有察覺到危險的揭鳥和喜鵲嬉鬧著停在了樹枝上，見揭鳥落到自己的網中，捕鳥人立刻將鳥網一收。揭鳥和喜鵲覺得不對，抬頭一看，一張大網正從天而降。揭鳥和喜鵲急忙飛了起來，可是鳥網鋪天蓋地而來，哪裡還飛得出去，揭鳥和喜鵲一起被網在了鳥網之中。
「這下可怎麼辦！」揭鳥急得快要哭出聲來。
喜鵲仔細觀察了一下，對揭鳥說：「不要害怕，我看這鳥網的洞也不是太小，我們縮一縮身子，用力鑽出去好了。」
「真的能鑽出去嗎？」揭鳥高興了起來，牠順著喜鵲的目光，往鳥網上一看，隨即又垂下了頭：「網孔上滿滿地都是牛糞，如果鑽出去，會把我的羽毛給弄髒的。」
喜鵲知道揭鳥一向愛護自己的羽毛，勸說道：「可是這是我們唯一的機會了，如果我們不趕快從鳥網中鑽出去，過一會捕鳥人過來將我們抓到袋子裡，那就插翅也難飛了。所以，我們得趕緊行動才行。」說著，喜鵲便縮緊了身子，嘗試起來，網眼上臭烘烘的牛糞全都黏到了喜鵲的羽毛上。

這下，揭鳥說什麼也不肯嘗試了：「實在是太臭、太髒了，我的羽毛如此美麗，怎麼可以黏上牛糞呢！」喜鵲見揭鳥不肯動，便繼續用力鑽，不一會，牠就鑽出了網眼：「你也快點出來吧！我們大小差不多，我能出來你一定也可以出來的。」喜鵲依然勸說著自己的好朋友揭鳥。

可是揭鳥堅持不肯鑽：「你看看你自己的身體，上面都是牛糞，又髒又臭，我是不會像你一樣把羽毛弄成那個樣子的。」說著，揭鳥低頭看了看自己引以為傲的羽毛。

喜鵲見揭鳥依然固執地不肯逃走，只得自己飛走了。

這時，揭鳥依然在網中喃喃自語著：「我的羽毛這麼美麗，我怎麼捨得讓它黏上牛糞呢？實在是太讓人噁心了，想想那牛糞的味道……」想到這裡，揭鳥搖了搖頭，堅定地站在了網中。

就這樣，捕鳥人輕鬆捕獲了揭鳥，將牠帶回了家。

美麗的揭鳥就這樣為了自己的羽毛失去了自由。

生活佛法

一個人最在意的東西往往會成為他最大的弱點。

若被用心不良的人抓住了這個弱點，就會輕易被利用。

這時，就要以壯士斷腕的決心，以快刀斬亂麻的方式，透過放棄來贏得更大的進步。

彌蘭的故事——好事也可能引出壞的結果

有一位叫彌蘭的商人，經常帶著船隊出海打漁。

這天，彌蘭看海面上風平浪靜，就帶著船隊像往常一樣出了海。

這次出海非常幸運，彌蘭一行人在海上發現了非常珍貴的摩羯魚。這種魚體型龐大，數量稀少，平時很難抓住，彌蘭立刻讓手下人拿出捕魚工具，打算合力將摩羯魚一網打盡。

受到了驚嚇的摩羯魚橫衝直撞，一下子就把彌蘭的船給撞翻了。所有的人都掉到了大海裡，只有彌蘭死死地抓住了海水中的一根木頭，隨著木頭漂到了岸邊。

他用最後一絲力氣爬上了岸，四處張望著。只見岸上綠草如茵，花香撲鼻，環境十分好。彌蘭休息了一會，起身順著小路向前走去。

這時，他看見前方在綠樹的掩映中藏著一個城堡。

「這下得救了！」彌蘭心中一陣狂喜。

正在這時，城堡裡走出來四個花容月貌的女子來，她們一見彌蘭，便立刻熱情地迎了上來：

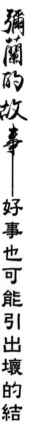

「您是不幸落難的船員吧？若您不嫌棄，就在我們這裡住下來，我們會好好服侍你的。」

彌蘭一聽，受寵若驚，沒想到自己被魚撞到大海裡居然撞出如此好運，他立刻隨著女子們走進了城堡。

這城堡金碧輝煌，十分氣派，城堡中擺列著各種各樣的珍寶，彌蘭一邊看一遍嘖嘖稱奇。四個女子跟在彌蘭身後，順從地說：「今後，您就是我們的主人了，如果您有什麼吩咐就儘管說，我們一定會滿足您的！」

彌蘭半信半疑地吩咐道：「我現在餓壞了，妳們快去給我準備一桌食物來。」

「是，主人。」四個女子立刻答應了下來，沒多久，她們便端來了一桌美味的飯菜。

彌蘭漂流了一天，餓壞了，立刻大口大口地吃了起來。

就這樣，彌蘭在城堡裡住了下來，這一住就是一個月。他每天衣來伸手，飯來張口，過得很舒服。

一個月之後，彌蘭有些厭倦了這樣的生活，心想：「這四位女子每天服侍完我就從城堡離開了，不知她們跑哪去了，是不是這附近有比這更好的地方呢？」

這天晚上，在女子們離開時，彌蘭便悄悄地跟在了她們的身後，一路尾隨著她們來到了另一座更大、更豪華的城堡。

女子們見彌蘭跟來，十分驚訝：「你怎麼會來這裡？」

彌蘭不高興地說：「沒想到妳們居然會藏著如此好的一座城堡不讓我知道，現在我想住在這裡。」

女子們搖搖頭：「你之前住的那座城堡已經非常好了，為什麼非要來這裡呢？住在這裡也並非好事。」

彌蘭認為女子們在欺騙他，執意要在此處住下。女子們見彌蘭十分執著，無奈地互看了一眼，答應了彌蘭的要求。

於是，彌蘭又在這個豪華的城堡中住了下來，這一住，又是一個月。

一個月後，彌蘭又厭煩了這樣的生活，他心中想著，既然這座城堡比原先那座豪華，是不是還有更豪華的呢？

在這個想法的驅使下，彌蘭又在半夜溜出了城堡，順著小路一路找了過去。

這次，他徹底驚訝極了，出現在他面前的是一座晶瑩剔透的水晶城堡，城堡中的奇珍異寶數不勝數。彌蘭眼睛都要看花了，他立刻搬到了水晶城堡中住了下來，這一刻，他覺得自己簡直就是全天下最幸運的人。

可是好景不長，沒多久，彌蘭又覺得無聊了，便在午夜從水晶城堡中溜了出去，順著小路一直找了下去。

沒多久，他就看到了一個新的城堡。這個城堡從外面看黑漆漆的，十分陰森詭異，彌蘭不由得打了個冷戰。

他覺得不妙，想要往回走。

這時，那四個女子從城堡中走了出來，笑著對他說：「你已經享受夠了，現在該來這裡了。」說著，便施法術將他帶進了城堡。

彌蘭抬眼一看，城堡中佈滿了各種刑具，地上的人都在痛苦地呻吟。

彌蘭嚇壞了，想要逃走，可是腳下彷彿被定住了一般，一步也走不動。

這時，那四位女子又走了過來，將彌蘭扔進了一個刑具中，彌蘭嚇得瑟瑟發抖，問道：「我怎麼會如此不幸，不知我要在這裡待多久才能走呢？」

四位女子莞爾一笑，回答道：「前幾個城堡是你的好運，現在你的好運已經用完了，就輪到壞運氣了。恐怕，你在前幾個城堡裡享了多久的福，現在就要在這裡受多久的罪了。」

彌蘭一聽，既後悔又害怕，於是暈了過去。

生活佛法

人生本就是福禍相依的，正所謂盛極必衰，否極泰來，沒有人能永遠幸運，也沒有人會永遠不幸。

享受生活帶來的未知，淡然地看待生活中的幸與不幸，在幸運時知足常樂，在不幸時苦中作樂。

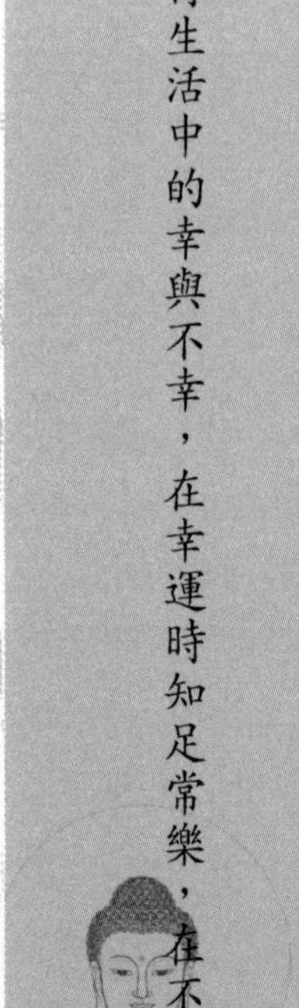

挑豆漿——埋頭趕路時，別忘欣賞路邊的風景

在山上有一座寺廟，由於寺廟中沒有能夠磨豆子的石磨，因此每天都會派小和尚挑著豆子到山下去，在市集裡磨好之後再挑回寺廟中來。

這天，一直負責挑豆漿的和尚生病了，住持便命一個小和尚接替他去山下挑豆漿。下山之前，負責膳食的大和尚將滿滿一桶豆子交給了小和尚，囑咐他說：「你以前沒有挑過豆漿，這次下山你要特別注意，尤其是豆漿磨好之後，這一路上山路崎嶇，一不小心豆漿就會灑出來，所以在回程的路上一定要加倍小心才行！」

這是小和尚剃度之後第一次被委派重要的任務，本來就非常重視，聽負責膳食的大和尚一說，更是緊張了起來。他用力地點了點頭，答應道：「我一定會小心的。」

在拿好了豆子之後，小和尚就挑著滿滿的豆子下山了，一路上他走得非常慢，也非常專心，不多久，他終於挑著豆子下了山。這下，他才長長地吁了一口氣，想到大和尚的交代，他連休息也不敢休息，馬不停蹄地帶著豆子到了市集中去，將它們全部磨成了豆漿。

滿滿兩大桶豆漿磨好了，為了能趕在午飯之前回到山上，小和尚立刻挑起了擔子，開始往回走。隨著小和尚的步伐，豆漿在桶中晃來晃去，在木桶壁上發出了有節奏的「啪啪」聲，似乎迫不及待地要跳出木桶來。

小和尚聽著這聲音，想到下山前大和尚囑咐自己的話，立刻緊張了起來：「果然如同師兄所說，這豆漿實在是不好挑，我一定得特別用心才行。」

他小心翼翼地在山路上行走著，一步接著一步，生怕這桶中的豆漿有損失。可是偏偏在這時，路邊衝出一隻猴子來，專心致志地看著前方道路的小和尚完全沒有防備，一下子被猴子嚇得慌了神。為了躲開這隻調皮的猴子，他挑著豆漿東搖西晃，一下子失去了平衡摔倒了，兩桶豆漿全部灑在了路上。

「這下完了，回去一定要被大和尚和住持罵了。」小和尚失落地撿起了滾在地上的桶子，垂頭喪氣地回到了寺廟中。

大和尚一見小和尚空手而歸，立刻明白了這是怎麼回事，他不高興地抱怨著：「我不是說了要小心嗎？現在你把豆漿灑了，我們午飯該吃些什麼啊？」小和尚本想爭辯幾句，一想到的確是自己不小心才灑了豆漿，只得低下了頭。

正在這時，住持路過了廚房，他見小和尚垂著頭站在一邊，一副情緒低落的樣子，便詢問起詳情來。

小和尚一五一十地將挑豆漿的事說給了主持聽，他羞愧地說：「這次弟子真得錯了。」住持聽了之後並沒有責怪小和尚，而是問他：「你這次下山，看見路邊有什麼風景啊？山上的桃樹開花了沒有？路邊的野草綠了沒有？有沒有野花？都是什麼樣子的？」

小和尚聽住持突然問起這不相干的事來，一時不知道該怎麼回答，過了一會才慢慢地說：「我只顧專心挑豆漿了，這些都沒有看見。」

「好，明天還是由你來負責挑豆漿，不過這次我交給你一個更重要的任務，就是好好觀察路邊的風景，回來我還會問你剛才那些問題。」說罷，住持便離去了。

第二天，小和尚又下山挑豆漿去了。為了能夠回答住持的問題，這次小和尚顧不得理會豆漿了，他四處張望著，觀察著山路兩邊的風景，恨不得能將這些都記在自己的腦子裡。正是春暖花開的時節，山中草色初綠，樹梢也冒出了嫩綠色的芽來，鳥在山林中飛來飛去，不知道叫什麼名字的野花也爭搶著開放，怕辜負了這燦爛的春光。

看見路邊的景色如此之美，小和尚的心情也跟著好了起來，他覺得肩上的擔子似乎輕了，腳步也輕快了起來，連豆漿拍打木桶的聲音也像是給自己伴奏。小和尚越走越快，不一會就回到了寺廟。

一到寺廟裡，小和尚連休息也顧不上，放下擔子就立刻飛奔去找住持。他氣喘吁吁地對住持說：「住持，您交給我的任務我完成了。路邊風景非常好，山上的桃花還沒有全開，不過花骨朵已經冒出頭了，還有那麼兩三株桃樹已經開了一點了；路邊的草已經綠了，雖然走近了一看還不是綠油油的，但是遠遠地看去已經是淺淺的一片綠了；有很多野花，有黃的、有粉的、有紫的，開得正好。」

住持微笑地看著正興沖沖向自己彙報的小和尚，問道：「你挑的豆漿呢？」

「豆漿？哦，對了，豆漿。」小和尚這才回過神了：「豆漿一點也沒有灑。」

「很好。」住持誇獎道。

生活佛法

生活的意義不僅僅在於心無旁騖地奮鬥，同樣在於享受生活中平凡的美好。學會欣賞這些「路邊」的風景，不但不會耽擱你的旅程，反而會讓你走得更快、更遠、更踏實。

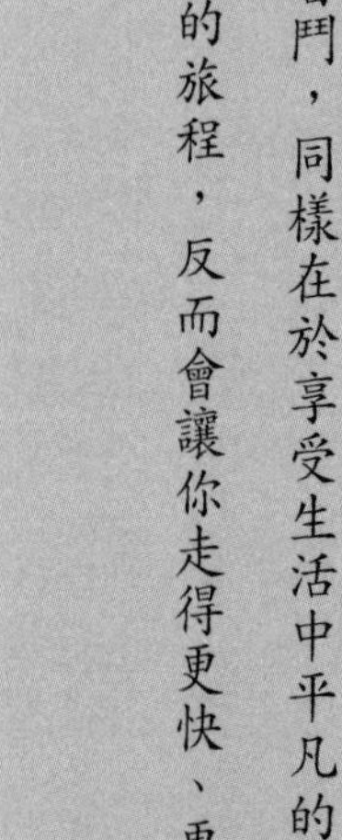

第三章 我們該如何與他人相處

目犍連的朋友——交友應重質輕量

目犍連是佛陀的一位親傳弟子，在出家之前，他本是一位靠捕魚為生的漁夫，他有一位好朋友名字叫做陀然，他兩人志趣相投，關係十分好。

後來，目犍連受到佛陀的開示，毅然出家，當了佛陀的弟子。由於整日四處傳道奔波，他與好朋友陀然的聯絡也越來越少，但是在目犍連的心中，陀然仍然是自己的莫逆之交。

有一天，目犍連在傳道時遇上了一位故人，他十分高興，急忙向故人詢問家鄉的事，故人一一向他道來，但是當目犍連問到自己的好朋友陀然時，故人變得吞吞吐吐了起來。

目犍連心中有些擔心，急忙追問道：「不知陀然有何不測？」

故人見目犍連連番追問，只得實話實說：「自你走後，陀然性情大變，他現在是村中一霸，總是利用自己原先的聲望騙錢騙物，還常常欺凌弱小，大家現在對他可謂是聞之色變啊！」目犍連一聽，大吃一驚，沒想到自己這麼多年的好朋友居然會變成這個樣子，他決定等下次見到陀然的時候要好好地和他談談。

不多久，目犍連奉佛陀之命回家鄉傳法，一到家鄉，他就立刻去找陀然。陀然聽說目犍連前來，立刻熱情地迎了出來：「好久不見，歡迎，歡迎！」

目犍連卻疾言厲色地訓斥道：「你為何要搜刮村民的財富！」

陀然一愣，轉而又笑著與目犍連說：「我剛結婚，需要養家糊口啊！」

目犍連嚴肅地說：「就算是要養家糊口，也不可以騙村人的錢財。想當初我敬重你的人品，所以才與你做朋友，如今你居然做出這種事來，實在是令人失望！」

陀然見目犍連絲毫不給自己留情面，臉色變得難看了起來，而站在一旁的陀然的妻子也看不下去了，她氣呼呼地抱怨著：「以前人們都說你是陀然最好的朋友，陀然也總和我說你是他的知己，雖然我沒有見過你，但是在我的心裡你就是我們的親人。今天聽說你會回來，我和陀然一早起來就開始準備，想要好好接待你，沒想到一見面你就如此訓斥陀然，這哪裡是一個好朋友該做的事？我看你根本不能算是陀然的好朋友，連他的普通朋友都不如！」

目犍連看看陀然的妻子，又看看臉色發青的陀然，繼續說：「若你想要靠著欺騙村民來過上好的生活，覺得自己的所作所為沒有過錯，那恕我無法繼續與你做朋友了。」

陀然的妻子見目犍連不但沒有給他們面子，反而加倍奚落自己的丈夫，氣得勃然大怒，轉身離去。

這時，陀然也已經被目犍連說得臉上一陣青一陣白，他不好意思地向目犍連解釋道：「其實這並非是我的本意，只是我娶的這位妻子本是富家千金，錦衣玉食慣了，為了滿足她，我不得不出此下策。」

聽了陀然的解釋，目犍連不但沒有同情他，反而加倍批評起他來：「大丈夫敢作敢當，為何將此事推到妻子頭上？難道在這件事情上最應該負責任的不是你嗎？若你的妻子不對，你也應當教育她，幫她改掉自己的壞習慣，又怎能自我放棄，用如此卑劣的手段來滿足自己呢？現在你只是欺騙村民，若不懸崖勒馬，恐怕你的貪慾就會愈演愈烈，最終釀成不可彌補的大錯！」

聽了目犍連的一番話，陀然羞愧極了，他為自己之前的所作所為而感到恥辱。他終於明白，自己現在交的那些朋友誰都沒有和他說真心話，根本不能算是真正的朋友，而真正的朋友，也只有目犍連一個而已。

生活佛法

朋友分很多種，當面指出你錯誤的是摯友、益友，是第一等朋友；只談吃喝玩樂，不可促膝談心的是狐朋狗友，是第二等朋友；當面奉承，背後議論你的是損友，是第三等朋友。

交友應重質輕量，多交摯友，適當交狐朋狗友，少交損友！

美味的羹湯——己所不欲，勿施於人

秋收季節，農場主人雇來了很多幫手來幫自己收割糧食，為了趕著在雨季到來前能收割完畢，工人們日夜勞作，不敢停歇。

為了想讓工作的人能吃好，農場主特意從鎮上請來了一位有名的廚師，讓他準備美味又有營養的飯菜。

廚師的手藝果然名不虛傳，他每天變換著花樣地做出各式各樣的美食，深受大家歡迎。

這天，廚師和往常一樣一邊燉著肉羹湯，一邊做其他的飯菜。肉羹湯在火上不停熬煮，散發出誘人的香味，廚師拿起勺子嚐了一口，滿意地點了點頭。

這時，天上飛過了一隻老鷹，老鷹的爪子上抓著一把不知道從哪裡抓的糞便，牠遠遠地就聞到了肉羹的香味，也飛到了肉羹旁邊來。

廚師見老鷹飛來，怕牠把爪子上的糞便掉肉羹裡，便用勺子趕著老鷹。老鷹急忙又飛了起來，但是爪子上的糞便卻不偏不倚正好掉到了肉羹湯裡。

「糟糕！」廚師大叫一聲，立刻用勺子去舀，誰知糞便不僅沒有被撈出來，經過廚師一攪，反而完全融進了肉羹中。

「這下可怎麼辦啊？都怨那隻該死的老鷹，好好一鍋湯就叫它這麼給毀掉了！」憤怒的廚師不停的抱怨著。「只能倒掉重做了，沾了糞便的肉羹湯實在是太噁心了，這老鷹真可惡，害我還得重新再做一次。」廚師一邊自言自語地嘮叨著，一邊端起了熬羹湯的鍋，想要把它倒掉。

可是突然間，廚師又生出了一個念頭：「鍋裡有糞便這件事只有我一個人知道，就那麼一小塊糞便，都化鍋裡了，大概大家看不出來也吃不出來，乾脆別倒了，反正我也不吃這鍋湯。」

廚師猶豫了一會，把羹湯又放回了火上，他自我安慰道：「還是不倒了，現在時間也不早了，重新做恐怕來不及，到時候做不出來還得挨主人罵，反正大家也不知道湯裡有什麼，乾脆就這樣吧！」

很快，開飯的時刻到了，廚師忐忑地將羹湯端了出去，餓腸轆轆的雇工們不疑有他，像往常一樣端著碗大口大口地吃了起來，一邊吃還一邊稱讚著廚師的手藝。見大家都沒有發現羹湯有問題，廚師一直提著的心這才放了下來，他輕輕的呼了一口氣，打算像往常一樣回廚房吃點做飯時留給自己的飯菜。

這時，農場主人也走了過來，他見大家吃得正香，便用勺子嚐了一口，肉湯的獨特的香味立刻侵襲了他的味覺，他不由得對廚師豎起了大拇指：「你做的菜果然色香味俱全，不枉我特地重金將你聘來！」說著，農場主又喝了一口羹湯：「今天你就不要回去廚房吃了，就在這裡和大家一起趁熱吃吧！你每天辛辛苦苦地為大家做飯，自己卻連口熱飯也沒吃到。」

廚師一聽，頓時愣住了，他趕忙推辭道：「我還是回廚房吃吧！做廚師的就是這樣，我已經習慣了。」

農場主笑著說：「以後你就和大家一起吃，別再吃那殘羹冷炙了。」說著，拉著廚師坐了下來。

廚師心裡萬般不願意，可是又怕被農場主人和其他吃飯的人看出破綻來，只得不情願地盛了一碗肉羹湯，硬著頭皮喝了下去。至於這碗加了糞便的肉羹湯到底是什麼味道，他自己也說不出來了。

生活佛法

「己所不欲，勿施於人」，此為待人處事第一原則，需時時自警、自省。想要別人如何對待你，你就要以同理心來對待他人，常換位思考，存善念、行善事，方為待人之道；若心存邪念，有意欺人、騙人、害人、辱人，損人，終會自食惡果。

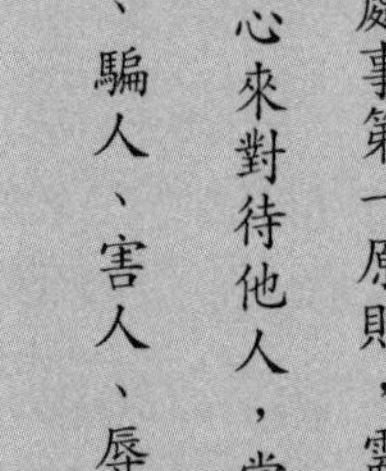

讚美他人——吹噓是內心自卑的一種表現

從前有一個年輕人，他的父親是村中最有錢的人，經常幫助窮人，是一位大善人。年輕人十分崇拜自己的父親，因此經常在外人面前讚美自己的父親。

有一天，在朋友的聚會上，年輕人又開始誇獎自己的父親了：「我的父親從小家裡非常窮，連衣服都買不起，也沒有什麼有錢的親戚可以依靠，可是他卻從最普通的種田做起，兢兢業業，白手起家，最後做到了現在這個程度，我真是非常崇拜他！」

其他人聽了年輕人講他父親辛苦創業的故事，深受感動，也跟著誇獎起他的父親來：「沒想到令尊居然有如此心酸的往事，完全靠著自己的力量變成了富人，實在是令人欽佩不已！」

「我最敬佩父親的並不是這些。」年輕人繼續說道，「我最敬佩父親的德行，雖然他現在已經是有錢人，卻沒有沾染富人那種壞的習氣，平時他總是教導我做人做事都要與人為善，要多替別人著想，而他自己也是這麼做的。每年他都要拿出很大一筆錢來救濟窮人，前兩年別的地方鬧洪水，有很多災民跑到村裡來，其他人都嫌災民又髒又臭，可是我父親二話不說就收留了他們，給他們送吃的送喝的，洪水退去之後，又捐了一筆錢給他們重建家鄉。」

「令尊真是活菩薩，待人公正，從不欺凌弱小，還總是幫助別人。」其他人紛紛應和道：「你有這樣一位好父親真是非常幸運！」

這時，朋友中有一位愚人，他見別人都跟著讚美年輕人的父親，頓時羨慕了起來。他心中暗想：「為什麼他靠著誇父親就能如此出風頭呢？看來我也得誇誇自己的父親。」於是，愚人便大聲地說：「你父親做的這些不算什麼，要說起來，我父親的德行才是最好的！」

其他人聽了愚人的話，都覺得十分詫異，紛紛詢問道：「我們怎麼從來沒有聽說你父親做過善事呢？」

這下，愚人慌了神，他本來只是想著像年輕人一樣讚美一下自己的父親，可是現在大家都來問他，他卻不知道該如何作答了。

愚人在心中琢磨了起來：「年輕人說他的父親樂善好施，又經常救助災民，所以是個大善人，我現在已經說了大話，要是想比過年輕人的父親，恐怕要說出更能展現出德行的事才行。可是，要說什麼事才好呢？」愚人思來想去，始終想不出應對之策來。

這時，朋友們都著急了，七嘴八舌地催著愚人問來問去：「你父親到底做過哪些不為人知的好事呢？」

年輕人也追問著：「我父親做過的事情是有口皆碑的，你父親到底有何德行，不如說出來我們聽聽。」

愚人突然想起村中人常常誇獎寺廟中的老住持是得道高僧，德行天下，便有了主意，他大聲地說：「我的父親就像是寺廟中的住持一樣，從小便嚴格奉行佛家八戒，德行自然比俗家的人要高！」

眾人一聽，啞然失笑：「難道你的父親從小便戒了淫慾嗎？」

愚人驕傲地說：「沒錯！」

眾人哄堂大笑：「若你父親從小便戒了色，那你又是從何而來的呢？」

生活佛法

美言美語人人愛聽，但只有飽含真誠的話語才能打動別人。如果言過其實，不但不能起到正面的效果，反而會引起別人的懷疑與反感。

無物——與人交流需及時的確認

在一條狹窄的山路上，一個車伕正在趕著一輛裝滿了貨物的馬車前行。正是上坡路，車伕一揚鞭，馬費力地將車向前拉了幾步，可是很快，馬不堪重負，又退了回來。

車伕看看即將落山的太陽，又看看前面陡峭的山路，焦急萬分：「這樣子下去天黑也到不了，如果能有個人幫幫我就好了。」

正在這時，路上走來了兩個農民。車伕激動極了，他立刻跳下馬車，攔住了兩位農民：「太好了，終於有人來了，我能請你們幫我推一下車嗎？這路實在是太難走了，我又急著趕路，只要推過這一段上坡路就好。」說著，車伕指了指前面的路。

兩個農民先是嚇了一跳，然後看看車伕，又看看那一車貨物，問道：「幫你可以，不過你用什麼來報答我們呢？」

車伕這下子為難了，他現在除了這一車貨物什麼都沒有，只得無奈地搖搖頭：「無物。」

說完，失落地走開了。

沒想到兩個農民聽到車伕這句話之後並沒有失望，他們相視一笑，對車伕說：「好，我們幫助你推過去。你上車吧！我們兩個在後面推。」

本來已經不抱希望的車伕聽見兩人如此說，不由得喜出望外：「二位真是我的恩人，太感謝了！」他高興地跳上了馬車，又揮起了馬鞭，這一次，有了兩個人的幫助，馬車走得輕鬆多了，也穩多了，不一會，就上了山坡。車伕抬頭一看，前方是一馬平川，好走多了。

他跳下了車，對兩位幫助自己的農夫千恩萬謝：「真是太感謝二位的幫助了，前面的路好走了，就不麻煩二位了。」說著，他就想跳上車繼續走。

這時，一位農民叫住了他：「嘿，你怎麼就這樣走了？」

車伕以為是自己的態度不夠誠懇，立刻跳下了車，一邊作揖一邊說道：「我現在無以為報，只得再次感謝二位的大恩。」

農民憤怒地說：「怎麼就無以為報了呢？你怎麼可以如此出爾反爾，剛才不是答應我們要給我們報酬嗎？」

「報酬？」這下子輪到車伕傻眼了：「什麼報酬？」

「不要裝傻了，剛才你明明說只要我們幫你把車推上山坡，你就會給我們一件東西，叫做什麼來著……？」他一邊說，一邊詢問著身邊的另一位農民。

「叫『無物』，我記得清清楚楚，你可不要抵賴。」另一位農民接著說道。

「『無物』？」車伕這才反應過來，原來剛才兩位農民是以為自己會給他們報酬才幫助自己的，頓時覺得哭笑不得，自嘲地說：「我上哪裡給你們找這『無物』去啊？」

「我不管，當初你答應我們的時候言之鑿鑿，現在又反悔了，這樣出爾反爾就是欺負我們老實人。」一位農民堅持要和車伕要「無物」。

「沒錯，既然答應了要給我們『無物』作報酬，那就把『無物』給我們拿來！」另一位農民也大聲附和著。

車伕看看身邊兩位認真的農民，無奈地嘆了口氣。

這時，一位過路人走了過來，兩位農民立刻拉住路人評理，路人聽完了農民的講述，又看看站在一邊又無奈又尷尬的車伕，哈哈大笑了起來：「『無物』本無物，誰想無物竟成物！」

生活佛法

在與不同背景的人交流和溝通時，最容易因雙方認知不同而產生誤會。要避免這種誤會的出現，就應在交流中及時地進行必要的詢問和確認，以免誤會擴大，產生不可挽回的後果。

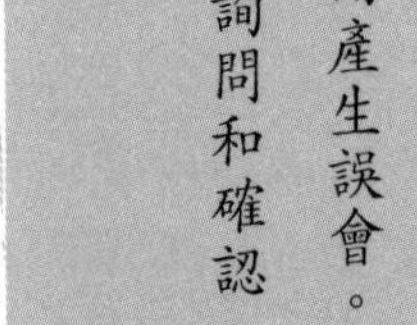

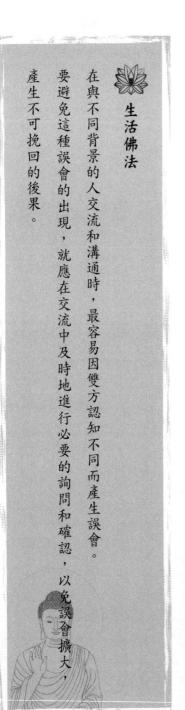

鳥王——虛偽的人往往有張甜嘴巴

在深山中，生活著許許多多的鳥，在這其中有一隻鳥身形巨大，又十分聰明，經常帶著大家一同去捕食，後來，眾鳥便推舉牠作了鳥王。

自從當了鳥王之後，這隻大鳥便不再出外覓食，而是整日待在窩中休息玩樂，其他的鳥找到食物之後，都會先送到鳥王面前供牠挑選，剩下的才能自己吃。

鳥王每日吃喝玩樂，過著神仙一般的生活。

有一天，鳥王和平常一樣，吃飽了在森林裡飛了一會，然後百無聊賴地停在了一棵樹上。牠心想：「這樣整天無所事事，輕鬆倒是很輕鬆，但實在有點太無聊了，不如我找點事情做吧！」

這時，一群小鳥經過，牠們看見鳥王，立刻恭敬地飛了過來：「大王，您有什麼需要嗎？」

鳥王搖搖頭：「沒什麼事要做，你們玩去吧！」

小鳥們依然圍在了鳥王旁邊：「大王你最近越發英俊了，剛才看見大王站在樹枝上的樣子，真是威風凜凜，與眾不同啊！我們好久都沒有見過您飛翔的英姿了，請您再給我們表演一下吧！」

鳥王聽了十分高興，牠扇動翅膀，飛了起來，在天上繞了一圈之後，停了下來，謙虛地說：「最近沒有去捕食，飛翔的技能也下降了，還是得多練習才行。」

「哪裡，哪裡，您的風采依舊。」小鳥們鼓起了掌來。

突然間，鳥王的心中生出了一種深深的空虛感：「這樣的日子實在無聊，走到哪裡大家都在奉承我，看來太優秀也是一種負擔。」想到這裡，鳥王決定和小鳥們開開玩笑。

於是，鳥王趁小鳥們都不注意，閉上眼睛，假裝從樹上摔了下去。

「咚！」鳥王重重地摔在了地上，牠忍著疼，一動不動，緊緊地閉著眼睛。

小鳥們嚇了一跳，趕忙飛下來看：「大王，你怎麼了？」鳥王依然一動不動，小鳥們慌了神，有的飛去叫別的小鳥，有的守在鳥王旁邊繼續叫牠。

鳥王見大家亂作一團，覺得好笑極了，牠強忍著笑，依然一動不動地躺著。小鳥們陸陸續續地都飛了過來，牠們見鳥王這個樣子，都嚇了一跳，一時間亂作一團。

有隻小鳥戰戰兢兢地說：「鳥王該不會是摔死了吧？」其他小鳥默默地點了點頭：「大概是摔死了。」

鳥王很得意：「哈哈，牠們果然都被我騙了，這下我倒要看看如果我死了牠們會做什麼？大概是要找東西埋葬我吧？過一會，我就趁牠們不注意，一下子飛起來，嚇牠們一跳。」想到此，鳥王幾乎要笑出聲來：「太好玩了！」

果然，小鳥們紛紛叼著樹葉子，蓋在了鳥王身上。

鳥王正要飛，突然聽到有一隻小鳥說：「終於死了！」

另一隻小鳥回應道：「是啊，終於不用拍馬屁了！」

鳥王聽小鳥們語氣不對，便繼續躺在地上裝死，想聽牠們怎麼說。

「真把自己當大王了，還不是我們推舉的？」有隻小鳥不屑地說道。

「整天無所事事，光吃我們的，還好意思一直占著大王的位置，早就看牠不順眼了。要不是牠長得比我大，我就去把牠這大王拉下馬。」又有小鳥補充道。

這些聲音如此熟悉，正是剛才說好話的那幾隻小鳥的聲音。原來牠們在背後是這麼罵自己的，鳥王生氣極了，忘了自己正在裝死，立刻飛了起來。

小鳥們見已經「死了」的鳥王突然又「復活」了，嚇得目瞪口呆，說不出話來。

「大王，剛才我們說的並不是真心話，您永遠是我們的大王！」一隻小鳥立刻又讚美起鳥王來。

可是鳥王再也不相信牠們的話了。

生活佛法

想知道別人對你真正的看法，不應看他面對你時說些什麼，而要看他背著你說了些什麼。

對於當面的奉承，不妨一笑了之，若被這甜言蜜語所迷惑，就會迷失自我。

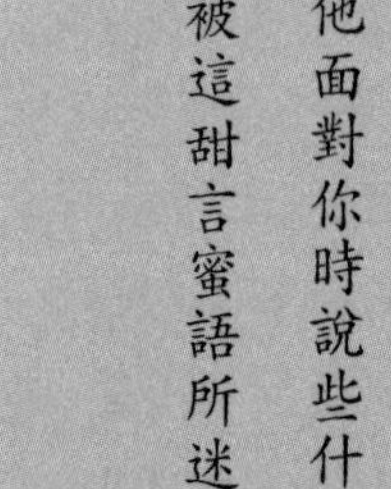

金盤——誠信是最寶貴的財富

從前，有兩位商人一起去外地收購東西。其中一位是遠近知名的大商人，經商多年，聲望極高；另一位則是初出茅廬的年輕商人，這是他第一次出遠門做生意，想跟大商人好好學習學習。

兩個商人長途跋涉，來到了一個小國。為了能儘快瞭解小國的情況，兩人決定分頭行動。

大商人首先來到了河邊的一處小茅屋中，進屋一看，家徒四壁，只有母女二人。

大商人向主人說了一聲打擾，搖搖頭準備離開。

「你好，請問你是商人嗎？」小女孩問道。

大商人停下了腳步：「沒錯。」

「我看你穿得這麼好，就知道你一定是商人。我想要一顆美麗大珍珠，你可以賣給我嗎？」

小女孩天真地問道。

大商人看看衣著樸素的小女孩，不耐煩地說：「珍珠可是很貴的，妳拿什麼跟我換？」

小女孩拿出一個盤子來：「這是我父親去世的時候留給我們的，一直放著沒用，就用它和你換珍珠吧！」

大商人瞥了一眼，那盤子髒兮兮的，實在不起眼，他本不想在這家繼續糾纏，但是看見小女孩期待的眼神，還是接過了盤子，打算假裝看一眼再還給她，免得小女孩太失望。

大商人一拿過盤子，就知道自己錯了。這個盤子沉甸甸的，肯定不是普通的盤子，他偷偷用指甲劃了劃，盤子上厚厚的汙漬底下露出璀璨的金色來。

「是金子，這是個金盤子！」大商人在心中驚呼道，沒想到自己一下子就遇上個好東西。

這時，小女孩又追問道：「這個盤子可以換一顆大珍珠嗎？就是白色的，特別漂亮的那種。」

「當然可以，用一顆珍珠換這麼大一個金盤子實在是太划算了。」大商人在心裡暗想道，他正要點頭，突然又轉念一想：「若我不說這是個金盤子，她們母女二人也不會知道。」

於是，商人裝作不屑地樣子，將盤子往桌上一扔：「這個破盤子，實在值不了幾個錢，別說換珍珠了，恐怕送別人都沒人肯要！」說著，大商人便離開了。

沒多久，另一位年輕商人走了進來，他向母女二人詢問是否有東西要賣，母女二人尷尬地對望了一眼，然後看了看放在桌上的盤子。

年輕商人見狀，便拿起了盤子仔細地觀察起來，他越看越興奮，激動地和母女二人說：「天啊，這是個不折不扣的金盤子！」

母女二人一聽，驚訝地張大了嘴巴。

年輕商人拿起隨身帶的小刀，將盤子上的汙垢刮去，一個金光燦燦的盤子出現了。

「媽媽，真是金盤子！」小女孩激動了起來：「那我可以拿這個盤子和你換一顆大珍珠嗎？最漂亮的那種！」小女孩趕忙問道。

「當然可以了！」年輕商人一口答應了下來：「除了珍珠，我還要再給你們五個金幣才行。」

「盤子值這麼多錢？」母親也跟著激動了起來。

「沒錯，你看這盤子，雕刻多精美，是難得一見的好東西啊！」年輕商人一邊欣賞著手中的盤子，一邊讚嘆道。

這時，大商人又轉了回來。

原來，他假裝離去，是想轉一圈之後再回來用低價收購。

大商人一進門，便看見那個和自己一同前來的年輕商人手中拿著金盤子，他愣了一下，立刻上前搶過了盤子：「這個盤子是我先看見的，得賣給我才行！」

「我們和這位年輕人已經談好了，不賣給你！」母親冷冷地說。

「他多少錢買，我在他的價錢上再加一個金幣！」大商人見到手的寶貝就要丟了，著急了起來。

「你出再多的錢我們也不賣給你！」母親堅定地說。

「為什麼？」大商人很不解。

「你剛才已經騙過我們一次了，誰知道這次會不會還騙我們呢？」說著，母親將盤子放到了年輕商人的手中。

生活佛法

不要太過於追求各種社交技巧和伎倆，誠信就是一個人最寶貴的財富，珍惜自己的信用，以誠待人，自然會有更多的人信任你，機會也會紛至還來。

愛惡作劇的猴子——收起你的壞脾氣

為了能夠安靜地修行，修行人在山上蓋了一座園子。園子裡種滿了各色各樣的果樹，一到夏天，滿園鬱鬱蔥蔥，十分清涼。修行人整日坐在果樹下，打坐悟道，在閒暇時，他也會打些山泉來喝，摘些果子來吃，日子過得逍遙快活。

這天，在修行人的園子裡，來了一隻調皮的小猴子。這隻小猴子在園子裡上躥下跳地轉了幾圈，覺得這裡環境不錯，又有很多果子吃，就決定在此定居下來。

正在這時，小猴子看見修行人走來，牠對著修行人大叫道：「嗨，你是這裡的主人嗎？」

修行人抬起頭，一個果子向他飛來，直接打在了他的臉上，頓時果肉四濺。原來，調皮的小猴子趁修行人不注意扔了一個果子過去。

小猴子看見修行人狼狽的樣子，哈哈大笑：「你的樣子實在是太好笑了，你自己去看看。」

修行人默默地用袖子擦去臉上的果肉，抬起頭看了看正笑得前仰後合的小猴子，沒有說話。

「我跟你開個小玩笑，我想在這裡住下來，你沒有意見吧？」好不容易才止住笑的小猴子向修行人商量道。

「這園子本就無主人，自便即可。」修行人緩緩地說道。

「沒有主人？沒有主人那你是什麼？若你不是主人那我就當這裡的主人了。」小猴子連珠炮似的問了起來。

「我們都是過客，又何有主人一說呢？」修行人留下一句話走開了。

「什麼亂七八糟的。」小猴子一臉迷茫地看著修行人的背影：「管他呢，在這裡過得開心就好了。」說著，牠又摘了一個果子吃。

就這樣，小猴子在修行人的園子裡住了下來，牠每天吃吃喝喝，舒心極了。不過要說牠每天最開心的時候，那還是要算修行人坐在樹下禪修的時候。每當修行人靜靜地打坐之時，小猴子都會拿果子往修行人的腦袋上扔，一開始他還是偷偷摸摸的，後來見修行人並不氣惱，乾脆正大光明了起來，見一個個果子在修行人腦袋上炸開了花，小猴子樂不可支。

每次小猴子惡作劇之後，修行人都會默默地擦去頭上的果肉，他語重心長地教育著小猴子：「我修行多年，自然不會與你計較，更不會做有傷生靈的事，但若你碰上其他人，恐怕就凶吉未卜了。」

小猴子大聲地說：「我才不怕你嚇唬，我誰都不怕！」說著，就變本加厲地用更多的果子砸起修行人來。

修行人見小猴子依然不知悔改，長長地嘆了一口氣：「也許這就是你的果報。」

「我不知道果報是什麼東西，我只知道果子好吃。」猴子坐在樹枝上，洋洋自得地說。

又過了幾日，修行人有事下山一段時間，這陣子小猴子可悶壞了，每天都盼著修行人早點回來。

這天，正在樹枝上睡覺的小猴子被一陣腳步聲吵醒了。

「修行人回來了！」牠興奮地跳了起來，摘了幾個果子打算好好「迎接」修行人，可是走來的卻並不是仙風道骨的修行人，而是一位彪形大漢。

小猴子猶豫了一下，還是決定跟這個新來的陌生人開個玩笑，牠將手中的果子砸向了來人。

來人沒有防備，被果子輪番襲擊，立刻叫了起來。他抬起頭，看見一隻小猴子正在樹上捂著嘴笑，氣得火冒三丈。他本是一位獵人，是修行人的朋友，今天來找朋友敘舊，沒想到卻被一隻猴子給戲耍了。他拿起來隨身攜帶的弓箭，將猴子射了下來，這個愛惡作劇的小猴子就這樣送了性命。

生活佛法

無論何時，養成一個良好的社交的習慣都是至關重要的。

因為不是所有人都會一味容忍你的脾氣和壞習慣，若遇上君子也許不會與你計較，若遇上小人，則有可能因此被抓住命門。

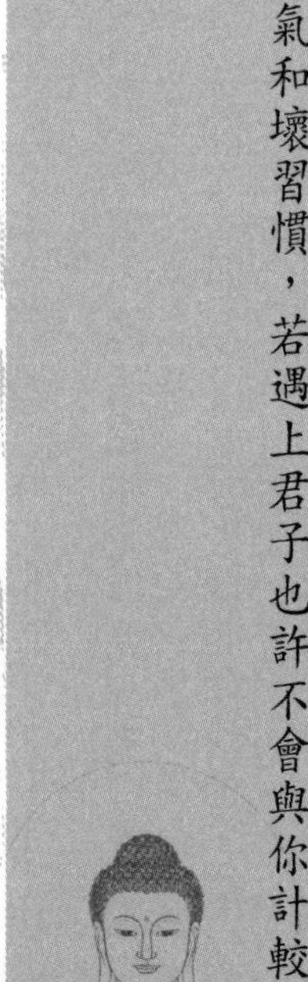

火災——要釣魚，就要像魚一樣思考

富人一家一直住在村裡的老宅裡。

這個老宅是他的祖父修建的，當年修得富麗堂皇，十分氣派。可是這麼多年雨打風吹下來，老宅因為年久失修，全然沒有了當年的風采，原先的粉牆黛瓦已經變得斑斑駁駁，雕欄玉砌上也有了很多裂縫。

富人的孩子們經常勸父親搬出去重新蓋一棟，但是富人因為念舊總捨不得搬走。

有一天，富人像往常一樣坐在院子裡乘涼，他的孩子們在院子中央玩得正開心。突然，富人覺得身後有一股熱氣襲來，回頭一看，原來屋內不知怎麼已經著了火，剛剛燃起，火勢還不太大。

富人知道自己這房子年代已久，一旦火燒到橫樑上，很快屋子就會坍塌。想到這裡，富人大聲地對著院子裡的孩子們喊道：「失火了，大家快點跑！」

可是院中的孩子們正玩得開心，誰也沒有注意他的話，富人急壞了，又大聲地喊了一聲：「失火了，趕緊跑啊！」

「父親，你說什麼？」這時，有一位孩子隱約聽見父親在對他們說什麼，停下來詢問道。

「著火了，趕緊跑！」富人焦急地重複道。

可是院中其他孩子的嬉鬧聲太大了，這個孩子仔細聽了一下還是沒有聽清，很快他就又被其他的孩子叫走了。

富人回頭看看越來越大的火勢，知道若不儘快將孩子們叫出去，今天恐怕凶多吉少了。

於是，他起身去院子中拉孩子們。

可是玩得興起的孩子們哪知道危險已經降臨，他們見父親過來，以為父親又要責怪自己不好好學習，光知道玩耍，因此，一個個同他捉起迷藏來，有的跑到樹後，有的跑到假山上……富人急得團團轉，一個也沒找到。

他焦急萬分地大聲喊道：「大家快點跑，家中失火了！」

「父親，我們是不會上當的，你一定是想先把我們騙出來，再好好地打我們一頓是不是？」一個躲在樹後的孩子調皮地說道。

「父親，我們不過是多玩耍了一會，你就不要責怪我們了，過會我們一定乖乖地念書去。」另一個孩子向富人求起情來。

「這可如何是好？」見孩子們都不相信自己的話，富人徹底沒了主意，家中的房子本來就已經不太堅固，若是繼續任由火燒下去，後果實在是不堪設想。

「父親，你說失火了，可是火在哪裡，我怎麼看不見啊？」另一個孩子調皮地問。

「現在火苗還小，正是逃跑的好機會，若是待會你們都能看見了，我們就會被大火圍在院子裡，再也跑不出去了。」富人焦急地解釋著。

「我才不相信呢！」年紀尚小的孩子們完全不能理解父親的話，以為他還在騙自己出來。

富人知道再這樣繼續和不懂事的孩子們糾纏下去只能是大家一起喪身火海，「得趕緊想個辦法讓他們跟我一起跑。」富人的腦子飛速地運轉著。

突然間，富人想起平時孩子們總是和他請求要買一些小動物來玩耍，可是他一直沒有答應。想到這裡，富人立刻大聲喊道：「孩子們，你們不是想買小動物嗎？快跟我過來，我馬上帶你們去買。」

這下，原來躲在樹後、石頭後的孩子們都感興趣地露出了頭：「父親，你真的願意帶我們去買小動物？」

「沒錯，今天我帶你們去買小動物，你們誰跑得最快，最先跑出家門我就先給誰買。」富人篤定地說。

孩子們一聽富人的話，立刻爭先恐後地跑了出來，生怕落在了別人的後頭。

富人見孩子們一個個都跑了出來，這才鬆了口氣，自己也跟著孩子們跑出了家門。

沒多久，沖天的火焰就吞噬了富人的老宅。

生活佛法

所有成功的說服都是以對方的訴求為出發點的。

要想勸說一個人，最關鍵的是找到對方的興趣點和關注點，找對了，只需隻言片語就能發揮作用。

良藥苦口——用不一樣的話贏得不一樣的人

從前，有一位名醫，精通藥性，醫術高明，總是能妙手回春。因此，找他看病的人絡繹不絕。一次，名醫應邀去別的國家替人治病，他的孩子們趁父親不在，將家裡的草藥找了出來，學著父親的樣子開藥。孩子們玩得興起，就將藥草服了下去，哪知是藥三分毒，吃下這草藥之後，孩子們便得了一種怪病，整日上吐下瀉，日益消瘦了起來。

眼見著原來活潑調皮的孩子們一個個變得瘦骨嶙峋，毫無生氣，名醫的妻子趕緊差人去找名醫回來給自己的孩子看病。

名醫回家之後，立刻替孩子們診脈治療，他知道孩子們的症狀是誤服了有毒藥物之後的中毒反應，要想治好這種病，就必須以毒攻毒，用一種毒性非常強的毒藥來解毒才行。

名醫調製好了解毒的藥，叫孩子們立刻服下。孩子們一拿到藥物，嚇了一跳：「這臭氣熏天的東西怎麼可能是藥呢？」有個大膽的孩子嘗試著喝了一口，立刻吐了出來：「父親，這藥太苦了，我吃不下去！」

名醫見孩子們無論如何也不肯吃，只得苦口婆心地講起道理來：「良藥苦口，這藥正是針對你們的病所配製的，可能聞起來有些臭，喝進去有些苦，但只有這樣才能治病啊？難道你們想整天繼續這樣上吐下瀉嗎？我是個醫生，難道你們不相信自己的父親嗎？」

聽了父親的話，有個老實的孩子終於肯喝藥了，他拿過父親手中的藥碗，捏著鼻子，一口氣喝了下去。

可是其他的孩子還是不肯喝，其中一個愛看書的孩子說：「父親，我相信你的醫術，但是我認識這種藥，它是一種毒性非常強的毒藥，醫書上並沒有說它可以治病，吃了這毒藥恐怕我的病會更重的！」

名醫一聽著急了，要知道以毒攻毒這種醫法在普通的醫書上不會記載，看來要想說服這個聰明的孩子服藥可不是一件容易的事。於是，他想了一個辦法，連夜編寫了一本新的醫書，叫旁人抄寫了一遍，再故意把邊角撕爛，做成舊書的樣子，然後不經意地放在了自己書桌上。果然，這個愛看書的孩子很快就發現了這本醫書，並在其中找到了以毒攻毒的治療方法，這才相信了父親的藥，把它喝了下去。

現在，只剩下一個孩子沒有吃藥了，這個孩子是一個小女孩，平時多愁善感，這次無論父親怎麼說，她都是自己默默地流淚，始終不肯喝藥。

名醫詢問了很多次，小女孩終於流著淚說：「父親，我知道自己已經病入膏肓了，你看我的身體越來越瘦，一口飯也吃不下，恐怕您心裡也知道我早就沒救了，至於那藥，不過是心理安慰罷了。既然終究是一死，何必再吃那極苦的藥，多受一分罪呢？」

看見女孩悲傷的樣子，名醫計上心來，他嘆口氣說道：「我早就知道什麼也瞞不過冰雪聰明的妳。」

小女孩見父親默認了自己的說法，想到自己不久就會告別人世，越發地悲傷了起來。她流著淚說：「父親，我現在只求您告訴我實話，我到底還能活多久？」

名醫臉上露出了為難的樣子：「說實話，以我目前的醫術還沒辦法知道妳到底能活多久，我只是知道這病越到後面，妳會越難受，一開始只是消瘦、噁心，到後期身上的皮膚就會開始潰爛，最後……」說道這裡，名醫停了下來。

女孩一聽，淚如雨下：「父親，現在我不求能保住性命，只求別死得那麼難看，要是皮膚都潰爛了，該有多難看啊？」

這時，名醫才緩緩地說：「所以，我才叫妳吃這種藥，要知道，這是一種更厲害的毒藥，吃了它之後，不幾天，妳就會沒有痛苦地離開人世。」

聽到這裡，小女孩立刻點了點頭：「父親，那我喝了這個藥。」說著，她一把抓過父親手中的藥碗，大口地喝了下去。

就這樣，三個孩子都服下了名醫親手調製的藥，他們的病一天天好轉了起來。

又過了一些日子，他們的病完全康復了，到這時孩子們方才瞭解父親的良苦用心。

生活佛法

不同的人有不同的性格，也有不同的交流習慣，因此，根據不同的人來選擇針對他的交流方式，是取得良好溝通效果的最佳捷徑。

禮貌的居士——過於客氣就會疏遠

有一位彬彬有禮的居士，不論對誰都是和藹可親，非常有禮貌，人們都稱讚他是謙謙君子。

這天，居士去寺廟中聽一位著名的禪師講經。

時間不知不覺過去了，等禪師講完後，已經到了正午時分。

禪師對居士說：「已經到午膳時間了，不如留下與我一起用膳吧！」

居士客氣地推辭說：「不用麻煩，今天我來聽您講經已經是麻煩您了，現在哪能再麻煩您為我準備午飯呢？」

禪師答道：「並不麻煩，僧眾本來也要用午膳，你就留下來吧！」

居士作揖感謝道：「真是太感謝禪師了，能同禪師一起用餐是我三生有幸啊！」

就這樣，居士與禪師一起來到了禪房。

很快，廟裡的侍者就將午膳端了上來。

居士一看，侍者端了兩碗白粥，不過盛粥的碗卻一大一小。

侍者不好意思地說：「廟中的大碗不夠了，只剩下這一個小碗了……」
禪師微笑著點點頭：「沒有關係，我們用這碗就可以了，你下去吃飯吧！」
侍者一下去，居士立刻搶著端過了小碗，將大碗推到了禪師面前：「禪師，我是客人，就由我來吃這小碗，你吃這大碗的吧。」
「好！」禪師接過了大碗，大口吃了起來。
居士本以為禪師會和自己推讓一番，沒想到他居然毫不客氣地把大碗拿了過去，詫異極了。
他心中想著：「按理說我是客人，於情於理禪師都應該讓我吃大碗的，怎能連推讓一下都沒有呢？」可是他又轉念一想：「禪師是得道高僧，怎會如自己所想？難道我今天的舉止哪裡不妥當，冒犯了禪師，故禪師不想與我多言？」
他將自己今天的行為想了一遍，沒有發現任何問題。
於是抬起頭，見對面的禪師正吃得津津有味，似乎一點也沒注意到自己的異樣。
不一會，禪師就將碗裡的清粥吃光了，他見居士還一口沒吃，詫異地問：「莫不是飯不合胃口？」
居士看看禪師，嘆了口氣，搖了搖頭。
禪師微微一笑，若有所思地說：「莫不是嫌我沒有禮讓？」

居士見禪師一下子說到了自己的心事，不由得點了點頭，隨後又覺得自己實在太唐突了，趕緊又跟著搖了搖頭。

禪師依然笑著說：「你剛才為何要禮讓，自己先挑小碗呢？」

居士答道：「我畢竟是客人，不好意思自己拿大碗吃飯，想讓師父吃大碗的。」

「那就對了，所以我吃了大碗，不知你又為何因為我吃了大碗而不高興呢？難道你剛才叫我吃大碗不是真心的？」禪師依然微笑著問。

「這……」居士一下子被問住了，他想到自己剛才的行為，不由得羞愧萬分，尷尬地紅了臉。

「若我再與你推讓一下，你必然繼續同我推讓，如此推來讓去，何時才能真正吃到飯呢？」禪師繼續說道，「不論誰吃大碗，我們都可以吃飽肚子，既然如此，又何必在這種事情上糾結推讓呢？不如一切隨心隨意。」

聽完了禪師的話，居士更加尷尬了，他第一次為自己「禮貌」感到羞愧。

生活佛法

過於追求社交禮貌，執著於社交場合上流於表面的繁文縟節，便失了真誠，反而使人產生疏離感。

所以，在交流時不妨去掉不必要的禮貌，適當地顯露自己的真性情，這樣才能幫自己快速建立信任。

走夜路的盲人——與人為善就是與己為善

夜深了，四下一片漆黑，匆匆趕路的行路人靜靜地走在了一條偏僻的小路上。寂靜的夜裡，路上一個人都沒有，只有自己的腳步聲，行路人停下來抬頭看看前方，濃濃的夜色把天和地連成了一片，分不清界限，不由得嘆了一口氣。想到自己天亮之前必須趕到另一個城市，他便加快了速度繼續走著。

這時，一絲微弱的亮光在遠處若隱若現。

行路人停了下來，抬起頭，貪婪地看著那絲亮光，也許只有像他這樣在夜裡趕路的人，才能夠瞭解這種在黑暗中看見光亮的喜悅。

漸漸地，那絲微弱的亮光亮了起來，越來越亮，越來越大，行路人站在原地，盯等著那日益增大的亮光，一動不動。

亮光越來越近，行路人終於看清楚了，原來是一個人提著燈籠而來，在寂靜的夜裡，這星星的燈光溫暖了行路人的心。

「你好，你也是急著趕路嗎？謝謝你的燈光。」待來人走近時，行路人急忙同他說道。

「沒關係，夜路太黑了，需要一個燈籠來照亮。」來人笑著回答道。

「是啊，在路上看到同自己一樣連夜趕路的人，就覺得沒有那麼孤單了。」獨自走了這麼久的路，行路人想和來人多攀談一會。

「沒錯。」來人將頭轉了過來，對著行路人笑了一下。

借著燈光，行路人看見了來人臉上露出的溫暖笑容，他正要回答，好像突然發現了什麼一樣，緊緊盯著來人的眼睛，仔細地看著。

「怎麼會呢？」行路人心中暗自疑惑著，他有些懷疑自己的眼睛，也有些懷疑自己的判斷。

來人卻不疑有他，依然對著行路人微笑著，溫暖地囑咐著行路人：「夜已深，趕路辛苦，一路上千萬小心！」

行路人卻沒有應答，他悄悄地抬起了手，在來人的眼前晃了幾下，來人絲毫沒有察覺，提著燈籠打算離開。

「你……你的眼睛……」證實了自己猜想的行路人驚訝極了，他指著來人的眼睛，詫異地問。

來人微微一笑：「沒錯，我的眼睛什麼都看不見。」

現在人家居然如此坦誠地承認了，讓行路人反而有些尷尬和不好意思。

「不用不好意思，我的眼睛的確長得有些難看，甚至有些嚇人……」來人依然溫暖地笑著，替行路人開解道。

「可是……你為何點著燈籠？」行路人將自己的疑問說了出來，是啊，對於一個盲人來說，點不點燈籠又有什麼區別呢？在他的眼前，始終是漆黑一片。

「我生下來就是盲人，白天和黑夜對於我來說沒有什麼區別，我也只在別人口中聽到過光明是什麼感覺，可是自己卻從未看見過。」盲人回答道，「只有我這樣從來沒有見過光明的人才知道那種在黑暗中期盼光明的渴望，如果可以，我多希望能像你一樣可以看見這燈籠的光。」

行路人想到剛才自己在黑暗中前行的心情，贊同地點了點頭。

「我聽人說，暗夜裡的人就像我一樣什麼都看不見，所以每到夜裡，我就會點起燈籠來，這樣，像你一樣的趕路人就可以借著我的燈光看見路了。」盲人接著解釋道。

「原來，你是為了別人才點燈籠的！」聽了盲人的話，行路人十分感動。

「不！」盲人堅定地搖了搖頭：「我不是為了別人，而是為了自己！」

「為了自己？」行路人疑惑地問。

「沒錯，夜路如此之黑，雖然對於我們這些盲人來說並沒有什麼區別，但是對於你們來說，卻像是失去了眼睛一樣。我點亮燈，是為了照亮你們這些明眼人的路，這樣你們就不會撞到我了。」盲人微笑著解釋著。

行路人看看腳下燈籠照亮的地面，恍然大悟。

生活佛法

盲人的燈籠照亮了別人的來路，也照亮了自己的去路。同理，若能誠心實意地幫助別人，那便是間接地幫助了自己。

仙歎——當你多個朋友，便少個敵人

從前，有一位大善人，名字叫做仙歎。

他原本是當地的一個富豪，後來突然頓悟，散盡了家財來幫助窮人。附近很多人都慕名前來向他求助，為了能幫助更多需要幫助的人，仙歎向朋友借債，並答應付給他們高額的利息。

就這樣，仙歎從一位有錢人變成了一個負債累累的窮人。

為了償還自己欠下的債務，仙歎與以前幾位做生意的同伴一起出海去打撈海底的珍寶。這項工作非常危險，家人都勸他不要前去，但是仙歎還是義無反顧地出發了。

出海的日子單調而且乏味，幸好仙歎一行人的運氣不差，辛苦打撈了一段時間之後，他們收穫了很多珍寶。就這樣，仙歎和他的同伴們帶著珍寶滿載而歸。

為了能儘快趕回家鄉，將打撈來的珍寶賣掉還債，離開港口後，仙歎和同伴們一路日夜兼程，不停趕路。

這一天，天氣十分炎熱，太陽火辣辣地照在了仙歎一行人的身上，他們一個個都熱得汗流浹背。

這時，有人看見路邊有一口深井，高興地叫了起來：「真是太幸運了，這裡有口井，大家先喝口水，休息一下再走吧！」口乾舌燥的人們立刻同意了這個建議，在井邊坐下休息，輪流喝起水來。

很快，就輪到仙歎了，清涼的水流過他的喉嚨，仙歎閉著眼睛，享受著井水帶給自己的清涼，一點也沒有注意到自己的身後幾位同伴異樣的眼神。

原來，在這次打撈過程中，仙歎最勤勞，因此收穫也最多。特別是，仙歎還打撈上一顆完美的大珍珠來，這珍珠潔白無瑕，光澤耀人，是世上少有的寶貝。見仙歎收穫滿滿，其他人便動了邪念，他們在背地裡商量著趁機將仙歎除去，一同霸佔他打撈上的寶貝。

現在，仙歎正專心在井邊喝水，同伴們覺得這正是天賜良機，於是一同起身，將仙歎推入了井中。只聽「撲通」一聲，仙歎還來不及叫，就已經掉到了井底。

同伴們在井邊等了一會，沒有發現異樣，這才放下心來，將仙歎包袱中的珍寶分了之後離去了。

仙歎的同伴們回到家鄉後將打撈來的珍寶全部賣掉，賣了個好價錢，單單留下仙歎打撈上來的珍珠。他們商量來商量去，決定將這顆寶貴的珍珠獻給國王，心想也許國王一高興就會賜給他們一官半職。

於是，這幾個商人一起帶著珍珠去見國王。

國王見到了珍珠果然十分高興，問道：「你們是如何得到這顆絕世寶貝的？」

「回稟大王，這是我們出海，歷盡了千辛萬苦才得到的。」商人們回答道。

「哦。」國王輕輕地點了點頭。

「我聽說大善人仙歎是和你們一同去的，怎麼沒有見他回來呢？」國王突然問道。

商人們見國王突然詢問仙歎的事，嚇了一跳，但一想到仙歎已經死在了異鄉的那個井裡，一個商人便壯起膽說道：「沒錯，仙歎的確是和我們一起去的，但是非常不幸，他在一次出海打撈的時候不小心掉進了大海裡，我們救了半天也沒有救上來，真是非常可惜啊！」其他商人也紛紛附和著這個說法。

國王又點了點頭，看了看手中的珍珠，命下人去帶一個人過來。

商人們回頭一看，嚇得臉色蒼白，來的不是別人，正是被他們推在井中的仙歎。

「你……你，你沒有死？」一位商人戰戰兢兢地問道。

「沒錯，我沒死。」仙歎回答道，「這也許就是我做善事的果報吧。」

原來仙歎一掉入井中，就昏迷了過去，後來在迷迷糊糊之間一位白髮老人將他救出了井，並將他送到了皇宮裡。

「說，這到底是怎麼一回事！」國王嚴厲地看著幾位商人。

商人們嚇得直哆嗦，知道再也沒有辦法隱瞞，便將自己如何害仙歎的事和盤托出。

國王一聽，立刻下了旨意：「現在事情已經很清楚了，你們幾個利慾薰心，害了仙歎，理應遭受懲罰。來人，立刻將這幾個人關入大牢，擇日處斬！」

「大王，求您給我們留一條生路吧！我們是一時鬼迷了心竅！」商人們嚇了腿軟，跪了下來，向國王哀求。

「帶下去！」國王絲毫沒有心軟。

「大王，求您饒了他們吧！」這時，仙歎也跪了下來，替商人們求起情來。

商人們嚇了一跳，國王也十分不解：「他們幾乎要了你的命，你為何還要替他們求情呢？」

「大王，誰都有做錯的時候，如果能給他們改錯的機會，相信他們一定會改過的。」仙歎繼續請求道。

國王思索了片刻，答應了仙歎的請求：「好，這次就暫且饒過你們幾個，但是下不為例！」

商人們立刻感謝地磕起頭來。

後來，他們為了感謝仙歎的恩情，將賣珍寶所得的錢財全都給了仙歎，並和他一同幫助窮人，也都成了大善人。

生活佛法

以德報怨並非無能軟弱的表現，只有內心足夠強大的人才能夠坦然原諒別人的錯誤。做一個內心強大的人，做一個寬容的人，這樣你才會收穫更多的朋友和人脈。

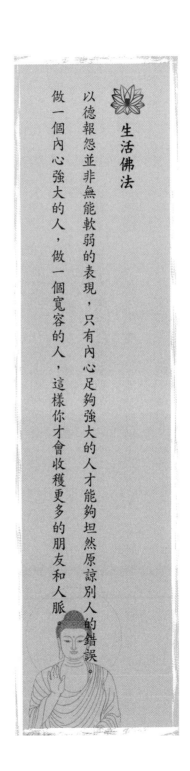

一把麩皮——胡亂猜想是交往的大忌

有一位城裡人到鄉下去找親戚，他走了一天也沒有到親戚家，正是炎炎夏日，太陽熱辣辣地烤著大地，連一絲風也沒有，城裡人的衣衫全部被汗水打濕了，口乾舌燥得厲害。

「沒想到走了這麼遠都沒有看見一個村子，連口水都喝不到，如果能痛痛快快地喝個飽就好了！」城裡人後悔來的時候沒有帶些水在路上喝。

好不容易，城裡人才看到了一個村落，他遠遠地看見一個農婦正在村口乘涼，便急忙走了過去：「你好，我是過路人，天氣太熱了，想和妳討口水喝不知道可不可以？」

「當然可以。」農婦一口答應了下來，她帶著城裡人到了家中，讓他先在院子裡乘涼，然後親自去自家的水井中打了一桶井水，倒在了碗中端給了城裡人。

「太好了，這下能好好地解渴了！」城裡人看見井水，迫不及待地要拿來喝。

可是農婦卻不疾不徐地將這碗水放在了桌子上，又抓了一把麩皮撒在了碗中，麩皮輕輕地在碗中漂了起來，漸漸漂滿了整個碗面。

「這是怎麼回事？為何要在碗中放麩皮？」城裡人不解，抬眼看看農婦，她卻絲毫沒有要解釋的意思，只說了一句「慢慢喝」，將水端給城裡人之後便離去了。

「難道這麩皮中有什麼奧妙？」城裡人端著碗研究了半天，始終研究不出個所以然來。

「算了，還是不管了，先喝水吧！」口渴難耐的城裡人決定不再花心思研究這個麩皮，先大口喝幾口解渴再說。

可是城裡人一端起碗，就犯了難，這碗中漂滿了麩皮，弄得城裡人想喝水都無從下口，無奈之下，他只得輕輕用口將碗邊的麩皮吹散，小口喝了一口。

剛喝完，碗中的麩皮又漂滿了水面，城裡人不得不每次喝水前都先吹口氣將麩皮吹散，再一小口一小口地喝水。

城裡人眼巴巴地看著眼前有滿滿一碗甘甜清涼的井水，卻沒有辦法大口喝來解渴，惱怒極了，這時他似乎明白農婦在碗中撒麩皮的意圖了：「一定是不想讓我多喝她家的水，所以才會想了這種辦法讓我沒法痛痛快快地喝。」想到這裡，城裡人不由得怨恨起這個心存惡念的農婦來。

過了好久，城裡人才一口一口地將碗中的水喝光了，他看看留在碗底的麩皮，更是覺得自己受到了戲弄，於是憋了一股氣的城裡人沒有和坐在院中的農婦打招呼，起身便走。

喝過了清涼的井水之後，城裡人覺得神清氣爽，走得比剛才快多了，可是他心中仍然為方才遇到的那個農婦耿耿於懷：「沒想到在淳樸的地方居然有如此有心計的人，真是人不可貌相啊！」城裡人一邊抱怨著，一邊趕路。

沒多久，城裡人便趕到了親戚家，滿身是汗的他一見到親戚，便開始訴苦，抱怨自己在半途中遇到的那個不善良的農婦。

親戚見他滿頭大汗的樣子，叫他趕緊先坐下來喝口水再說。

親戚去自家的井中打了一桶水，替城裡人倒了一碗，端了過來。

城裡人正要拿起碗喝，親戚卻叫住了他：「等一下，我先撒一把麩皮吧！」說著，就將手中的麩皮撒了進去。

城裡人驚訝極了，張大了嘴巴看著碗裡的麩皮，詫異地問：「為何要在碗中放一把麩皮呢？」

親戚見城裡人驚訝的樣子，笑著說：「哦，我忘了，你們城裡人不懂這個，深井裡的水又冰又涼，你趕路又熱得滿身是汗，要是這樣大口地把井水喝進去很容易生病。所以，在喝井水時要放一把麩皮，這樣你喝水的時候就必須小口小口地喝了。」

聽了親戚的解釋，城裡人方才明白剛才是自己錯怪了農婦，他慚愧極了。

生活佛法

不要以小人之心度君子之腹，應懷著善意來看待別人的言行舉止。

若對對方的言行有疑問，最好的方法便是當場問清；若已起了疑心，還在事後進行揣測，則會讓你陷入更大的錯誤。

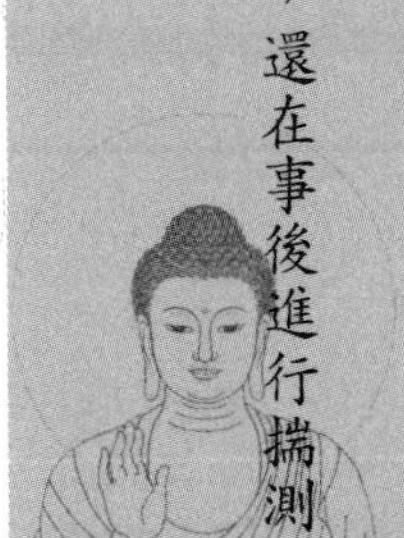

烏鴉的憤怒——驕傲的人內心最貧窮

喜鵲最近打算搬家，牠打聽了好久，終於決定搬到山對面的村子裡去。那裡氣候宜人，樹木繁多，非常適合鳥類生活。

這一天，風和日麗，喜鵲全家收拾好了東西，帶著行李出發了。一路上，牠們吱吱喳喳，滿懷憧憬地討論著即將成為新家的地方。

「媽媽，媽媽，我們的新家有多好啊？」小喜鵲急切地想要知道新家的模樣。

「那裡有很多大樹，枝繁葉茂，最適合做窩了。」喜鵲媽媽興奮地和孩子們介紹著。

「對，你一定會喜歡那裡的。」喜鵲爸爸又重複了一遍。

「可是……搬家以後我就不能和以前的朋友一起玩了。」小喜鵲想到了自己從前的好朋友，情緒有些低落。

「沒關係，新家會有更多的鳥類在哪裡生活，你很快就會交到新朋友的。」喜鵲爸爸安慰著。

正在這時，從前方飛過來一隻黑色的鳥，牠用力地拍打著翅膀，一副怒氣衝衝的樣子。

喜鵲定睛一看，原來是烏鴉，牠熱情地對著烏鴉打起了招呼：「你好，請問你是從前面的村子過來的嗎？」

烏鴉瞥了喜鵲全家一眼，氣鼓鼓地說：「沒錯，我就是從那個鬼地方來的！」

「鬼地方？」小喜鵲驚訝地瞪大了眼睛：「可是爸爸媽媽說那裡特別適合居住……」

「別信這些鬼話了！」還沒等小喜鵲說完，烏鴉就打斷了牠：「我以前也是誤信了這種傳言，才會跑到這個鬼地方來。」

聽烏鴉口口聲聲說「鬼地方」，喜鵲爸爸也半信半疑起來：「那個村子到底怎樣啊？」

烏鴉見有人問，立刻喋喋不休地開始訴苦：「想當初我也和你們一樣，聽說那個村子風景優美，民風淳樸，是鳥類生活的天堂，所以才千里迢迢從原來的地方飛出來，想要見識見識這好地方。哪知道，這地方的人實在是太可惡了！」

烏鴉見喜鵲一家都沒有說話，繼續訴苦說：「我一到那裡，就開始熱情地和大家打招呼，一家家去找當地的村民，可是……」說到這裡，烏鴉搖搖頭，憤怒地睜大了眼睛：「可是他們實在是太不好客了！不但沒有歡迎我，反而用竹竿和樹枝趕我走，更過分的是，後來他們一看見我，一聽見我叫，就開始咒罵我。這地方實在是太壞了，壞透了！」

喜鵲爸爸聽了烏鴉的描述，若有所思地點點頭，隨即又問：「你是如何同村子裡的人打招呼的呢？」

「還能怎麼打招呼？我就在村子裡飛來飛去，告訴大家我不遠萬里來到這裡，讓大家趕緊出來和我交朋友！」烏鴉一邊說，一邊露出傲慢的樣子來，接著又抱怨了一句：「他們實在是太沒有眼光了！」

喜鵲爸爸一聽，立刻明白了是怎麼回事，牠對烏鴉說：「我們還是想去看看。」

烏鴉不屑地撇撇嘴巴：「那種破爛地方你們還去做什麼，還不如跟我再去找其他的地方。」

喜鵲爸爸並沒有聽烏鴉的話，而是帶著全家繼續往村子裡飛去。

過了一會，小喜鵲忐忑地問：「爸爸，烏鴉說的是不是真的？我們不會也被傳言給騙了吧？」

喜鵲爸爸搖搖頭，堅定地說：「用烏鴉那種態度來說話，不論在哪裡都不會受到歡迎的！所以，我們還是親自去看看吧。」

小喜鵲半信半疑的看看爸爸，又看看媽媽，用力地揮舞起翅膀來。

很快，喜鵲一家就到了傳聞中的村子，這裡果然到處都鬱鬱蔥蔥，小喜鵲興奮地在樹林裡飛來飛去。

這時，村裡有個小孩子看見了喜鵲一家，指著說：「看，喜鵲！」小喜鵲對他點點頭，清脆地叫了一聲。

「快聽，是喜鵲在叫，叫聲真好聽！」小孩子高興地拍起手來。

小喜鵲看著小孩子的笑臉，再看看爸爸媽媽，笑了起來。

生活佛法

在進入一個新的社交環境時，千萬不要企圖透過自我誇耀來獲得認同，應該以謙虛的姿態、禮貌的態度來贏得一個好的第一印象。

當你贏得了越多人的好感，就越容易被接納。

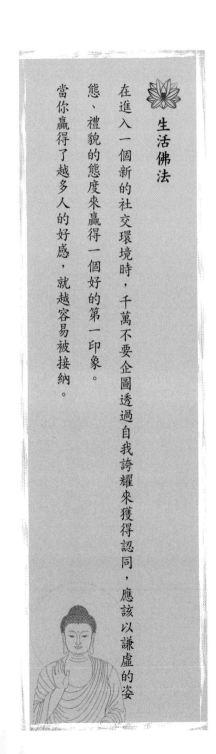

貪吃的男人——知錯就改永遠不遲

有一個貪吃人，一看見美食就邁不動腳步，一定要想方設法品嚐一下才行。

一次，貪吃人與妻子一同去親戚家串門，一進親戚家門，貪吃人靈敏的鼻子就聞到了一股奇異的清香。

「這是什麼味道？我怎麼沒有聞過？不知道煮的是什麼好吃的東西，真想去嚐一口。」貪吃人一邊和親戚寒暄著，一邊在心裡暗自尋思著。

妻子和親戚正聊得熱火朝天，貪吃人有一搭沒一搭地應和著，他的心思早就跑到那個自己沒有聞過的味道上了。

「這樣不是辦法，我一定要想辦法溜到廚房去看看。」貪吃人一個勁地想著。

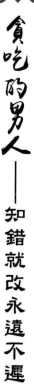

這時，親戚見他眼神渙散，一副心不在焉的樣子，就關心地問：「你怎麼心神不寧，是不是哪裡不舒服啊？」

聽到親戚的詢問，貪吃人計上心來，立刻皺起了眉頭，捂著肚子，裝出一副愁眉苦臉地樣子來：「我肚子不舒服，可能是今天早上吃壞肚子了……」

妻子見丈夫愁眉緊皺，也跟著擔心了起來：「要不要幫你叫大夫來看一看？」

「沒關係……」丈夫一邊假裝按著肚子，一邊站了起來，作勢要走：「我去方便一下就好了，你們繼續聊。」說著，他便起身走了出來。

一出門，他便順著香味在院子裡找了起來，他一邊找一邊在心裡暗暗佩服自己：「多虧我靈機應變，不然今天要是找不到這個好吃的，恐怕晚上都睡不著覺了。不過說起來這家裡到底在做什麼東西呢？怎麼會如此香呢？」

很快，貪吃人就找到了香味的來源。他在廚房裡發現了正在散發出香味的鍋，他抬眼一看，四下無人，立刻掀開了鍋蓋一探究竟。

「咦？怎麼只是米飯啊？」貪吃人並沒有在鍋中看見什麼稀奇的食物，覺得有些失望。

可是很快，他又好奇了起來：「這米飯怎麼能如此香呢？我一定要嚐一下。」趁沒人注意，貪吃人用手抓了一把米飯，一把塞進了嘴裡。

「真香啊……」貪吃人嚼了一下，清香在口中蔓延開來。

他正要細細品嚐，卻看到妻子和親戚一同出現在了眼前。

原來，大家等了好一會也不見貪吃人回來，十分擔心，以為他突然發病，便一同出來尋找他。

「你怎麼在這裡，我們到處找你，身體還好嗎？」一見貪吃人，妻子便關心地問道。

貪吃人口中含著米飯，想咽不敢咽，想吐出來又怕妻子和親戚笑話他，簡直是有苦難言，一時間，貪吃人急得滿臉通紅。

妻子和親戚見他臉色怪異，更是擔心了，見他嘴巴漲了起來，以為他得了口腫病，無法開口說話，便派僕人去請醫生過來診治。

醫生到之後，貪吃人依然緊閉著嘴巴，無論醫生如何詢問，都不發一言。醫生仔細查看了一會，對貪吃人的妻子說：「看來這口腫病十分嚴重，普通的藥物已經沒辦法醫治了，必須立刻動手術才行，若繼續發展下去，恐怕凶多吉少。」說著，他拿出一把小刀來，在貪吃人的嘴巴上劃了一刀，這下貪吃人口中的米飯全部掉了下來，再也藏不住了。

生活佛法

若在交往中犯下錯誤該如何進行危機公關呢？

一味隱藏和掩蓋自己已經犯下的錯誤無異於掩耳盜鈴，只有坦誠地承認、真摯的道歉、用心反悔才是解決問題的最好辦法。

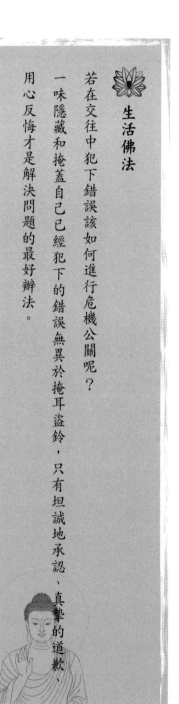

摔角手——信用既是無形的力量，也是無形的財富

古時候，羅閱祇城的一個國王特別喜歡摔角，每一年他都會邀請全國的大力士聚集在一起進行摔角比賽，最厲害的那個會得到萬金賞賜。

這一年，一個初出茅廬的年輕大力士第一次參加摔角比賽。他雖然年紀尚小，但是實力非常強，一路過關斬將，很快就進入了最後一輪。

最後這一場比賽，年輕大力士要與上一年的冠軍大力士較量。

為了能打好最後一場比賽，年輕大力士認真地做著準備。

正在這時，冠軍大力士找上了門來，年輕大力士一直將這個蟬聯多年的冠軍當成偶像，見偶像來找自己，十分開心，立刻向他表達了自己的敬仰之情。

冠軍大力士和年輕大力士寒暄了幾句，隨後話題一轉：「關於今年的比賽，我有個不情之請。」

「您請講。」年輕大力士恭敬地說道。

「那我就實話實說了，我去看了你的前幾場比賽，的確如其他人所說的一樣，是個摔角奇才。」冠軍大力士說道。

年輕大力士見自己的偶像如此肯定自己，高興極了，正要謙虛時，冠軍大力士又接著說話了：「我希望你在明天的比賽中能夠讓我一下，若我得了冠軍，一定將獎金全部給你，另外還會給你一筆錢。」

年輕大力士一聽，震驚萬分，他萬萬沒想到自己的偶像居然會要求自己在國王面前與他一起做戲，便立刻表示了拒絕。

「你不用急著回絕，先好好考慮一下，你來參加這個比賽無非是為了賞金，若我們真的硬碰硬地比賽，你也不一定會贏，還可能會受傷，這樣你以後都不能比賽了，豈不是竹籃打水一場空？現在你只需要明天比賽的時候讓我一讓，就會輕鬆得到更多的賞金了。」冠軍大力士繼續說服道。

年輕大力士思來想去，覺得冠軍大力士說的不無道理，便答應了他的建議。

第二天比賽時，年輕大力士只使出了三分的力氣，冠軍大力士輕鬆將他打敗，又一次獲得了最後的冠軍，贏得了國王的獎金。

比賽之後，年輕大力士一直等著冠軍大力士給自己送獎金，可是好幾個月過去了，冠軍大力士仍然沒有前來。

年輕大力士坐不住了，跑到冠軍大力士的家中找他要錢，可是這次，冠軍大力士卻矢口否認：「我本來實力就很強，怎麼會怕你這個初出茅廬的人呢？」

年輕大力士見冠軍大力士不肯承認，只得悻悻地離開了。

很快，到了第二年，一年一度的摔角比賽又開始了。

這一次，年輕大力士和冠軍大力士又都參加了比賽，並且一路殺到了最後。

在比賽之前，冠軍大力士又找到了年輕大力士：「上次真是不好意思，因家中僕人眾多，我怕隔牆有耳，所以才沒有承認。這次還得麻煩你讓我一次，等比賽過後，我一定雙手將兩年的獎金一起奉上！」

年輕大力士看著冠軍大力士，輕蔑地笑著說：「難道我還會再相信你的話嗎？」

冠軍大力士賠著笑繼續勸說道：「這次，一比賽完我就會親自為你送上獎金。」

年輕大力士看著冠軍大力士諂媚的笑臉，十分厭惡，為了儘快趕他走，年輕大力士說自己會想一想的。

第二天比賽的時候，年輕大力士使出了十二分的力氣，一下子就把冠軍大力士摔倒了地上。

國王龍顏大悅，立刻命人重重獎賞了年輕大力士。

生活佛法

古人云：「一諾千金」，承諾給別人的事，無論如何困難也要盡力完成；若實在無法完成，也需透過真誠地道歉來請求別人的原諒。不管無意的失信於人，還是惡意的毀約都會大大的損害個人的形象和信用，輕則失去一個朋友，重則多一個敵人。

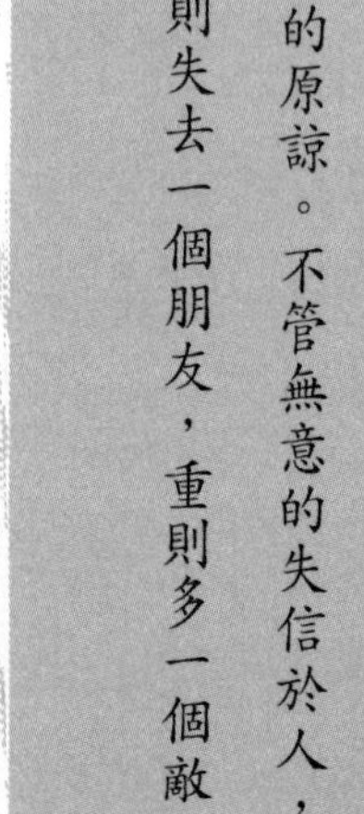

識騙——小人口如蜜

從前，有一個年輕人去都城做生意。

在途中，他路過了一片森林，見四周環境優美，他便在一棵大樹下坐了下來，想稍作休息再繼續趕路。

在樹上有一個喜鵲窩，裡面住著一隻喜鵲和牠的幾個幼崽，牠們正嘰嘰喳喳地聊著天。

這時，一隻鸛雀飛了過來，牠停在了喜鵲窩邊，喜鵲媽媽見來了客人，立刻與牠攀談起來。

鸛雀熱情地對喜鵲媽媽說：「你好，我剛才在天上看見母子們住在一起其樂融融的樣子，十分羡慕。不過看你有這麼多幼崽，等你出去的覓食的時候，牠們無人照料，真是非常可憐啊！既然我們都是鳥類，不如我和妳同住吧，這樣等妳出門的時候我還能幫妳照顧幼崽。」

喜鵲媽媽見鸛雀如此熱情地說要幫自己的忙，立刻同意牠和自己一起住，還誇讚鸛雀熱心腸。

又過了一陣子，喜鵲媽媽要出去覓食了，牠把自己的幼崽們託付給鸛雀之後就放心地飛走了。

喜鵲媽媽剛飛走，鸛雀就變了臉，牠將喜鵲窩裡的蛋全吃了。喜鵲媽媽的幼崽們見鸛雀如此囂張，都嚇得大叫了起來。鸛雀嫌牠們叫來叫去太吵了，就將牠們咬死，隨後揚長而去了。

等喜鵲媽媽飛回來的時候，見窩裡一片狼藉，幼崽們全都失去了生命，才明白鸛雀說的那一番花言巧語，不過是為了騙自己離開。

想到這裡，喜鵲媽媽後悔莫及。

看到這一幕，樹下的年輕人感嘆萬分：「原來鳥中也有騙子啊！」

後來，年輕人終於來到了都城。

一進都城，他就看見城牆上貼了一個告示，原來國王的寵妃前陣子丟了許多珍藏的珠寶，一直都沒有找到小偷，現在國王向天下召集聰明人，許諾若誰能夠找出小偷，尋回珍寶，便召他入宮為官。

年輕人想要試一試，便進宮求見國王，說：「也許我可以找出小偷，但是我需要在宮中做調查，請您給我提供方便。」

國王答應了他的要求，下令宮中的人都必須配合年輕人的調查。

年輕人首先問國王的寵妃：「請問，有哪些人可以來你的寢宮呢？前陣子丟珍寶的時候有哪些人來的比較多呢？」

寵妃回答道：「平時就是服侍我的僕人們會來，要說丟珍寶那段日子，就是宮中一個會算命的老僕人來得多一點。那個老僕人在宮中待了很多年了，為人忠厚老實，我可以保證，肯定不是她偷的。」

年輕人想來想，又接著問道：「老僕人為何在那段時間來的殷勤呢？」

寵妃又回答道：「我前一段時間運氣一直不好，在皇宮裡散步都能被石頭絆倒摔一跤。這位老僕人聽說了之後就主動找到我，說要幫我轉轉運氣。後來，她每天都犧牲自己的休息時間，來幫我轉運氣，我說要給她一些賞賜，她都不肯要，真是個大好人。」

年輕人立刻派人將寵妃口中的這位老僕人找了過來。

老僕人一到，立刻說：「我對國王和王妃忠心耿耿，別無二心，怎麼會做偷盜這種事呢？」

寵妃也在一邊替老僕人說話：「她是難得的好人，你還是不要懷疑她了。」

這時，年輕人想起了自己在森林中看到的那一幕，那隻鸛雀鳥最初也是用一副熱情、樂於助人的形象出現在喜鵲的面前，於是，他心中有了答案。

年輕人絲毫不理會老僕人的解釋，立刻命人將她抓了起來，嚴加審訊。

沒多久，老僕人便承認了自己偷寵妃珍寶的事。

見年輕人很快便尋回了丟失的珍寶，國王十分高興，問他是如何懷疑到老僕人的。年輕人回答道：「我曾在路上見過一隻騙人的鳥，牠裝得非常熱情善良，樂於助人，現在我看老僕人也一副殷勤熱情的樣子，還說得非常好聽，便對她起了疑心。再加上那一段時間只有她常去王妃寢宮，故小偷是她便八九不離十了。」

生活佛法

花言巧語是騙子最常用的伎倆，故在交往中若遇上過於殷勤的人不妨給自己留個心眼，多些警惕、多些觀察、多些理性，就不會輕易被騙。

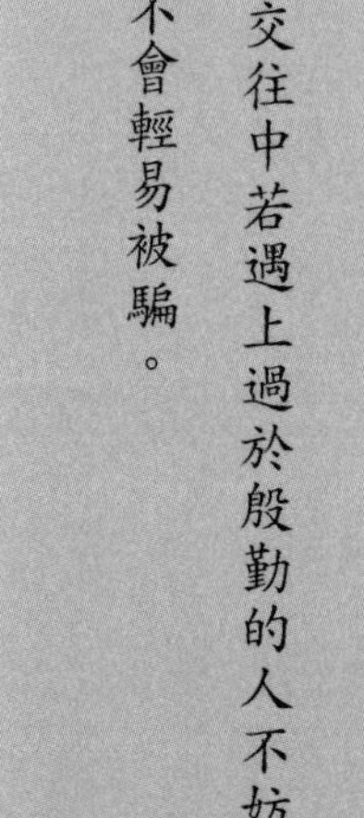

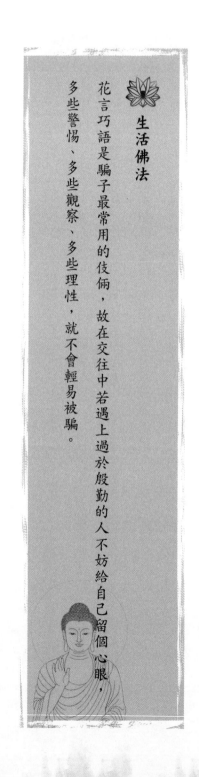

學舌——在適當的場合說適當的話

在舍衛國中有一個大富豪，非常有錢，並且廣交天下，結識了各種各樣的朋友，連佛祖的弟子舍利弗都是他的座上賓。

這一天，富豪邀請舍利弗到家中做客，同時他也邀請了很多朋友來聽舍利弗講經。

不知不覺，就到了中午，富豪便邀請大家一同吃飯。

在飯桌上，富豪高興地對舍利弗說：「今天能夠邀請大師來做客真是非常開心，剛才聽您一席話實在是受益匪淺！」

舍利弗急忙謙虛道：「施主菩薩心腸，如此尊佛敬道，定有福報。」

富豪一聽，更高興了：「大師說得好，我正好有三件喜事要同大家分享：第一件，我派去出海的商隊昨日已經安全歸來，並且帶回很多奇珍異寶，讓我大開眼界；第二件，承蒙國王厚愛，昨日又賞賜了我一些土地，我打算蓋座寺廟來敬佛；第三件，我的妻子剛剛為我生下一個兒子。」

說完這三件喜事，富豪不由得笑了起來。

舍利弗微笑地看著富豪，說：「這正是施主平日裡做功德的福報！」說著，他又唸了一段偈語來恭喜富豪：「今天吉利得好報，種種喜事全來到。誓願虔誠唸十力，日後更比今日好。」

富豪一聽，心中更是歡喜萬分，立刻拿出了很多珍寶，送給了舍利弗，請他代自己佈施給寺廟。

這時，客人中有一位叫做摩訶羅的僧人見到富豪如此大手筆的佈施，心中嫉妒了起來：「為何舍利弗能夠得到富豪的佈施，而我卻得不到呢？我一定要好好學一些吉利話，也許下次就可以用上了，這樣我也能得些佈施。」想到這裡，摩訶羅便將方才舍利弗所說的話暗暗地記了下來。

自從這次做客之後，摩訶羅整日都在背誦著這幾句話，他私下把這些話背的滾瓜爛熟，就盼著有朝一日再去富豪家做客時能夠用上。

終於有一天，富豪又邀請摩訶羅到家中做客了。

摩訶羅心中暗喜道：「這次舍利弗有事不能前去，這下輪到我來說這些吉利話了。」臨行前，他在心中默默地背了幾遍那些吉利話。

可是這天，摩訶羅一直都沒有找到機會來說這幾句吉利話，好不容易等到吃飯的時候，富豪終於說話了。

不過這次富豪卻是悲傷地說：「人生真是無常，上次我請大家吃飯的時候說了三件喜事，沒想到今天就變成三件壞事了。」

眾人紛紛關心地問富豪到底出了什麼事，富豪嘆了一口氣，說：「第一件壞事，我派去的出海商隊在途中遇到了颶風，風浪將船隻全部都打翻了，貨物和人都葬身大海；第二件壞事，我在別國做生意時與人發生了爭執，現在不得不打官司來解決這件事情；要說到這第三件壞事，那我就更加悲傷了，我的兒子前陣子偶感風寒，沒想到疾病越來越嚴重，昨日不幸逝去。」說到這裡，富豪悲從中來，掉下了眼淚。

這時，一直在心中默唸著吉利話的摩訶羅覺得自己機會來了，他立刻插嘴說道：「施主平時菩薩心腸，這正是施主的福報！」

悲傷無比的富豪聽見摩訶羅的這句話，氣憤地抬起了頭，對摩訶羅怒目而視。可是一心想說吉利話的摩訶羅根本沒有注意到富豪的表情，他繼續說道：「我送您幾句偈語來恭喜您吧，這正是——今天吉利得好報，種種喜事全來到。誓願虔誠唸十力，日後更比今日好。」說完之後，摩訶羅得意地看著富豪，等著他送自己禮物。

見摩訶羅不但不安慰自己，反而還說這是自己報應，並諷刺自己「日後更比今日好」，富豪氣得直發抖。

他指著摩訶羅的鼻子，半天都說不出話來，最後他叫一位下人將摩訶羅拖了出去，狠狠地打了一頓。

生活佛法

好口才會為你帶來好人緣，但練就好口才最重要的並非說得多好，而是在於能否說對場合，說到別人的心裡去。

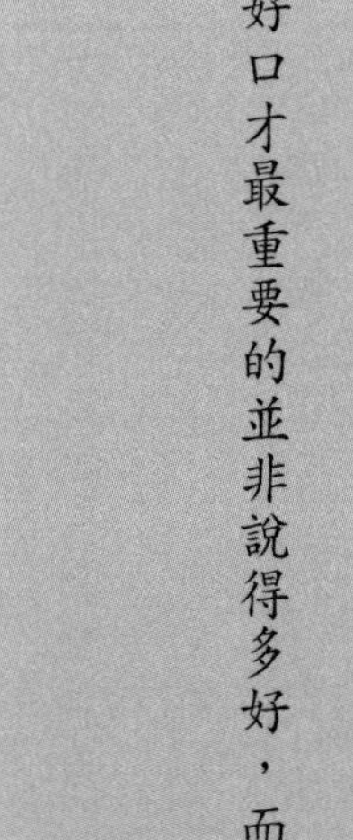

森林之王的筵席——委婉地化解矛盾

森林裡有一隻獅子，勇猛無敵，誰都不敢惹牠，因此，大家都推舉它當森林之王。

這天，獅子王起床後在森林裡散步，不論是地上跑的小兔子，還是樹上跳躍的猴子，又或者天上飛的老鷹都十分恭敬地與牠打招呼。

獅子王見大家如此尊重自己，一時興起，便想大擺筵席，邀請森林中所有的動物來做客。於是，獅子王召集了很多動物來幫助自己準備筵席，有的負責準備食物，有的負責佈置場地。為了做好獅子王交代自己工作，小動物們都十分賣力，忙忙碌碌地工作了一個月後，終於到了筵席開始的時間。

這天，獅子王要來視察大家準備的成果，小動物們一大早就等在了筵席開始的地點。沒多久，獅子王來了，他看到傢俱擦得乾乾淨淨，擺放得整整齊齊，非常滿意。

正在這時，有一個小動物聞到了一股難聞的臭味，牠緊張極了，生怕獅子王發現筵席現場有臭味，於是用力吸著鼻子，四處環視著，想要找到臭味的來源。可是，遍尋了全場牠也沒有發現。

不多久，越來越多的小動物聞到了這股奇怪的臭味，牠們疑惑了起來：「這些天準備的時候沒有發現有異味，怎麼恰好在獅子王視察的時候冒出來了呢？要是被獅子王發現就不好了！」想到獅子王暴躁的脾氣，小動物們又緊張了起來，生怕這股臭味會惹怒獅子王。

這時，小動物們漸漸發現了臭味的來源。原來，這臭味正是從獅子王身上傳出來的，礙於獅子王的威嚴，小動物們屏著呼吸，誰都不敢向獅子王提到有臭味的事。

第二天，筵席開始了，獅子王早早地就來到了筵席現場，等待著小動物們的到來。一時間，森林裡的飛禽走獸蜂擁而至，熱鬧極了。獅子王看到這些各種各樣的小動物們，想到牠們都是自己的子民，不由得驕傲了起來。

正在這時，一陣微風吹了過來，獅子王身上的臭味又隨風飄散開來，小動物們陸陸續續都聞到了這股臭味，但是大家都不做聲，裝作若無其事的樣子。

這時，一隻大熊聞到了臭味，牠厭惡地用手捂住了鼻子，大聲說：「真臭，這到底是哪來的味道，太臭了！」

獅子王聽到大熊的話，勃然大怒，牠自己並沒有聞到臭味，因此認為大熊是在挑釁自己。憤怒的獅子王立刻跳到大熊面前，抬起爪子一把將牠打倒在地上。

大熊躺在地上，委屈地叫著：「真的很臭，難道你們都沒有聞到嗎？」

獅子王見大熊如此嘴硬，更加憤怒了，牠指著旁邊的猴子說：「你說，到底有沒有臭味？」猴子看看站在自己身邊的獅子王，臭味分外濃重了起來，牠瞬間就明白了這臭味是從獅子王身上散發出來的。可是看到大熊的遭遇，牠哪裡敢說半句真話？猴子立刻諂媚地笑著說：「哪裡有臭味？我怎麼聞到的是無盡的芳香呢？」

獅子王一聽，不但沒有消氣，反而越發憤怒了：「我鼻子如此靈敏，為何竟沒有聞到一絲香氣？」說著，又舉起了爪子，一把將猴子也打倒在地。

「你說，到底是香氣還是臭氣？」憤怒的獅子王又指著旁邊的狐狸問了起來。

狐狸看看躺在地上正叫苦連天的猴子和大熊，咳嗽一聲，隨後清清了嗓子，慢慢地說：「大王，我這幾天得了重病，鼻子一點味道也聞不到了，恕我實在無法回答大王這個問題。」說著，牠又咳嗽了幾聲。

獅子看了看狐狸，見牠正掩著嘴巴咳嗽，覺得牠沒有說謊，便饒過了牠，繼續問起下一個小動物來。

這時，一隻負責筵席準備工作的小兔子犯愁了，牠知道若這樣一直問下去獅子王終究會起疑心。可是沒有動物敢對獅子說臭味是從牠身上傳出的，到了最後，其他的小動物一定會將這股臭味推給牠們這些做準備工作的人。「得趕緊想個辦法才行。」小兔子看著正在氣頭上的獅子王，心中尋思著。

突然，這隻負責準備筵席的小兔子眼前一亮：有辦法了！牠抱著面前裝滿了牛奶的罐子對獅子王說：「大王，我知道這臭味是從哪裡傳出來的了。原來，這個罐子裡不小心掉進了鳥糞，經過了一夜，這鳥糞將牛奶弄臭了。」說著，牠將罐子遞給了旁邊的烏龜，烏龜也心領神會地做出捂鼻子的動作來。小兔子抱回了罐子，對獅子王說：「大王，我去把牠倒掉！」說著，便抱著罐子一溜煙跑遠了。

其他小動物立刻明白了小兔子的用意，都吸了吸鼻子，說：「這下終於沒有臭味了！」

獅子王看著大家，笑了起來：「哈哈，終於找到臭味的來源了！」

生活佛法

有人的地方就有矛盾，在矛盾產生後，直言直語會激化矛盾，一味討好會適得其反，只有委婉地避開矛盾的焦點，巧妙地化解矛盾才是有智慧的相處之道。

裸人國——站在對方的立場看問題

波羅奈國有兩個兄弟結伴到外地去做生意。

有一次，他們來到了一個有奇特風俗的國家——裸人國。

這個國家的人從來不穿衣服，在過節日的時候大家還會在身上塗上各種各樣的花紋，載歌載舞慶祝節日。

哥哥一進到裸人國，立刻將自己的眼睛遮了起來，氣得破口大罵了起來：「這個國家的人真是傷風敗俗，讓人不恥！」

弟弟卻不這麼認為：「每個地方都有自己的風俗，這個國家的風俗就是如此，我們沒辦法改變只能適應，不都說入鄉隨俗嘛，我看我們還是照著他們的習慣來吧！」

哥哥一聽弟弟的話，驚訝地睜大了眼睛：「你說什麼？難道你也要學著他們一樣不知廉恥地脫掉衣服在大街上走來走去？我看你從小學的那些聖賢書都忘光了！」

對於哥哥的批評，弟弟並不在意，他依然堅持著自己的看法：「聖賢也教育我們『窮則變，變則通，通則久』。」

「詭辯，詭辯！」見弟弟不理會自己的勸告，哥哥氣得說不出話來。

就這樣，弟弟按照裸人國的習俗，脫光了衣服去與他們談生意，而哥哥則每天都待在旅店中不出去，每次看到弟弟出門，還會對他冷嘲熱諷。

不論哥哥如何諷刺，弟弟依然在裸人國交了很多朋友，這些朋友為弟弟介紹了很多有錢人來買他的商品。

這天，到了裸人國的節日，弟弟的朋友們邀請他與哥哥一起參加他們的節日慶典。

一開始，哥哥堅決不去：「我絕對不會做這種不雅的事！」

後來，弟弟苦口婆心地勸道：「這次慶典非常重要，聽說有很多富貴之人都會出席，連國王都會來。到時候若是能讓他們都買我們的商品，那我們的商品就不愁賣不完了。」

在弟弟的勸說下，哥哥勉強同意去參加慶典，但是他依然堅持要穿著衣服。

就這樣，打扮成當地人一般模樣的弟弟和穿得嚴嚴實實的哥哥出門了。

一路上，人們都對哥哥指指點點，覺得他是一個異類。

哥哥十分生氣：「看來這裡的人不光沒有禮義廉恥，還顛倒黑白！」

弟弟見哥哥無論如何都不能理解裸人國的文化，只能勸他忍一忍。

慶典開始了，裸人國的人們伴著歌聲，跳起了歡樂的舞蹈，弟弟也學著其他人的樣子，加入了其中。

哥哥獨自一人站在了人群外，越看越覺得生氣，他大聲指責了起來：「如此光著身子的人圍在一起跳舞，實在是有違仁義道德，只能用群魔亂舞來形容！」

裸人國的人正在興頭上，突然聽到了哥哥的指責，見他一副道貌岸然的樣子，立刻群情奮起，把哥哥圍了起來，打了他一頓，多虧弟弟替他求情才將他放了出來。

經過慶典之後，哥哥被裸人國的國王驅逐出境，而弟弟則與裸人國的權貴們相處得越來越好，最後將自己的商品全部高價賣了出去。

生活佛法

入鄉隨俗，與人交往也是如此。要尊重對方的習慣，站在對方的角度，以對方認可而不是自己認可的方式來交往，才能夠得到更多人的認同。

偷犛牛的人——人生不可能從謊言中收穫果實

從前，有一個小偷，從鄰村偷了一頭犛牛，回來後就悄悄地把牠宰殺吃掉了。

丟了犛牛的人十分著急，他四處打聽，聽到有人說犛牛是被鄰村的人偷走了，便找了過來。一到村口，丟犛牛的人正好碰到了小偷，他向小偷打聽道：「你好，請問你知不知道是誰偷了我的犛牛？」

小偷一聽，嚇得魂飛魄散，心裡嘀咕著：「怎麼這麼快就找來了，我偷犛牛的時候也沒有被人發現啊？」他下意識地擺擺手，大聲說：「沒有，沒有，這裡從來就沒有什麼犛牛，我從來沒有看見過。」

丟了犛牛的人見小偷臉色發白、聲音顫抖，便起了疑心。

他裝作若無其事的樣子繼續問：「你是不是這個村子裡的人啊？」

小偷本來就做賊心虛，聽見丟犛牛的人問，又用力地搖搖頭：「不是，不是，我不是村子裡的人。」

這下，丟犛牛的人心裡有數了，他明明看見小偷是從村子裡出來的，可是現在他卻矢口否認，一定是心裡有鬼。但是他堅持不承認，自己恐怕也找不到證據。

於是，丟犛牛的人又接著逼問道：「你是不是把犛牛偷來藏在了村子裡。」

聽到丟犛牛的人懷疑到了自己，小偷嚇得語無倫次了起來：「沒有，沒有，沒有村子。」

不等小偷反應過來，丟犛牛的人又繼續追問道：「你是不是在池塘邊把犛牛殺掉的？」

小偷一下子被說中了心事，趕緊擺擺手否認說：「沒有，沒有，這裡沒有池塘。」

「那棵樹下不就是池塘嗎？」丟犛牛的人緊緊地盯著小偷的眼睛，繼續問道。

「沒有，真的沒有，沒有樹。」小偷繼續撒著謊。

見小偷死都不肯承認，丟犛牛的人又換了一個問題：「那麼，你是不是在東邊的村子裡偷的犛牛呢？」

小偷一聽，慌了神：「沒有，沒有東邊。」

丟犛牛的人並沒有放棄，依然追問著：「你應該是在午夜偷的犛牛吧？」

「沒有，沒有午夜。」小偷把頭搖得像撥浪鼓一樣，想都不想就回答道。

這時，丟犛牛的人大笑了起來。

小偷被笑得心裡發毛，就鼓起勇氣問道：「不知你為什麼發笑？」

丟犛牛的人說：「你說沒見過犛牛我也許會相信，說不是這個村子裡的人我也許會相信，說沒有池塘、沒有樹我也許還會相信，但是這世上怎麼會沒有東邊、也沒有午夜呢？所以，你一定說了謊對不對？我的犛牛就是你偷的，然後在池塘邊宰殺了，對不對？」

見丟犛牛的人步步緊逼，小偷徹底亂了陣腳，不得不承認正是自己偷了他的犛牛。

生活佛法

一個謊言要用更多的謊言來掩蓋，當你的謊言說多了，總有被揭穿的那一天。只有始終說真話的人才永遠不會露馬腳。

旃檀樹——貪婪是一種自我毀滅

一位商人在森林中迷路了，他轉來轉去，始終找不到走出森林的出口。

此時正是隆冬時節，天降大雪，商人心想，必須儘快找到出口，否則雪越下越大，自己會被凍死的。

於是，商人在森林中跑了起來，可是跑了好幾圈，又回到了剛才出發的地點。

他看看旁邊這棵熟悉的旃檀樹，徹底絕望了。

現在天色已晚，雪越下越大，道路幾乎都被積雪覆蓋，想要找回去已經是不可能的事了。「看來自己就要喪身於此了！」商人越想越難過，號啕大哭了起來。

這時，商人身邊的旃檀樹突然說話了：「我見你來來回回跑了好幾圈，大概是迷路了，森林裡的積雪要到春天才會融化，你就暫且在我的樹洞裡寄居一下，等到雪化了再回家吧！」

商人抬頭一看，這棵巨大的旃檀樹的樹幹上果然有一個樹洞，他爬進了樹洞裡，恰好能容下。

見自己有救了，商人高興極了，急忙向旃檀樹道起謝來：「真的是太感謝你的幫助了，對我來說這真是雪中送炭。如果明年春天我能順利回家的話，一定要好好感謝你！」

旃檀樹只是笑笑說：「是你命不該絕，不必感謝我。」

於是，商人就在旃檀樹的樹洞裡住了下來，餓了他就獵些小動物來吃，在溫暖的樹洞裡他安然度過了整個冬天。

終於到了春暖花開的季節，積雪漸漸融化了，商人打算告別旃檀樹回家去。

為了避免再次迷路，旃檀樹將森林裡的路線詳細地告訴了商人，商人對旃檀樹千恩萬謝，許諾一定要回來報答它。

旃檀樹笑了笑，說：「不必了，只是我有一事相求，我的樹葉和枝幹都可以治病，我知道在森林外很多人都想來砍伐我，所以希望你回去之後替我保密，不要和別人提起你在這裡見過我就好了。」

「小事一樁，一定，一定！」商人一口答應了下來。

回家之後，商人果然遵守諾言，不論誰問起他在森林裡逃生的事，他都不曾透漏旃檀樹的消息。

有一天，商人像往常一樣收攤回家，突然看見城牆上貼出了一個新的告示，告示說國王的女兒得了一種怪病，只有用旃檀樹的樹枝和樹幹才能醫治。若誰能找到旃檀樹，治好公主，國王不但會給他一大筆賞金，還會把女兒許配給他。

看到這個告示，商人動了心思，可是想到自己當初的諾言，又猶豫了。後來，一想到這是千載難逢的好機會，他還是伸手揭下了告示，向國王稟告自己可以找到旃檀樹。

國王見女兒有救了，喜出望外，立刻命令侍衛帶著一群士兵和商人一同到森林中砍樹。

商人按照當初旃檀樹給自己的路線，很快就帶著人找到了旃檀樹。

旃檀樹一看商人帶著一隊人而來，立刻就明白了是怎麼回事，它質問商人道：「你還記得當初你許下的諾言嗎？」

商人扭過頭，假裝不懂旃檀樹在說什麼。

旃檀樹見商人對自己不理不睬，冷冷地笑了起來。

商人不知旃檀樹為何發笑，便疑惑地看著它。

這時，旃檀樹同國王的侍衛說話了：「我知道你是來砍我的，但是在砍之前我有一個祕密要告訴你。」

國王的侍衛聽旃檀樹如此說，好奇地看著它。

旃檀樹繼續說道：「世人只知道我的枝幹能治病，卻不知我具有死而復生的能力。你若要砍掉我的枝幹我不阻攔，但希望你能夠幫助我復活。這樣的話，若今後別的人得了重病，我還可以繼續幫助他們。」

侍衛一聽，心中尋思著：「若是這棵樹說的是真的，那麼我不妨就幫它復活，萬一國王家中又有人得了重病，那我就可以憑著這棵樹領賞了。」想到這裡，他一口答應了下來。

旃檀樹見侍衛答應了，繼續說道：「你砍掉我的枝幹之後，在我的根上澆上人血，我就可以復活了，不幾年又會長成參天大樹。」

這下，侍衛犯難了，該到哪裡去尋找人血呢？

這時，他看見了站在一旁的商人，頓時有了主意：「不如我將這商人弄死，用他的血來復活旃檀樹！到時候我獨自帶著樹枝和樹幹回去，就沒有人和我爭功了，說不定國王還會把女兒許配給我。」於是，趁商人不注意，侍衛一刀將他刺死，用他的血澆灌了旃檀樹的根。

果然，一轉眼的工夫，旃檀樹很快又長出了新的枝幹和葉子，它看著地上商人的屍體，輕輕地說：「現在，你的命數到了。」

生活佛法

人與人交往，一曰誠信，一曰感恩。對幫助過自己的人要心懷感激，對答應過的事要信守諾言，為了眼前的利益而背信棄義只會將自己的路越走越窄。

最痛苦的事——理解是養育一切友情之果的土壤

夜深了，月亮靜靜地照著森林，動物們陸續進入了夢鄉。

這時，有四隻小動物還沒有睡，牠們聚在了一起，在大樹下聊起天來。

小動物們從小時候的趣事，聊到最喜歡吃的東西；又從森林裡的八卦，聊到了自己的特殊經歷。牠們聊得十分開心，竟然忘了時間。

這時，小鳥突然問了一個問題：「你們說，這個世界上最痛苦的事是什麼呢？」

其他的小動物都陷入了沉默，牠們在腦海中回想著，是啊，最痛苦的事是什麼呢？

這時，一隻野鴿子說話了：「我覺得，最痛苦的事就是求之不得，當你的希望落空時，那種全世界都背棄了你的感覺實在是讓人痛不欲生。只要經歷過一次，就再也不敢去回想了。」

小鳥卻搖了搖頭：「不，不，這哪裡算得上痛苦呢？慾望只是無所事事才會滋生出來的東西，對於我們這些只要能吃飽飯睡覺都會笑出聲來的小鳥們來說，最痛苦的莫過於一天都沒有收穫了。若是一天都沒有捕獲到蟲子，那我們這天就要餓肚子了，哪種饑腸轆轆、前胸貼後背的感覺恐怕你們誰都沒有經歷過吧？饑餓讓你頭暈眼花，說不了話、走不動路、連神智也會變得不清。在這種時候，誰還能記得什麼叫『希望』、什麼叫『未來』、什麼叫『求不得』，所以，在這個世界上最痛苦的事情就是饑餓了。」

聽小鳥說完，野鴿子正要與牠繼續爭辯，毒蛇卻說起話來：「要我說，你們說的都不是世界上最痛苦的事。」

「哦？難道饑餓還不夠痛苦嗎？」小鳥好奇地問道。

「是啊，若你有過希望落空的經歷，你肯定就會改變自己的想法了。」野鴿子也爭辯道。

「沒錯，饑餓和失望都會帶給人痛苦，但是要說到最痛苦的事，恐怕還要屬『憤怒』了。你想像一下，當你遇到了令你生氣的事，憤怒之火從心中滋生，這股火會摧毀你的一切原則和道德，把你從一個謙謙君子變成了一個被情緒所控制的惡魔。

在憤怒的驅使下，你變成了自己都不認識的人，說一些平時自己根本不會說的話，甚至對著自己最親密的人發脾氣。可是當怒火平息之後，你就會發現自己不過是憤怒的奴隸而已。你說，有什麼比自己變成了情緒的奴隸更痛苦的事呢？更糟糕的是，由於你的憤怒，你可能會失去朋友、家人、同伴甚至更多你愛的人，實在是苦不堪言啊！」毒蛇說著，想到了自己的從前，無奈地搖搖頭，露出了痛苦的表情。

「不，不，不，這根本不能算是最痛苦的事。」一直沒有說話的梅花鹿說話了：「依我看，世界上最痛苦的就是『恐懼』。當你正在森林裡悠閒散步時，弓箭已經在遠方對準了你；當你正打算吃草時，卻沒有想到在你的身後已經有一隻老虎把你當成了牠的獵物。你不知道什麼時候會遇到危險，可是危險始終都在你的身邊，如影隨形地跟著你。這種每天提心吊膽的生活，實在是讓人難以忍受啊！」柔弱的梅花鹿越說越激動，最後竟流下了淚水。

「你說得不對，還是饑餓最痛苦！」小鳥一點也沒有被梅花鹿所感動，牠堅持著自己的想法。

「還是失望最痛苦！」野鴿子也不甘示弱地爭執了起來。

「如果你們覺得憤怒不夠痛苦，那就說明你們還沒有真正被憤怒所支配過！」毒蛇一邊說，一邊似乎要發起火來。

這時，一隻一直在旁邊悄悄地聽牠們聊天的小螞蟻搖搖頭，自言自語道：「最痛苦的事就是沒有人能理解自己。」說著，牠悄悄地離開了，而那四隻小動物，依然在森林裡爭執著。

生活佛法

總是拿自己的立場和想法來判斷和要求別人就會導致爭執。因此，當你遇到爭執時，不妨用感同身受的心來理解對方，方能達到化干戈為玉帛的效果。

夜來香——飽滿的穀穗總是低著頭

一位有名畫家新收了一個小徒弟。

這個小徒弟雖然年紀小，卻天資過人，對於畫畫一點就通，自從收了他之後，畫家就親自教導他。

小徒弟沒有辜負畫家的栽培，他非常努力，每天都堅持練習好幾個時辰，再加上他的天賦，沒有多久，就畫出可以媲美師兄們的畫了。

有一天，畫家有事要出門，他叫徒弟們在家裡練習畫畫，等自己回來後檢查大家的成果。

當畫家回來時，卻聽見屋中小徒弟正在洋洋自得地說著什麼，他停下了腳步，輕輕地推開門偷偷地看著。

只見小徒弟站在了屋子中間，拿著自己剛完成的畫驕傲地吹噓著：「我這幅畫畫得太完美了，老師回來一定會誇獎我的！」說完，小徒弟又一一對師兄們的畫進行了評論，他學著畫家的樣子，在師兄們的畫上指指點點，把他們的畫說得一無是處。

師兄們對這個小師弟怒目而視，念他年紀最小，又是老師最愛的徒弟，大家並沒有同他爭執。

畫家看見小徒弟唯我獨尊的樣子，嘆了口氣，推門走了進來。

見老師推門進來，小徒弟立刻拿著自己的畫給畫家看。畫家抬眼一看，小徒弟的這幅畫的確有幾分功力，以他這個年紀來說，已經非常了不起了。畫家正要誇獎，突然想到了剛才看見的場景，心想，若是小徒弟就這樣自大下去，恐怕難成大器。

想到這裡，畫家沒有說話，而是放下來小徒弟的畫，開始評論其他弟子的畫。

看見老師對自己的得意之作不屑一顧，卻一直在誇獎師兄們的畫，小徒弟覺得十分不滿，他憤怒地問：「老師，我一向敬佩您的畫功，也非常尊敬您的人品，可是我覺得今天您真得看錯了，以我這些日子學畫的經驗來看，我的這幅畫要比師兄們的畫都優秀，為何您對我的畫不置可否呢？」

畫家並沒有直接回答小徒弟的問題，而是單獨將他叫到了自己的書房中，並且命人給小徒弟搬來了一盆花。

「這盆花叫做夜來香，是我送給你的花。」畫家若無其事地同小徒弟說道。

小徒弟見老師對自己的畫絕口不提，反而送了自己一盆花，疑惑萬分：「老師，我想知道我的畫……」

小徒弟還沒有說完，畫家就打斷了他的話：「這夜來香非常特別，在白天它看起來毫不起眼，但是一到夜裡，就會開出嬌豔的花朵來。更特別的是，它在開花時，花香四溢，沁人心脾，凡是在夜裡見過它開花的人都對它讚不絕口。」

見老師認真地向自己介紹起花來，小徒弟更加疑惑了：「老師，您為何要把這盆花送給我呢？」

「你看，這盆花上有一個含苞待放的花骨，大概這幾天就會開花了，我想讓你把這盆花抱回去，在夜裡好好觀察它開花的情況。」

畫家說著，就把這盆夜來香送給了小徒弟。

小徒弟不知老師葫蘆裡賣的是什麼藥，雖然滿腹狐疑，但他還是按照老師的意思帶著花回到了自己住處。

每天晚上，他都仔細觀察這盆花，生怕錯過了它開花的時機。

終於，在一天晚上，夜來香開花了。這個含苞待放的花骨慢慢地展開了自己嬌嫩的葉子、一片、兩片，三片……它就這樣靜悄悄地開著。小徒弟第一次看見花開的過程，他屏住了呼吸，生怕自己聲音驚嚇到了花朵。終於，所有花瓣都展開了，在夜風中隨風搖曳著，美不勝收。

小徒弟深深地吸了一口氣，沁人心脾的香氣襲來，他貪婪地深呼吸了幾口，恨不得把這屋中所有的香氣全部吸入自己體內。

這一夜，小徒弟沒有合眼，他陪著夜來香慢慢開放，又看著它在天色漸明時悄悄地合上了花瓣。等太陽出來之後，這朵夜來香已經將花瓣完全收了起來，就像從來沒有開過一般。

「老師，老師，昨天晚上你送我的夜來香開花了！」一大早，小徒弟就興奮地跑去和畫家彙報道。

「哦？那你覺得它的花如何，是否有我說的那麼美？」畫家問道。

「實在是太美了，太香了！我一整夜都捨不得睡，生怕會錯過它一絲一毫的美麗。」小徒弟回味著昨晚花開的情景。

「那它吵到你了沒有？」畫家接著問道。

「什麼？它怎麼會吵到我呢？它一直靜悄悄地開，我還怕自己會吵到它呢？」小徒弟不明白老師為什麼會這樣問。

「哦，我還以為它開花的時候會大張旗鼓的炫耀一番呢？」畫家回答道。

小徒弟這才明白老師的意圖，他羞愧地漲紅了臉。

生活佛法

滿招損，謙受益。

謙虛是做人處事最基本的準則，不論有多大的成就，都要懷著謙卑的心態來與人相處，否則就會遭到反感和嫉恨。

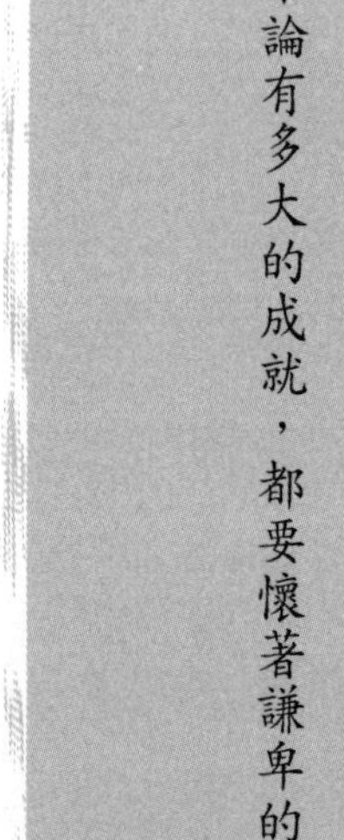

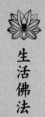

佛像和守門人——沉默是邁向智慧的第一步

在寺廟裡有一個守門人，他見佛像整日什麼都不用做，只需坐在那裡就有萬眾敬仰，而自己每天辛辛苦苦卻從來沒有人關注，因此十分不滿。

一天，守門人正在抱怨時，聽見了一個聲音傳到了他耳朵裡：「既然你覺得我坐在這裡十分輕鬆，不如我們換一換？」

守門人嚇了一跳，趕緊抬頭觀看，只見寺廟裡的人群一切如常，似乎除了他以外，並沒有人聽見這個聲音。

守門人搖搖頭，認為這一定是自己的幻覺。

正在這時，他眼前一黑，等再睜開眼時，他發現自己的面前跪著很多人。

原來，自己已經變成了寺廟中最大的那尊佛像，正接受著眾人的跪拜。

「原來做佛像這麼氣派，如果能一輩子都當佛像就好了！」守門人一邊俯視著向自己跪拜的人們，一邊在心裡暗暗地想著。

這時，一個年輕人走了進來，他將手中的包袱放在一邊，在佛像面前跪了下來，虔誠地祈禱著。

「每天有如此多的人在佛像前祈禱，不知道佛像到底聽不聽得完？」守門人在心裡暗想著，隨後豎起了耳朵，想要聽清年輕人到底在祈禱什麼，可是他只能隱隱約約地聽到年輕人說「幸運」、「錢財」之類的詞。

「大約是在祈禱自己能得更多的錢財吧。」守門人推測道。

在寺廟裡守了這麼多年門，他早就習慣了，廟裡每天熙熙攘攘的人，求得無非都是功名利祿，美好姻緣。

過了一會，年輕人起身走了。

接著，一位女子走了過來，在佛像前跪了，同樣口中念念有詞地祈禱著。

此時，守門人已經習慣了做佛像，他不再去仔細聽女子到底在祈禱什麼，而是在寺廟裡看來看去。現在自己居高臨下，寺廟裡的所有角落都一覽無遺。突然，守門人發現剛才那個年輕男子忘了拿放在地上的包袱，他正要開口提醒，卻突然想到自己現在是佛像，不可以貿然開口說話，便忍了下來。

這時，女子也祈禱完站了起來。突然，她眼睛一亮，原來她也看見了剛才的年輕人落下的包袱。她將包袱打開來一看，發現裡面是一些珠寶，頓時欣喜若狂，立刻將包袱又包了起來，拿著離開了。

「在光天化日之下怎麼可以做這種事！」看見女子將包袱帶走了，守門人恨不得立刻拉住女子的衣袖好好地教育她一番。可是一想到自己現在是莊嚴無比的佛像，只得忍了下來。

「原來當佛像也不是那麼容易的！」守門人開始覺得做佛像並沒有自己想的那麼簡單。

這時，一個中年男子走了進來，他在佛像前跪了下來，正要祈禱，卻被一個男子一把拉了起來。

守門人定睛一看，正是剛才丟了包袱的年輕人，只見他緊緊地拉著中年男子的衣服，不停地質問著：「你把我的包袱藏到哪裡去了？」

中年男子莫名其妙地說：「什麼包袱？我沒有看見包袱。」

「別裝了，剛才我就是在這裡祈禱，順手把包袱放在了旁邊，除了你還有誰能拿。告訴我包袱放在哪裡了，我就放你一馬，不然……」年輕人揮了揮拳頭。

無辜的中年男子哪裡知道包袱的下落，只是不停地辯解著。

眼見著中年男子被冤枉了，守門人再也忍不住了，他不顧自己還是佛像的事實，就大聲地說：「住手，我可以作證，你的包袱並不是他所拿，而是被剛才一位女子拿走了。」接著，守門人又詳細地向年輕人形容了女子的相貌和穿著。

年輕人見自己錯怪了中年男子，立刻向他道歉，隨後飛奔出去找自己的包袱了。

中年男子也對守門人所變成的佛像千恩萬謝，隨後離開了。

「終於做了一件好事，我可不能像真正的佛像一樣看見了不公平的事也一言不發。」守門人自言自語地說。

沒一會兒，剛才的女子跑了進來，衝到佛像面前大聲指責著：「佛祖，您怎麼會如此是非不分，昨晚我們家小姐的珠寶被偷了，老爺怪罪到我頭上，說今天我找不回來就要把我送到官府。我一心來求佛祖保佑我，結果真的看到了那包被盜走的珠寶，可是誰想到剛出廟門，又被賊人搶了去。佛祖，你為何如此包庇壞人，實在是太不公平了！」

守門人一聽，後悔萬分。

正在這時，又一個女子衝了進來，她一邊哭一邊對著佛像大罵道：「我家相公今日要駕船出海，本想來這裡求佛祖保佑，哪想到一到廟裡就被人冤枉偷東西，後來一上船又遇上了風浪而死，實在是太可憐了！」

守門人一聽，目瞪口呆。

這時，一個聲音傳到了他耳中來：「若你不干涉年輕男子，讓他繼續和中年人糾纏，那他就會推遲出海，避過風浪。他本來命不該絕啊！」

守門人這才明白，原來這佛像真是不好當。

生活佛法

耳聽也許為虛，眼見未必為實。

在徹底弄清楚事情的真相前，不妨保持沉默，切莫輕易下判斷，以免做了錯誤的決定。

第四章

情緒是可以馴服的野馬

禪師與蘭花——修行就是放空心靈

從前，有一位禪師，非常喜歡蘭花清雅素淡、不與百花爭豔的品性。因此，他便在自己的寺廟裡種了很多的蘭花。

由於蘭花非常難養，禪師花了很多心思在自己養的蘭花上。在他的悉心照料下，寺廟裡的蘭花長得非常好，一到開花的季節，素雅的花朵掩映在枝幹間，散發出幽雅的香味。

後來，這些蘭花變成了寺廟的象徵，越來越多的人慕名而來，只為一睹蘭花的風采。

有一次，禪師要離開寺廟到外地去一段時間，他最放心不下的便是自己養的這些蘭花。臨走時，他將養蘭花的方法悉數教給了自己最信任的徒弟，囑咐他好好照顧蘭花。

徒弟知道這些蘭花是師父花費很大的心血才養好的，若是不小心養壞了，罪過可就大了。因此，他每天都會跑去看好多次蘭花，不下雨了怕旱，下雨多了又怕澇，一旦遇到颳風的日子，徒弟就日夜揪心，睡不著覺，生怕風把蘭花刮倒。

這日，又刮起了大風，蘭花被吹得東倒西歪。徒弟心疼極了，決定將院中架子上的蘭花全都搬到屋中來。他搬起了一盆蘭花，誰知手滑了一下，花盆掉了下來，徒弟趕緊用手去接這盆蘭花，哪知他一下子沒有站穩，碰倒了蘭花架，架子上的蘭花全都掉了下來，花盆摔了個粉碎。

「天哪……」徒弟看著這一地的蘭花，沮喪極了，「這下師父要傷心了！」徒弟覺得自己沒有替師父照料好蘭花，十分難過。

過了一些日子，禪師終於回來了。

徒弟一聽到師父回來的消息，立刻跑去向師父賠罪，他吞吞吐吐地說：「師父，你的蘭花……那天刮大風，我本來想把它們都搬回屋子裡的，誰知道……不小心撞到架子了……」徒弟越說越傷心，深深地低下了頭。

禪師一聽就明白了，他笑著開導徒弟說：「沒關係，只是幾盆蘭花而已。」

徒弟本來已經做好了被師父大罵一頓的準備，沒想到師父不但沒有罵他，還開導起他來，便驚訝地看著師父說：「這不是你最愛的花嗎？」

師父微微笑著說：「蘭花氣質高雅，我在寺廟裡種它就是為了供佛，同時也是為了讓大家都能賞花。現在蘭花已經失去了，若是再因為蘭花而生氣傷心，那豈不是反而失了我的本意，我不是為了傷心生氣才種蘭花的啊！」

聽了禪師的話，徒弟這才放下心來。

生活佛法

越是心愛的東西，越容易影響你的情緒。

但你要明白，外在的一切終究都是身外之物，只有心情是自己的，過於關注外物的得失而影響了自己的心情實在是得不償失。

夜鬼驚魂——別讓情緒操控了你

古時候，有一個戲班，走南闖北，四處賣藝。

這天，他們結束了在一個城市裡的工作，打算趕往另一個城市。在路上，他們經過了一座小山，見天色已晚，大家也都疲勞不堪，班主決定今晚就在山上夜宿。

於是，戲班的成員們便放下行李，打算好好休息一下。

就在這時，一個路人走了過來，見他們在此處休息，便驚訝地說：「你們怎麼如此大膽，敢在此處停留？」

戲班裡的人不明就裡，詢問道：「難道在這裡留宿有什麼不妥嗎？」

路人看看周圍，小聲說：「這山是遠近聞名的鬼山，聽說一到夜裡就會有很多孤魂野鬼出沒，一不小心就會被他們勾走魂魄，所以沒人敢在夜裡到山上來。我這是急著趕路，萬不得已才從這裡走，沒想到你們居然更大膽，敢在此處住下。」

聽路人這樣說，戲班裡一個膽小的人有些害怕了，他向班主商量是否再往前走一段再休息。

可是大多數人都不同意這個建議，堅持說：「這世上哪裡有鬼啊？誰都沒有見過。我們走了一天，腳都酸了，實在不想再走了。再說了，我們這麼多人在一起，還有什麼可怕的？」

班主看了看大家，思索了片刻，說：「沒錯，我們走南闖北這麼多年，多次在野外露宿，也聽過很多鬼神的傳說，但何曾見過真鬼呢？我看大家都累了，還是安心地在此處休息一夜吧！」

路人見戲班裡的人不聽自己勸告，搖搖頭走開了。

就這樣，這個戲班便在山中住了下來。

為了避寒取暖，也為了壯膽，他們點起了篝火，大家一起圍著篝火睡覺。

夜深了，山林裡一片寂靜，戲班中大多數人都已經進入了夢鄉，只有那個膽小的人輾轉反側，始終無法入睡。他一直記著方才路人的話，時刻留意著周圍的情況，生怕真的有鬼跑出來。夜靜悄悄的，只有風吹過樹葉發出的聲音，膽小的人睜著眼睛觀察了半宿，始終沒有發現傳說中的孤魂野鬼出現，於是他開始放鬆了警惕，躺在地上，瞇著眼睛休息了。

篝火燒了半夜，火勢越來越小，微弱的火苗在風中搖曳著，這時，膽小的人在半睡半醒間突然看見對面樹後似乎有一個龐然大物。他一下子就驚醒了，睜大了眼睛仔細看著，借著微弱的火光，他終於看清那裡藏著一個羅剎鬼。

膽小的人立刻嚇得大叫了起來：「真的有鬼，羅剎！」

戲班裡的一些人被叫聲所驚醒，本來他們還不以為然，但他們見膽小的人嚇得臉色發白，戰戰兢兢的樣子，也跟著害怕了起來。他們順著膽小之人的手指一看，樹後好似真有一個羅剎鬼，於是又有幾個人嚇得叫了起來。

這下，戲班裡的人全部都被驚醒了。

「哪裡有鬼，哪裡有鬼？」有人詢問著。

可還沒等有人回答，膽小的人就看見羅剎鬼跳了起來，他嚇得膽戰心驚，大叫著：「大家趕緊逃！」說著，便倉皇而逃。

其他人一聽，也跟著跑了起來，而羅剎鬼卻沒有就此甘休，一直追著大家跑來跑去。見有鬼追來，大家跑得更快了，沒想到這羅剎鬼居然在後面緊追不捨。

就這樣，為了躲避羅剎鬼的追趕，戲班裡的人跑了整整一夜，而他們身後的羅剎鬼，也追了整整一夜。

等到天明時，戲班裡的人終於沒有力氣了，他們筋疲力盡地坐了下來，打算聽天由命。沒想到這時，羅剎鬼也躺在了地上，呼呼地喘氣起來。

有幾個大膽的人上前一看，這哪裡是羅剎鬼，明明是自己戲班中的一個成員！

原來，這個戲班裡的成員覺得夜涼風寒，就順手將自己的戲袍披了起來，躲在了樹後，哪知在昏暗的火光下他卻被膽小的人當成了羅剎鬼。

被叫聲驚醒之後，這個披著戲袍的人不知道發生了什麼事，只是見大家四下逃竄，便也跟著大家跑了起來，沒想到一跑就是一整夜，現在他終於支撐不住，躺了下來。

明白了事情的真相之後，戲班裡的人想想驚慌失措地跟著大家跑了一夜的自己，啼笑皆非。

生活佛法

在群體中，一個人的情緒很容易就會受到旁人的影響，從而改變自己的想法。

因此，在這種情況下，更要保持冷靜，儘量避免在弄清楚事實之前被周圍情緒所操控，要等辨明情況之後再做判斷。

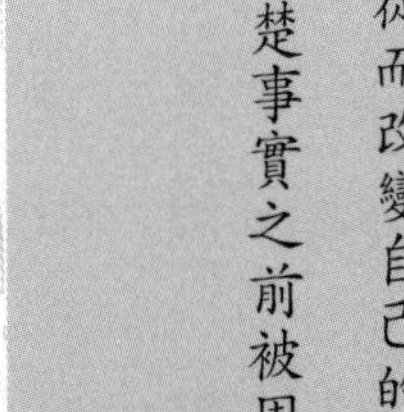

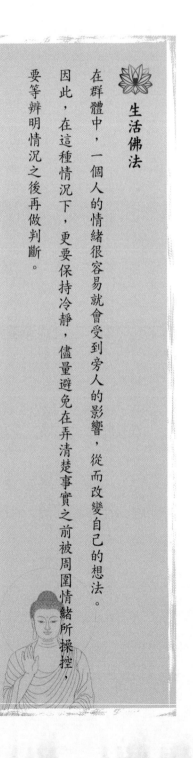

池裡的烏龜——莫讓他人的評價左右你的人生

在池塘裡住著一隻小烏龜，牠的脾氣非常暴躁，一旦有人對牠說三道四，牠就會勃然大怒，與對方爭執起來。

有一年夏天，天氣非常乾旱，很久都沒有下雨。在太陽的烘烤下，池塘裡的水日漸乾涸了起來，小烏龜在僅剩的池水中趴著，想要給自己的身體降降溫。

這時，有一家人走了過來，家中的孩子看見了小烏龜奇怪的樣子，拍手笑道：「爸爸媽媽，快看那隻烏龜，牠的樣子太好笑了！」

小烏龜本來將自己的頭深深地埋在了水中，聽到有人取笑自己，立刻將頭抬了起來，看見孩子正將自己指給爸媽看，頓時氣憤難忍，大聲罵起孩子來：「臭小孩，你懂什麼，我這是在降溫！」

小孩見小烏龜眼睛睜得圓圓的，對自己怒目而視，更覺得好笑了，不由得哈哈大笑了起來。

這下小烏龜更生氣了：「沒禮貌的小孩，整天取笑別人會遭報應的！」孩子一點也沒有停下來，依然笑著說：「池裡的水都快乾涸了，還在那裡假裝洗澡，沒見過這麼傻的烏龜！」小烏龜聽有人說自己傻，更是氣壞了，口中罵個不停。

等孩子走後，小烏龜依然為他的話而生了半天氣，不過轉念一想，又覺得孩子說的也沒錯，池塘裡的水越來越少，也越來越不適合自己居住，再這樣下去，自己非得被渴死不可，必須儘快搬家才行！可是自己爬起來如此慢，何時才能找到一個合適的新家呢？想到這裡，小烏龜為難了。

這時，天上一群燕子飛了過來，牠們看見在淺淺的池塘裡呆呆地望著天的小烏龜，都笑了起來：「快看那隻烏龜，樣子太傻了！」

「你們懂什麼？我這是在思考！」被燕子的話所激怒的小烏龜又生起氣來。

剛說完這句話，小烏龜的腦子裡就冒出了一個念頭：「燕子可以在天上飛來飛去，如果能讓牠帶著自己去找新家豈不是容易多了？」

於是，牠抬起頭，對著天空大喊：「燕子，我想要去找新家，你們帶我去吧！」

燕子們剛剛被烏龜罵過，誰也不想帶牠去，小烏龜就不停地哀求著，讓燕子幫幫自己。

這時，在燕子群中有兩隻善良的小燕子心軟了，牠們心想，剛才本就是自己先取笑了烏龜，所以現在幫牠個忙好了。

於是，兩隻燕子從地上撿了一個小樹枝，讓小烏龜張開嘴咬住樹枝，牠們再分別咬住樹枝的一端，就可以帶著小烏龜飛了起來。

在飛之前，一隻燕子囑咐小烏龜道：「無論如何你都不可以開口說話，不然你一開口就會掉下去了。」小烏龜點點頭答應了。

就這樣，兩隻小燕子帶著小烏龜飛了起來。

地上的螞蟻看見小烏龜叼著樹枝被燕子帶著飛的樣子，就取笑小烏龜：「你這個樣子實在是太傻了！」

小烏龜心想：「你們這些只會在土裡爬的螻蟻怎麼會懂得我的智慧呢？」於是，牠便想開口反駁，可是突然間，牠想到了小燕子的警告，便將已經到了口邊的話吞了回去，緊緊地咬著樹枝。

小燕子帶著小烏龜越飛越遠，一路上，很多人都看見了這隻被燕子帶著飛的烏龜，大家指著牠議論紛紛。小烏龜見如此多的人都在說自己奇怪，氣得恨不能大罵一番，可是怕掉下來，牠只得一次次將怒氣忍了下去。

這時，小烏龜聽見了一個熟悉的聲音：「爸爸，媽媽，快看，又是那隻傻烏龜！」

小烏龜一看，正是剛才在池塘邊罵自己的那個孩子，頓時，牠心中的怒火再也壓抑不住了，張開嘴想要好好地罵一頓。

可是一張嘴，小烏龜就從空中掉了下來。

生活佛法

為了不相干的人的評價而生氣是極為愚蠢的。對別人來說，這話也許只是口無遮攔的玩笑，也許只是茶餘飯後的話題，在毫無瞭解的基礎上根據自己的臆測所作出的評價都是無意義且偏頗的。

明白了這一點，就知道因這些本無意義的話而影響了自己的心情，甚至影響了自己的行為，影響了自己的前進方向，是多麼不值得。

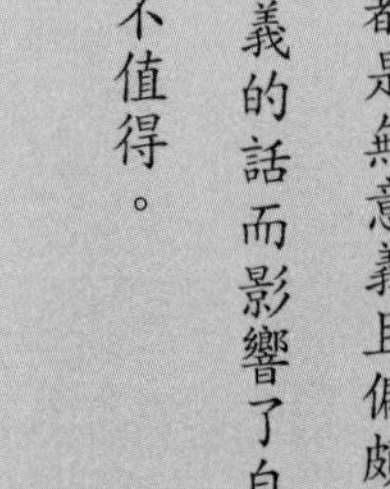

禮物——心境一變，煩惱就是菩提

從前，有一位愛捉弄別人的人，他總是無理取鬧，脾氣又非常壞，常常與別人發生口角。

一天，這個壞脾氣的人坐在自己的家門口曬太陽。

這時，一個小和尚從門前走過，壞脾氣的人見小和尚低著頭急匆匆地走路，便想要捉弄他一下。他悄悄地扔了一塊小石頭在小和尚的腳下，小和尚只顧埋頭走路，完全沒有看見這塊小石頭，一不小心絆了一跤，摔倒在地了。

壞脾氣的人見自己的惡作劇得逞了，高興地拍手大笑了起來：「我只是扔了個小石頭，沒想到真把你絆倒了！」

小和尚又痛又氣，看著壞脾氣的人，無奈地說：「我與你無冤無仇，為何要捉弄我？」

壞脾氣的人見小和尚一臉嚴肅，心中有些不高興，說：「禿驢何必如此，不過是開個玩笑而已，你也太小心眼了！」

小和尚見自己還沒有生氣，捉弄自己的人反而生氣了，不由得也氣了起來：「哪有這樣和別人開玩笑的，你實在是太無聊、也太過分了！」說完，就氣沖沖地走了。

這下，壞脾氣的人徹底生氣了，他在小和尚背後罵了半天，還是覺得不過癮，便決定要追到廟中去好好罵一通。

就這樣，小和尚前腳剛回到寺廟中，壞脾氣的人後腳就追了過來，他一進廟中，就吵鬧著要見住持。

小和尚見這個捉弄了自己的人如此不依不饒地追了上來，氣得火冒三丈：「剛才本是你先捉弄了我，現在又為何如此死纏爛打，糾纏不休？」

壞脾氣的人哪裡忍得下如此的羞辱，破口大罵道：「什麼叫死纏爛打，糾纏不休？你本是佛門中人，這種話也是你應該說的嗎？」

小和尚這才意識到自己的確說的不妥，但是看著這個不講道理的人在自己面前罵個不停，心中氣憤難平。

這時，住持走了出來，他見小和尚臉氣得通紅，立刻把他叫到了身後。

壞脾氣的人見住持走了出來，更加囂張了：「住持，你評評理，你們這個寺廟中的和尚都像這個小和尚一樣總是惡言惡語地欺負人嗎？」

小和尚見壞脾氣的人倒打一耙，氣得脫口而出：「你怎麼能如此顛倒黑白？」他急切地和住持解釋了起來。

住持立刻明白了是怎麼一回事，他轉過身來對小和尚說：「這位施主說得對，佛門中人不宜多言。」

小和尚見住持一點也不為自己說話，心中不滿極了，可是礙於住持的威嚴，他閉上了嘴巴，不再說話，只是對著壞脾氣的人怒目而視。

壞脾氣的人見小和尚被住持教訓了，更加得意忘形起來，他想趁機好好出出氣，便對著住持罵個不停。

可是住持一直微笑著看著他，不發一言。

小和尚站在一旁肺都快氣炸了，恨不得能替住持去罵他幾句，可是想到剛才住持囑咐自己的話，只得忍著怒氣，默默地站著。

一頓痛罵之後，壞脾氣的人終於心滿意足地停了下來，他心想：「都說這廟裡的老和尚很厲害，看起來也不過如此嗎，被我罵得連話都不敢說一句。」

正在這時，住持開口了：「請問施主說完沒有？」

壞脾氣的人仰起頭，得意地說：「今天暫且罵到這裡，改天若是寺裡其他人得罪了我，我會罵得更厲害，到時候就別怪我不留情面了。」

住持微微一笑：「如何罵是施主的事，悉聽尊便。」

壞脾氣的人見住持認輸了，笑著說：「還是老和尚明白事理。」

住持依然笑著問道：「若施主送老衲一件禮物，可是老衲不肯收下，請問這件禮物該屬於誰呢？」

壞脾氣的人見住持突然說起這完全不相干的事來，疑惑萬分，他猶豫地說：「你不要當然還是我自己的。不過你放心，我是絕對不會送給你禮物的。」

住持大笑了起來：「施主此言差矣。」

壞脾氣的人更是摸不著頭腦了，問道：「差在何處？」

住持說：「施主方才說不會送我禮物，但是剛才施主在寺廟中對著老衲洋洋灑灑地說了如此多的話，豈不正是送與老衲的？」

壞脾氣的人一下子不知道該怎麼回答，支支吾吾地說：「是說給你聽的，但不是什麼禮物……」

還沒等壞脾氣的人說完，住持就緊跟著說道：「既然是送與老衲的，老衲自然當謝謝施主。只可惜施主送的這件『禮物』老衲並不想收下，所以方才那些言語，就請施主自己笑納吧！」

說完，住持便帶著小和尚離去了。

生活佛法

壞情緒就像是一個壞的禮物，若你接受了它，就會受它的傳染和影響，變成另一個傳染壞情緒的人。所以，不如從一開始就拒絕接收這個禮物，做一個壞情緒的免疫體。

毒蛇——恐懼是內心軟弱的投射

從前，有一位修行人獨自在深山中修道，他每日打坐修行，過得十分充實。

一天，修行人起床後像往常一樣坐在房門前的大石頭上閉著眼睛靜靜地打坐。這一坐，就是好幾個時辰，等他再睜開眼時，已經是正午時分了，修行人深深地吸了一口氣，打算起來煮飯。

突然，他發現在自己的前方不遠處有一條小蛇正順著石頭蜿蜒地爬了上來，眼看就要爬到自己身上了。

修行人認得這種蛇，知道是一種毒性非常強的毒蛇，一旦被牠咬到就會立刻斃命。

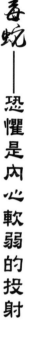

修行人嚇壞了，趕緊從旁邊撿了一塊石頭朝毒蛇扔了過去，毒蛇被石頭一砸，立刻改了方向，從石頭上爬了下去。

看著毒蛇爬走之後，修行人才深深地出了一口氣，可是隨機他又害怕了起來：「若是剛才自己再多打坐一會，沒有看見毒蛇爬過來，現在恐怕已經被毒蛇咬了。」想到這裡，修行人嚇出了一身冷汗。

從這天起，修行人再也不能好好地修行打坐了，每當他閉上眼睛打坐的時候，就會想到前幾天那條扭著身體爬來爬去的毒蛇。他覺得這條毒蛇一直都躲在不遠處，一旦自己閉上了眼睛便會來偷襲自己。因此，他無數次睜開眼睛確認，直到看清楚周圍沒有毒蛇才能放心。

但是如此反復睜眼、閉眼怎能靜下心來修行呢？

修行人苦惱極了，他有些後悔那日自己沒有趁機將那條毒蛇打死，結果弄得現在自己整日心神不寧，耽擱了修行大事。

為了能好好的修行，不讓自己再受到毒蛇的影響，修行人想了一個好辦法，他花了好幾天的時間用藤條編了一個大籃子，然後將籃子吊在了樹上，打算每天坐到籃子裡來修行。

「這下再也不用怕毒蛇了。」修行人看著自己的工作成果，感嘆道。

一開始，修行人還能安心地在籃子中打坐，後來他發現自己的這個辦法並不是萬無一失，就算自己坐在了半空中打坐，那毒蛇也可能沿著樹幹爬上來。於是，修行人又一次心神不寧了起來，時刻擔心毒蛇回來咬自己，煩躁萬分的他在心裡默默地祈禱著佛祖能保佑自己不被毒蛇所咬。

但事與願違，修行人的祈禱並沒有起作用，對毒蛇的擔心始終困擾著他，甚至愈演愈烈了起來，他無時無刻不再擔心著毒蛇，不光是打坐，連吃飯睡覺都不能安心了，必須不停地祈禱才行。

這天晚上，修行人又在睡前向佛祖祈禱，希望佛祖幫他趕走毒蛇。祈禱過後，他終於稍微放下心來，躺下睡著了。

剛剛睡著沒多久，他就夢到了佛祖，修行人高興極了，心想一定是自己虔誠地祈禱起了作用。誰知佛祖並沒有幫他趕走毒蛇，只是在夢中告訴他毒蛇馬上就要來了。

聽到佛祖的話，修行人一下子就驚醒了，他點上油燈，睜大了眼睛在屋中四處查看著，在沒有發現毒蛇的任何蹤跡後，才稍稍安下心來，自我安慰這只不過是一場夢而已。

就這樣，修行人又一邊祈禱著一邊進入了夢鄉。

這次，他又夢到了佛祖，佛祖依然在夢中警告他毒蛇馬上就要來了。

修行人又一次被驚醒了，他拿著油燈仔細地檢查了一番，直到確認家中沒有毒蛇為止。

可是當修行人再睡著時，佛祖還是告訴他毒蛇來了，修行人不得不再次起床查看，如此反復折騰了一夜。

因為一夜沒睡，修行人在打坐時不停地打著哈欠，想到昨晚的經歷他非常氣惱：「為什麼我一直如此虔誠地修行，可是在夢中佛祖卻還要如此三番五次地欺騙我？」他甚至有些懷疑自己的修行是不是毫無意義，於是，他抬起頭，對著天空大喊道：「我做錯了什麼？為什麼要用毒蛇來恐嚇我？」

這時，一個深沉的聲音從天邊傳來：「哪裡有毒蛇，不過是你自己心中有毒蛇而已。」

聞聽此言，修行人一下子頓悟了。

原來自己這麼長時間以來的恐懼、害怕、擔憂，都不過是自己心中的惡念在作祟而已。

自此，修行人再也沒有擔心過毒蛇。

生活佛法

恐懼就像是心中的毒蛇，你越在意它，它越肆意妄為。

事實上，在事情沒有發生之前，一切恐懼、擔憂、煩惱、害怕、緊張都不過是庸人自擾，輕視它甚至無視它，才是解決之道。

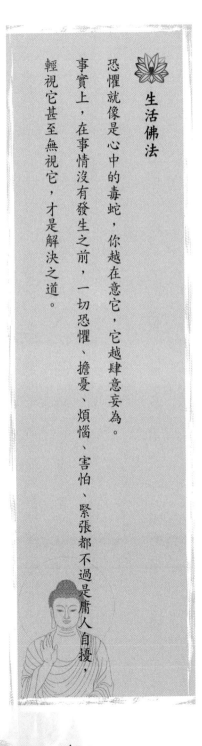

女僕和羊——洩憤會把事情變得更糟

一個農場主人養了很多羊，靠賣羊奶為生，還雇了一個女僕照顧自己的生活。

一天，農場主人到外地去辦事，在回來的途中，被一隻老鷹的糞便給砸到了。又臭又髒的糞便黏糊糊地黏在了農場主人的頭髮上，怎麼也弄不下來，農場主人氣得火冒三丈，可是老鷹早就已經飛走了，農場主人滿腔的怒火不知道該往哪里發洩，只得忍著怒氣走了回來。

一到家，女僕便前來問農場主人晚飯要吃什麼，農場主人正在氣頭上，看見女僕便劈頭蓋臉地大聲呵斥道：「妳沒看見我一頭的鳥糞嗎？現在我哪有什麼胃口來吃飯？妳自己隨便煮點豆子或者做點米飯就行了，以後這種事不要再來煩我！」說完，又板起了臉。

女僕覺得自己什麼都沒有做，卻莫名其妙地挨了一頓罵，心中更是萬分不滿，她不敢向農場主人發火，只得壓下心中的怒氣，退了出來。

一出門，女僕便抱怨了起來：「平白無故被罵了一頓，今天可真是倒楣，待會得趕緊拜拜神才行。」

女僕一邊嘮叨著一邊去廚房按照農場主人的吩咐煮豆子，她把豆子洗淨，又在火上燒上水，將豆子放了進去。

不一會，放了豆子的水就咕嘟咕嘟地滾了起來，女僕往爐子裡添著柴，想讓火燒得更旺一點。她一邊添柴一邊回想著剛才的場景，越想越氣，又想到自己每天早起，為農場主人砍柴、做飯、洗衣、打掃……忙得不可開交，可是農場主人不但不體諒自己的辛苦，還動不動就對自己頤指氣使，今天更是莫名其妙地被罵了一頓，不由得流下了眼淚。

這時，女僕聽見廚房門口有羊的叫聲，就用手背擦擦眼淚，出門一看，原來是一隻羊從羊圈裡偷跑了出來。這隻羊聞到了廚房裡煮豆子的香味，跑到了廚房門前叫了起來。

平日裡，女僕也經常能碰到羊偷跑出羊圈的情況，每次見到偷跑的羊她都會耐心地把羊趕回羊圈，可是今天，女僕的心裡正窩著一股氣，見羊在門口咩咩地叫個不停，就用腳使勁踹了羊一下。

這隻羊被激怒了，牠四下亂竄了起來，女僕正愁沒地方撒氣，立刻追著羊跑了起來。機靈的羊在院子裡跑來跑去，女僕怎麼也追不上。她怒不可遏，關上院門，打算好好地教訓教訓這隻不聽話的羊。

被女僕趕得無處可逃的羊一下子跑進了廚房裡，女僕也緊跟牠後地跑了進去。為了怕羊再跑出去，女僕反鎖上了廚房的門。

走投無路的羊在廚房裡到處亂拱，一下子將女僕剛剛煮的豆子給撞了下來，水和豆子撒了滿地。

女僕見狀，更是怒氣難忍，她順手從爐子中抽出了一根木柴，向著羊的身上扔了過去。木柴帶著火苗砸到了羊的身上，瞬間便點燃了羊毛。被火燒得疼痛難忍的羊在屋內發瘋般地跑了起來，屋內剩下的木柴和其他的木製品都跟著燃燒了起來。嚇呆了的女僕想要奪門而出，這時她才想起來剛才自己已經將門從裡面鎖上了，等她找到鑰匙想要開鎖時已經來不及了，整個廚房都埋葬在了火焰中。

火越燒越大，不多久，整個農場都被火燒成了灰燼。

生活佛法

不可遷怒於人、遷怒於事，否則就會影響更多的人和事，一旦這種情緒開始發酵傳播，就會造成難以挽回的後果。

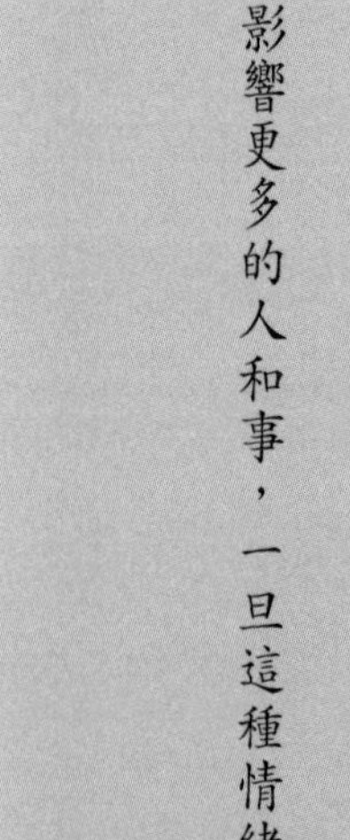

過河——勇氣是衡量靈魂大小的標準

在兩座大山間有一條大河，在大河的上方是一座鐵索橋，若想要從這座山走到那座山上，就必須從這座鐵索橋上過。

但是這鐵索橋完全是用鐵鏈和木板打造，走上去一搖三晃，很不穩固，再加上兩側懸崖峭壁，腳下湍急的水流，讓每個過路的人都心驚膽戰。很多人一走到橋邊就軟了腿腳，沒有信心通過，有些人雖然鼓起勇氣踏上橋，但沒走幾步就嚇得臉色發白，不得不灰頭土臉地退回來。

這天，鐵索橋邊又來了幾個人，他們打算從鐵索橋上過到河對面去。在這些人中有兩個正常人、一個聾子、還有一個瞎子。

一到橋邊，四個人便被震撼到了，早就聽說這座橋十分危險，但只有當你真正站在這座橋面前時才知道什麼是險路。

風呼呼地吹著，浪不停地拍打著懸崖壁，現在要想過鐵索橋只能抓著鐵鏈一點一點走過去。大家你看看我，我看看你，誰都不敢第一個上去挑戰。

這時，瞎子說話了：「還是讓我先過吧！」

其他人立刻齊聲反對了起來：「怎麼可以讓你先去，你什麼都看不見，若是不小心一腳踩空了就掉下去了。你還是跟在我們後面，拉著我們的手過去吧！」

可是這幾個人說歸說，卻誰也不肯行動。

這時，瞎子又說話了：「雖然你們一直說這裡多麼危險，看起來多麼讓人害怕，但是我卻一點也看不見，只能聽見水流擊打的聲音，並沒有覺得有多害怕。讓我先去試試，如果我能安全地走過去，那你們就更沒什麼可害怕的了。」說著，他就摸索著向前走了起來。

大家見他走了過去，嚇得臉煞白，可是誰都沒有勇氣去鐵索橋上拉他回來，只能眼睜睜地看著他走過去。

瞎子緊緊地抓著鐵索，一步一步地向前挪著，因為眼睛看不見，他走得異常慢，大家緊緊地盯著他，為他捏了一把汗。

突然，一陣大風吹了過來，鐵索橋被風吹得晃動起來。

「小心！」大家的心都揪了起來，大叫著提醒著瞎子。

瞎子立刻停了下來，他緊緊抓住鐵索，將身體慢慢地向下蹲，在大風中，瞎子隨著鐵索橋一起擺來擺去，風越刮越大，鐵索橋也晃得越來越厲害，大家的心都提到了嗓子眼，瞎子依然半蹲著，緊緊地拉著鐵索一動不動。

過了一會，風終於停了，鐵索橋也搖得越來越慢，最後終於停了下來。瞎子深深地吸了一口氣，又慢慢地開始走，他用腳試探著向前邁一步，再將抓著鐵索的雙手慢慢地向前移，就這樣一點一點地走了過去。

見瞎子走了過去，大家終於鬆了一口氣。

這時，一個正常人自告奮勇地要過河，他學著瞎子的樣子慢慢地向前移動著，剛走了幾步，又是一陣風吹來，正常人聽著驚濤拍打岸邊的聲音，心中恐懼萬分，他不由得向下一看，腳下是萬丈深淵，湍急的水流拍打個不停，一瞬間，便失去了勇氣，他的腿開始發抖，不得不慢慢地退了回來。

接下來，聾子打算試一試，他握住了鐵索，一步步地向前走，因為聽不見水流聲，他一點也沒有分心，更沒有低頭看，而是看著前方，像瞎子一樣一步一步地走過了橋。

另一個正常人決定學著瞎子和聾子的方法來過橋，他眼睛緊緊地盯著前方，穩穩地一步一步地走著，不管風多大浪多急，他都不去理會，只是全心全意過橋。

最終，他也順利地透過了這座鐵索橋。

生活佛法

面對危險的情況，要將自己變成「聾子」和「瞎子」。

心無旁騖，不理會與目標無關的事，將全部的精力都放在目標之上，恐懼自然會消失。

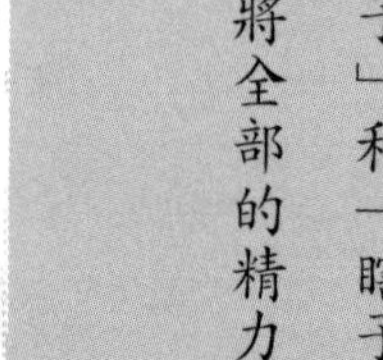

除草——心中種下正念的「莊稼」

富人有四個兒子，他們從小嬌生慣養，是家裡的掌上明珠。

四個兒子長大後，富人想讓這四個兄弟接手自己的生意，便找了幾個信任的人帶著他們去學習做生意。

可是他們才學了幾天，就回來抱怨，有的說學做生意實在是太無聊、太累了，有的說其他人都排擠自己，有的嫌別人沒有把自己當成少爺看待，總指使自己做事，有的覺得自己什麼都會了不用人教。

富人聽著兒子們的抱怨，並沒有說話，而是帶他們到了屋後，指著一片荒地說：「你們說說，要用什麼辦法才能徹底將這塊地上的雜草除掉呢？」

大兒子立刻回答道：「這實在是太簡單了，用鐮子就能除掉了。」

富人點點頭，看著二兒子問：「你有更好的辦法嗎？」

二兒子思索了片刻，回答道：「一把火就把這塊地上的荒草全都除去了，既簡單又便捷。」

「那你呢？」富人又問起了三兒子。

「我覺得還是用石灰最好，石灰一撒，雜草就會死掉了。」三兒子自信地回答道。

沒等富人問，四兒子就立刻答道：「他們的方法都不好，依我看，還是把草連根拔出來才行。」

「好！」富人微笑著點點頭：「現在我把這塊地分成四塊，你們每個人分一塊，用自己的方法來除掉雜草，一年之後我來看成果。」

四個兒子都覺得自己的方法最好，肯定能把雜草除乾淨，便一口答應了下來。

就這樣，除草工作開始了，大兒子興沖沖地帶著僕人，拿著鏟子每天不停地鏟草，沒幾天下來，地上的草就被鏟乾淨了。

他得意地看著自己成果，心想：「這點工作哪裡用得著一年的時間，我幾天就做好了。」

二兒子也不甘示弱，他一把火就將地上的草全部燒乾淨了，隨後他又帶著僕人花了幾天的時間把灰燼清掃了一下，這塊地也很快就乾淨了。

與哥哥們相比，三兒子的方法就慢多了，他在草地上撒上了石灰，又等了一段時間，這地上的草方才全部死掉，清理之後，地上也沒有了雜草。

至於四兒子，為了能把根拔出來，他一棵一棵慢慢地拔著。雖說看著哥哥們三兩下就把自己的任務完成了，但是四兒子一點也不著急，他覺得自己的方法才是最好的，也是最有效的。

終於，幾個星期後，四兒子也將土地上的雜草拔完了，他擦擦汗，看看自己的成果，滿意地笑了起來。

就這樣，四個兒子都認為自己已經完成了任務，便心安理得地休息了起來，不再去管那片荒地。

很快，一年的時間過去了，父親如約叫上四個兒子去看荒地。

四個兒子信心滿滿，都以為自己會得到父親的誇獎，沒想到一到屋後，就看見那片荒地上依然雜草叢生。

「怎麼回事？」他們異口同聲地問道。

「這地上的土裡本來就有很多草籽和草根，像你們這種方法是除不掉的。」富人回答道。

「那要怎樣才能除掉呢？」四個兒子又問道。

富人卻沒有回答這個問題，他接著說：「接下來的一年，我們在這塊地裡種莊稼吧。這次不用分了，你們四兄弟一起種，等明年，我再來看你們的成果。」

四個兒子見自己辛苦清理的荒地又長滿了雜草，失落極了，見父親說要改種莊稼，又抱怨了起來：「這地裡的雜草這麼多，怎麼可能種好莊稼呢？」

可是礙於父親的威嚴，他們不得不遵照父親的命令種莊稼。

這次，他們再也沒有了前一年的那種自信，而是按部就班地撒種、澆水、施肥、除草。莊稼一天天的長大，他們的信心也隨著莊稼在不斷增長，並且越來越用心了起來，特地去向別人請教種莊稼的方法。

皇天不負有心人，在他們的悉心照料下，田地裡的莊稼長勢頗好。

又一年過去了，父親來到了屋後，看見了四個兒子種的莊稼，欣慰地點了點頭：「現在，地裡雜草不見了吧？」

「雜草？」四個兒子一時沒有反應過來。

「對，你們費盡了力氣也清理不掉的雜草，在種上莊稼時，自然而然就消失了。」父親語重心長地說。

四個兒子這才明白了父親的良苦用心。

生活佛法

地無莊稼，雜草就會叢生；心無主見，雜念就會滋生。心懷堅定的信念，在心中種下正念的「莊稼」，雜念自然會消失，你也自然會達到心無旁騖的境界。

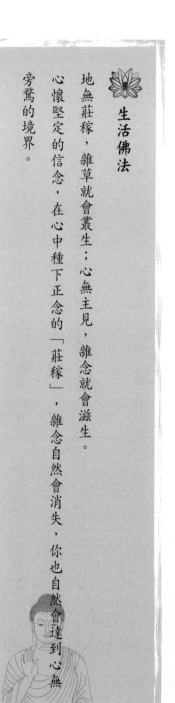

飲茶——不要拿別人的錯誤來懲罰自己

兩個朋友相約一同去飲茶，其中一位年輕人穿的十分華麗，而另一位老者則穿的有些樸素。

兩人一同走到茶館，一位侍者熱情地迎了上來：「兩位客官，不知需要喝點什麼？」侍者一邊說，一邊上下打量著兩人的衣著。

衣著華麗的年輕人看了看侍者，說道：「我們要一個包間，再來一壺好茶。」

侍者見他的穿著十分氣派，立刻熱情地說：「好的，好的，您請跟我來。」說著，就帶著二人到包間坐了下來。

不一會，侍者就將兩人要的茶水端了上來，他熱情地為年輕人倒上了茶水，然後站在年輕人的旁邊等著伺候。

年輕人回頭看了一眼侍者，又尷尬地看了一眼老者，自己提起茶壺向老者的杯中倒起茶來。

侍者見年輕人親自動手，這才跑來為老者斟茶。

「您還需要什麼其他的東西嗎？」為老者倒完茶，侍者又立刻轉向了年輕人這邊，熱情地詢問著。

年輕人看看老者，尊敬地問：「以您之見呢？」

老者微笑著搖搖頭：「一壺好茶足矣！」

侍者見年輕人對老者十分尊重，在心裡猜測了起來：「難道我一開始看錯了？這個老者才是真正的有錢人？」想到這裡，他仔細觀察了起來，只見年輕人在言談之間對老者非常尊敬，一旦老者說話，年輕人就會畢恭畢敬地聽著，從來不插嘴。

「看來是我判斷錯了，原以為是富家少爺帶著窮親戚來喝茶，現在看來，這位老者才是深藏不露的貴人啊！」侍者在心中暗罵自己有眼無珠，怕是得罪了貴人。

於是，侍者決定要在老者面前好好表現一下，好多拿幾個賞錢。

他見老者杯中的茶剛剛喝完，就立刻上前拿起來茶壺：「這次由我來為您斟茶，小的有眼無珠，剛才若是有得罪的地方，還請您大人不記小人過，不要和小的一般見識！」說著，他為老者斟上了茶，恭恭敬敬地送到了老者的面前。

「你的確是有眼無珠！」年輕人對侍者前倨後恭的態度感到十分生氣，他氣呼呼地說：「這是我小時候的老師，非常有學問，幸虧我的老師有修養，若是換成別人，非得給你點顏色看看不可。」

侍者一聽，原來這老者不過是個教書的，他本來正點頭哈腰地伺候著老者，這下又轉了過來，對著年輕人點頭哈腰了起來：「您教訓的是，您教訓的是。」

年輕人見侍者一副趨炎附勢的樣子，無奈地搖搖頭，看了看老者。

老者絲毫沒有生氣的意思，端起茶杯品了一口茶：「這茶果然不錯！」

年輕人見老者沒有怪罪，也低頭品起茶來。

侍者站在一邊，後悔起來：「都怪自己沒有事先問清楚，不過是個教書先生，還真能擺架子，剛才我還對他點頭哈腰，真是太虧了！」

於是，他又對老者不冷不淡了起來。

年輕人見狀，很不高興，說了侍者幾次，可是侍者已經知道了老者真正的身份，對年輕人的話並不理會。

「就由他去吧！」見年輕人同侍者不依不饒了起來，老者笑著說，「我們是出來飲茶敘舊的，並不是來找人吵架的，由他去吧！」

年輕人聽老者這樣說，便不再跟侍者計較，兩人自顧自地聊起天來。

侍者百無聊賴地站在一旁，暗自盤算著：「剛才自己對年輕人還算尊重，待會結帳的時候給的賞錢應該不少吧？至於那個教書先生，本來也沒幾個錢，就不奢望他能給自己賞錢了，唉，白白給他陪了幾個笑臉。」想來想去，他還是覺得自己方才對教書先生過於熱情是吃了大虧。

不一會，兩人飲完了茶，打算結賬離開，侍者期待地看著年輕人，他卻絲毫沒有要給賞錢的意思。

這時，老者從身上掏出了幾文錢，放在了桌子上，非常客氣地告訴侍者這是給他的賞錢，並感謝他今天的服侍。

侍者驚呆了，他看看桌上的錢，又看看老者，幾乎不敢相信自己的眼睛，隨即，他便向老者說了幾句感謝的話，將錢裝了起來。

「這種勢利的小人，您又何必對他客氣呢？還給他賞錢，想起來我就生氣！」侍者一走，年輕人就對著老者發起了牢騷。

「既然知道他是勢利小人，又何必跟他計較呢？若我也因他對我的態度而改變了對他的態度，那豈不是和他一樣了嗎？」老者大笑著回答道。

生活佛法

因為別人的行為舉止影響了自己的情緒，進而影響自己對待他人的態度以及行為，無異於拿別人的錯誤來懲罰自己。

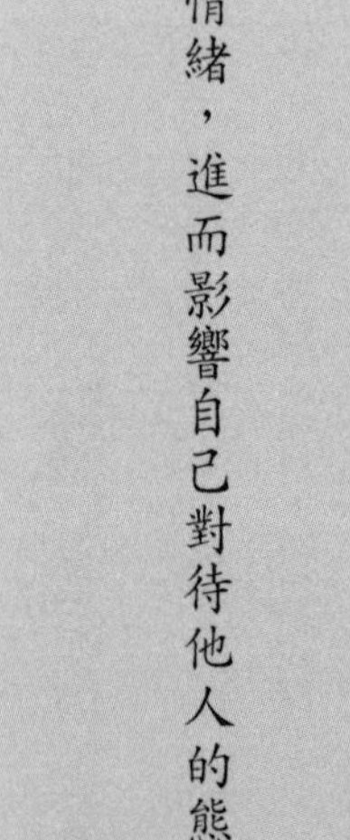

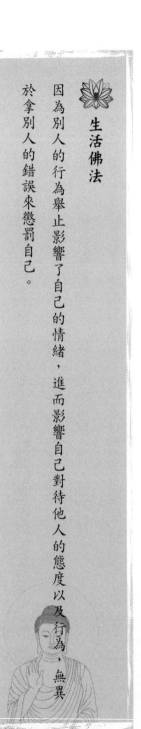

易怒的善人——以憤怒開始，必然以羞愧告終

從前，有一位大善人，心地非常善良，做了很多善事，也幫助了很多窮人。

大家都誇他是菩薩心腸，大善人聽了十分高興，做起善事來更積極了。

有一天，大善人去寺廟中幫助住持一起佈施，回來的路上經過了一個小村莊，在路過一家門口時他聽見裡面有人在談論自己。

大善人本來不想做門外偷聽的事，認為不夠光明磊落，但他轉念又想：「不知他們為何談論我，也許是他們家中遇到了困難，說不定想求助於我。」想到此，他便在門口站了下來，打算先聽聽他們怎麼說。

「大善人真的是活菩薩，聽說好多人都受到了他的恩惠，今天他又去廟中佈施了，能和他生活在一起是我們的榮幸啊！」一個女子說道。

「是啊，以前有人誇他如何善良，我還不相信，以為不過是做做樣子而已，可是上個月我家人生病，急需一種名貴的藥材，可是我們家哪裡買得起這種藥材呢？走投無路之下我只好去找大

善人幫忙，沒想到第二天他就派人把藥材送到了我的家裡，可以說救我們於水火之中啊！」另一位女子現身說法地說道。

站在門口的大善人聽見屋內的人不停地誇自己，心裡又是高興又是滿足，覺得自己的努力沒有白費。他記得這個說話的女子，上個月他派人跑了好幾個藥店才找到那個藥材，幸好沒耽誤病人，不然自己都會覺得過意不去。聽到這裡，大善人決定不再聽下去了，他要趕緊趕回家去幫助更多的人。

正在這時，屋內一個男子說話了：「要說這大善人的品性，那真是沒的說，可是我聽說他還有一個小缺點。」

這麼久以來，大善人從來沒有聽見過旁人說自己的缺點，他好奇地停了下來，打算繼續聽下去。

屋內的兩位女子感到好奇，立刻追問了起來。

男子緩緩地說：「我聽說這位大善人什麼都好，偏偏就是脾氣不好。」

「脾氣怎麼了？」兩位女子異口同聲地問道。

「聽說他很容易發怒。若是有下人沒有能按時完成他安排的任務，他就會勃然大怒，而且他發起怒來六親不認，下人們都很害怕他。」男子繼續說道。

「不會吧？大善人看起來非常和藹，脾氣很好啊！」兩位女子都不太相信男子說的話。

這時，站在門口的大善人心中升起了一股無名火：「不知道是從哪裡傳來的謠言，我從來沒有無緣無故責罵過下人，每次都是因為他們做事太慢了，耽擱了事情才會責罵的，沒想到居然被人在背後詆毀成這個樣子！我每天辛辛苦苦做善事，做佈施為了什麼，難道就是為了他們在背後詆毀我嗎？」

大善人怎麼也忍不下去了，他一腳踹開了房門，朝著男子大聲呵斥著：「你在何處聽來的謠言？我豈是那種不講道理，到處生氣的人！」說完，他氣鼓鼓地看著男子。

屋內的男子和兩個女子完全沒有想到大善人會突然出現，他們看著眼前這個橫眉豎眼、對著自己發火的人，差點沒認出這他就是自己平時見過的慈眉善目的大善人。直到他嚴厲地呵斥男子為何要造謠，屋內的人才發現這不是別人，正是他們剛才正在談論的人。

受到驚嚇的女子和男子張大了嘴巴，半天說不出話來。

最後，一位女子緩緩地說：「您這樣的行為不正是說明了自己容易發怒嗎？」

大善人一聽，頓時愣住了。

生活佛法

聞過則喜。對於別人的批評，要秉承著「有則改之，無則加勉」的態度，若一味拒絕批評，甚至不分青紅皂白地反駁、辯解乃至咒罵、侮辱，就是錯上加錯了。

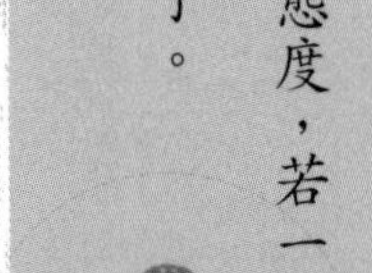

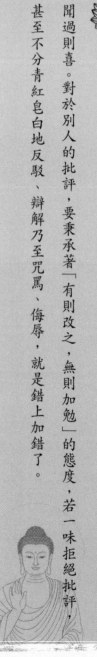

收購快樂——真正的快樂源自內心

從前，有一位富人，家財萬貫，卻總是唉聲嘆氣。

有一位朋友問他：「你現在要什麼有什麼，為何還整日悶悶不樂呢？」

富人嘆了口氣，回答道：「你有所不知，在外人看起來，我的確是要什麼有什麼，可是只有我自己知道，我最缺的就是快樂，所謂千金易得，一笑難求啊！」

朋友一聽就笑了起來：「哈哈，若別人說不快樂我還相信，你怎麼會不快樂呢？你可以吃山珍海味，也可以找最好的歌姬舞姬來為你表演，還有那麼多如花似玉的妻子，怎麼會不快樂呢？」

富人見連朋友都不理解自己，更加不開心了，他又嘆了口氣，說：「不知哪裡有賣『快樂』的地方，不管多貴我都要把『快樂』買回來！」

朋友走後，富人思索良久，決定親自去收購快樂。

他帶了一車金子備用，由於怕路上被賊人所搶，又帶了幾個保鏢保護自己和金子。

就這樣，富人出發了，他四處打探，一旦聽說哪裡有大的市集，他就會立刻驅車前往，但是每次他都空手而歸。

人們一聽說他要買『快樂』，便紛紛嘲笑起他來：「這世上哪裡有賣快樂的地方？我看你錦衣玉食，若連你都需要購買快樂，那我們這些平民可如何過活啊？」富人雖然有些氣餒，但還是決定繼續尋找。

有一天，富人像往常一樣到市集上尋找賣『快樂』的人，問了一圈依然是毫無收穫。

正當他又要失望地離去時，路邊的一個小販叫住了他：「我聽說你在找『快樂』？」

「沒錯，你賣『快樂』嗎？」富人激動地問道。

小販搖搖頭：「我這裡不賣『快樂』，我每天進貨、賣貨，賺錢養家非常辛苦，一點也不快樂。不過，我知道一個快樂的人，他每天總是開開心心的樣子，也許你可以從他那裡買到快樂。」

「太好了，他叫什麼名字，住在哪？」聽到有收購『快樂』的事有眉目了，富人興奮了起來。

「我也不知道他叫什麼名字，只知道他是這附近村子裡的一個農夫，每次我進貨路過村子時，都會看見他，不論是在做農活，還是砍柴，他都一副怡然自得的樣子，我想他一定知道在哪裡可以買到『快樂』。若你可以從他手中買到『快樂』，可不可以分給我一點？」小販請求道。

富人點點頭，一口答應了下來，立刻帶著金子和保鏢驅車前往小販所說的村子，想要儘快買到『快樂』。

這一路山高路險，富人越走越疑惑：「這地方如此荒涼，連個市集都看不到，怎麼可能會有『快樂』出售，該不是上了小販的當了吧？」

這時，一陣歌聲傳來，富人把頭從車窗裡伸出去一看，原來是一位背著柴的農夫，正唱著山歌走過來。

富人連忙命車伕把車停了下來，他下車向農夫詢問道：「請問你知道這附近哪裡有『快樂』出售嗎？」

「快樂？」農夫停了下來，一臉疑惑地看著富人：「快樂還需要買嗎？」

「說來話長，我是個很有錢的富人，什麼也不缺，單單就是缺少快樂，如果你能帶我買到『快樂』，那我一定重金報答你。你看，我帶了一箱金子，就是特地用來收購『快樂』的。」富人認真地解釋道。

農夫看看富人的身後，幾輛馬車停在了那裡，有幾個彪形大漢站在馬車邊進行保護，在自己與富人說話時，彪形大漢怒目而視，生怕他對富人不利。

農夫大笑了起來：「快樂何須收購，放下就是快樂！」

說著，他把身上背著的沉甸甸木柴放了下來，擦了擦臉上的汗，微笑著看著富人。

生活佛法

快樂與否，並非取決於外界條件，只取決於自己。當你解開心靈的枷鎖，用善意的心來看待這個世界，快樂自然會不約而至。

掃陽光——給快樂打開一扇窗

有一位愚人，十分羨慕當地一位智者，於是特意跑到智者家中做僕人，想要和智者學習生活的智慧。

一次，智者家中的管家讓愚人去打掃環境，很快，愚人便將家中的角角落落打掃得十分乾淨，只剩下了一間屋子。

這間屋子是智者家的閣樓，平日裡這間屋子一直上著鎖，因為常年無人居住，閣樓裡滿是灰塵和蜘蛛網，很難清理，每次打掃環境，大家都有意避開了這間屋子。

這次，愚人打算好好表現一下給智者看，好讓他儘快把生活的智慧教給自己，所以，愚人特意找管家開了門，想要把這間屋子打掃乾淨。

愚人說做就做，他打了一盆水，開始打掃屋子，其他的僕人見他認真的樣子，嘲笑地說：「那屋子平時從來沒人去，你打掃了也是白費力氣。」但愚人絲毫沒有理會別人的話，依然賣力地打掃著。

這屋子實在是太髒了，愚人花了整整半天的時間才打掃乾淨。

愚人擦擦汗，見屋子裡的蜘蛛網和灰塵已經全部清理掉了，看著乾淨多了，可是還覺得不太完美。

他在屋裡轉了一圈，每個地方都被他擦得乾淨如新，「到底是哪裡有問題呢？」

「你費了半天力氣打掃，這裡看起來還是陰暗的。」這時，另外一個僕人走了過來，看了看屋子，對愚人說道。

愚人這才恍然大悟，原來這屋裡一點光線也沒有，看起來非常陰暗。

「這可怎麼辦呢？」愚人這下為難了，他抬頭看看外面，正是明媚的夏日，燦爛的陽光四處揮灑，偏偏忘了這個陰暗的小閣樓。

愚人又低頭看看自己手中的掃帚，立刻有了一個主意：「外面的陽光那麼好，如果我可以把陽光掃進這個屋子裡，豈不是就會明亮多了！」想到這裡，愚人沾沾自喜了起來，他立刻拿起掃帚掃起了陽光來。

一開始，愚人在閣樓門口掃來掃去，掃了半天，也不見半點陽光進到閣樓裡。愚人又抬起頭，看看天上的太陽，心想：「陽光肯定是不願意進到閣樓裡，所以我要拿個大桶，先將陽光掃到大桶裡裝起來，然後再把它搬到閣樓裡。」

於是，愚人找了一個大木桶，仔細地將陽光掃到了大桶裡，然後立刻蓋上了桶蓋，小心翼翼地將木桶搬到了閣樓中。

「這下陽光肯定能進來了。」愚人心裡想，他將桶蓋一掀，屋裡依然沒有陽光。

「也許是我掃的陽光不夠多，如果我再多掃幾次，一定可以把陽光搬過來。」愚人在心裡自我安慰著。

他繼續認真地掃著陽光，一趟接一趟將裝著陽光的木桶搬到了閣樓中，可是不論他多努力，閣樓中的光線依然沒有任何改善。

「這到底是怎麼回事呢？難道是我用的掃帚不好嗎？」愚人又抬頭看看天上的太陽，隨後疑惑地看著自己手中的掃帚，他輕輕一揮，絲絲陽光從掃帚的縫隙中鑽了出來。

正在這時，智者走了過來，他見愚人正站在閣樓門口看著掃帚發呆，就過去詢問：「你站在這裡做什麼呢？」

愚人這才回過神來，他回答說：「我打掃完屋子，發現屋裡太黑了，想著如果能把陽光掃到屋裡來，豈不是明亮多了？可是我掃了一下午也沒有掃進去半點陽光，我想，也許是我用的這個掃帚不好吧。」

智者見愚人一本正經的樣子，不由得啞然失笑。他走進了閣樓，用手輕輕推開了窗戶，剎那間，太陽散發出的耀眼光芒穿過窗戶，照進了閣樓裡。

「只要打開窗戶，陽光自然會進來，又何須如此費力地去掃呢？」智者笑著說。

愚人看著煥然一新的閣樓，又看看窗戶，似乎明白了什麼。

生活佛法

打開窗戶，燦爛的陽光就會照射進來；敞開了心扉，壞情緒也會隨之消失。

摔破的瓶子——不要把時間浪費在患得患失上

在天竺國內，有兩個窮人，都以賣乳酪為生。

每天晚上，這兩個窮人就會提前做好第二天要賣的乳酪，裝進瓶子裡，等到第二天一早，就會帶著滿瓶子的乳酪去早市上出售。

這天，一大早天就淅淅瀝瀝地下著小雨，一個窮人推開門看了一下天，眉頭一皺：「還得冒著雨去賣乳酪，實在是太倒楣了！」他一邊抱怨，一邊把乳酪拿了出來，愁眉苦臉地上路了。

這時，另一個窮人也起了床，看見天開始下雨，頓時眼睛一亮：「好久沒有呼吸如此清新的空氣了！」說著，他迅速地穿上了衣服，帶著乳酪出門了。

在路上，兩人相遇了。

第一個窮人一見自己的同伴，便忙不迭地抱怨著：「我們可真是命苦，下雨天還得冒著雨去賣乳酪，想想那些錦衣玉食的富人，在家裡喝著茶賞雨，多愜意啊！」

第二個窮人並沒有附和他的話，笑著說：「一邊走一邊賞雨豈不是更有情調？」

聽見同伴沒有贊同自己的話，第一個窮人用鼻子「哼」了一聲就不再說話了，而第二個窮人卻在雨中一邊走一邊唱起了歌來。

就這樣，兩人結伴在雨中前行著。

雨天的地面泥濘濕滑，第一個窮人不小心被地上的石頭絆了一下，他想保持平衡，可是地面實在是太滑了，不但沒有站住，連帶著把身旁的同伴也撞倒在地上。

兩人的瓶子也掉了下來，乳酪流了一地。

第一個窮人見自己瓶子中的乳酪流了出來，傷心欲絕地大哭了起來，他一邊哭，一邊和路人抱怨著：「我每天早起辛苦地做乳酪，不過是想能賣個好價錢，養活自己一家老小，沒想到乳酪白做了！上天真是不公！」

另一位窮人卻不聲不響地收拾著自己的瓶子和乳酪。當時，一摔倒他便立刻爬了起來，用最快的速度扶起兩個瓶子，他看看地上，又看看瓶子裡，乳酪已經流了大半，瓶中只剩下不到一半的乳酪了。

他見第一個窮人依然坐在地上大哭，就上前幫他扶起了瓶子，說：「幸虧沒有全部流光，我們趕緊把這剩下的乳酪賣掉吧！」

可是第一個窮人依然在默默地掉著眼淚，完全沒有理會同伴的建議，他現在滿心都是對自己的懊惱：「如果我再小心一點，如果我沒有踩到那個石頭，如果今天天沒有下雨，如果地面不是這麼滑……如果沒有這些事，我就不會摔倒了。不摔倒瓶子就不會掉，瓶子不掉乳酪就不會流出來，乳酪不流出來今天一定能賣個好價錢。」想到這裡，他又悲傷了起來，哭得更厲害了。

第二個窮人見自己的同伴坐在地上不停地哭，一點都沒有要起來的意思，便自己帶著瓶子上路了。到了市集上，瓶中剩下的乳酪很快就賣完了。

「今天這是因禍得福，早點賣完可以早點回去，就可以做更多的乳酪供明天來賣了。」第二個窮人急急忙忙地往回趕。

走到剛才摔倒的地方時，他見自己的同伴還在原地哭泣：「天啊，你怎麼還在這裡？」

第一個窮人一邊啜泣著一邊說：「實在是太難過了，想想自己昨天的辛苦都白費了，我就忍不住要哭。」

「可是你再不趕緊去賣，待會市集結束了，你的乳酪更沒辦法賣出去了，這樣豈不是更沒收穫了？」第二個窮人說道。

「今天全白費了！」聽了同伴的話，第一個窮人更加難過了。

生活佛法

用樂觀的態度對待生活，用正面的情緒來面對既成的事實，理性分析，盡力挽回才是彌補損失的最好方法。

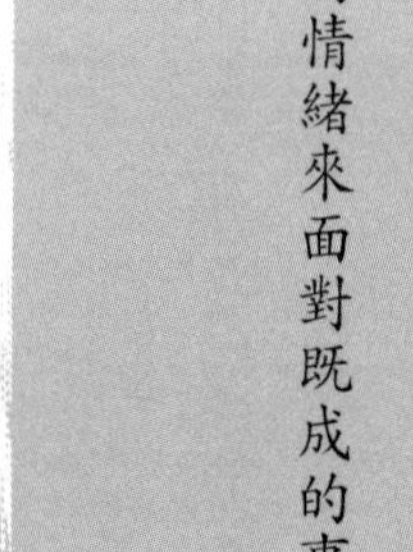

有一位讀書人來到寺廟中，與禪師說：「我想要投在禪師門下，遁入空門。」

禪師看看年輕人，只見他一臉怒氣，心情似乎頗不平靜，便問道：「不知施主為何要遁入空門呢？」

「塵世間的事實在是太無聊了，恐怕只有遁入空門才能得到清靜。」讀書人怒氣沖沖地說。

「不知塵世中有何事惹到了施主？」禪師繼續問道。

「我只是一個普通的讀書人，所求所想也不過是能多學些學問，可是身邊的流言蜚語不斷，總是遭人惡意中傷。我自問做人清清白白，從來沒有做過對不起他人之事，不知為何會無故招惹如此多的是非，實在是不堪承受。如今我萬念俱灰，一心想遁入空門，還望大師能收留我！」讀書人越說越激憤。

禪師微微一笑，從地上撿起了一片樹葉，又撿了一塊小石頭：「施主若想知道自己是否適合剃度，就隨我一起來吧！」說著，他命人拿來木桶和木瓢，帶著讀書人來到了寺廟外的小溪邊。

禪師將手中的樹葉和石頭指給讀書人看：「這樹葉和石頭就預示著你的人生，所以請施主務必仔細關注。」說著，禪師將手中的樹葉和石頭扔到了木桶裡。

「我現在的人生就像樹葉和石頭一樣，深深地陷在了木桶最底下，還望禪師能收留我，讓我重獲新生！」有悟性的讀書人看著木桶底的樹葉和石頭，失落地說。

禪師沒有言語，他拿起木瓢，在溪水中舀了一瓢水，對著木桶底部的樹葉和石頭澆了上去：「若再加上些流言蜚語如何？」

讀書人看著木桶中的樹葉和石頭被水沖得一陣亂動，難過地說：「流言就像流水一樣，沖得我四處漂蕩。」

過了一會，木桶中的水靜了下來，禪師對讀書人說：「你現在再看呢？」

讀書人一看，樹葉已經穩穩地漂在了水面上，而石頭則深深地沉在了木桶底，他回答道：「現在樹葉漂了上來，石頭沉了下去。」

禪師又舀了一瓢水，繼續往樹葉上沖去，樹葉隨著水流在木桶中上下搖晃了幾下，待平靜時，又漂了上來。

禪師接著問道：「現在呢？」

讀書人回答道：「石頭看不見了，樹葉又漂了上來。」

「那樹葉現在比剛才又如何呢？」禪師繼續問道。

讀書人回答道：「現在比剛才更靠近木桶口了。」說完，他似乎明白了什麼，看著樹葉說：「這些流言蜚語不過是讓葉子漂得更高的助力而已，葉子因流言蜚語而激蕩只是過程，待一切塵埃落定，就會繼續向上。」

禪師微笑著點了點頭：「對，也不對。」

讀書人急忙問道：「哪裡不對？」

禪師將手中的木瓢遞給了年輕人：「你自己不妨也澆它一澆。」

讀書人滿滿地舀了一瓢水，對著木桶中的樹葉子一澆，樹葉子再次漂蕩了起來。

這次，木桶中的水滿了，樹葉很快順著水流出了木桶，流到了小溪裡，又隨著水流越流越遠。

這時禪師說話了：「你看，若能再加一些流言就更好了，若能經得起更多的流言，更大的詆毀，那麼樹葉就會從這個小小的木桶中，流到更大的天地中去。到那個時，誰還會記得當初在木桶中的那些流言呢？但是，若你是塊石頭，那只需一點點的流言就會把你沉到了水底，再也上不來。」

讀書人看著隨著水流漂走的樹葉，若有所思。片刻之後，他抬起了頭：「禪師，我明白了，流言蜚語並不可怕，可怕的是失去了內心的寧靜。若能夠在流言中讓自己始終保持著一顆平靜的心，做一片在流言中越漂越高的樹葉，那麼終會走到更遠的地方去。」

禪師笑著點點頭：「所以，你還需要感謝流言，若沒有流言，一片小小的樹葉又怎能躍出木桶，到更遠的地方呢？」

讀書人點了點頭，禪師笑著問：「你現在還想出家嗎？」

讀書人搖了搖頭：「我知道自己該怎麼做了。」

生活佛法

生活中存在著太多的變數，得意時，不要過於歡喜；落魄時，也不要過於悲傷。堅守自我，才能從容地對待世間的浮浮沉沉。

雙頭鳥——報復是把雙刃劍，刺痛別人也傷了自己

在雪山上，有一種神奇的鳥叫雙頭鳥，其中一個頭叫做迦嘍茶，另一個頭叫做優波迦嘍茶。每天，雙頭鳥的這兩個頭總是輪流值班，當一個頭清醒時，另一個頭就會睡覺。

這一日，輪到迦嘍茶值班，優波迦嘍茶便放心地進入了夢鄉。迦嘍茶抬著頭，四處張望著，突然，一個東西砸到了牠的頭上，迦嘍茶被嚇了一大跳，趕緊抬頭一看，原來是旁邊神樹上的一顆神果被風吹了下來。

要知道，這神樹上的果子十分珍貴，只要吃一顆就會精力旺盛。前幾天，迦嘍茶和優波迦嘍茶在路上無意間發現了這棵神樹，為了能吃到神樹上的神果，就決定守在這棵樹下。

這些天來，牠們每天都在盼著這顆神果能儘快成熟，沒想到今天正好砸到了迦嘍茶的腦袋上。

迦嘍茶看著地上的神果，把腦袋湊近了一聞，一股撲鼻的清香撲面而來，牠深深地呼吸了幾口，立刻覺得神清氣爽。

「這神果的確名不虛傳，只是呼吸一下感覺就如此美妙，若是吃下去，大概更美妙了！」迦

嘍茶想到這裡，就打算叫醒正在睡覺的優波迦嘍茶，與自己共同分享神果。

優波迦嘍茶睡得正香，還輕輕地打著呼嚕，迦嘍茶見牠一副正在做美夢的樣子，猶豫了片刻，決定還是不要叫醒牠了。

「反正不論我們兩個誰吃下去了，我們的身體都會充滿精力，還不如我就不叫醒優波迦嘍茶了，獨自把這顆神果吃掉吧！」想到這裡，迦嘍茶把腦袋湊近了神果，張開嘴巴一口將它吃掉了。

過了一些時候，優波迦嘍茶終於醒了，牠睜開眼睛，伸展了一下身體，和迦嘍茶說道：「你知道我剛才做了什麼美夢嗎？」

迦嘍茶好奇地問道：「什麼美夢啊？」

優波迦嘍茶說：「我夢見我們吃了一顆神果，真是太香了，吃了之後立刻變得精神百倍，渾身說不出來的舒暢。你還別說，做了這個夢之後我覺得身體舒服多了。」

見優波迦嘍茶不明就裡，迦嘍茶笑著說：「這並不是夢，我們真的吃了一顆神果，現在已經比剛才更有精力了。」

優波迦嘍茶一聽，驚訝地瞪大了眼睛：「我們什麼時候吃了神果？」

迦嘍茶說：「就在剛才你睡覺的時候，一顆神果掉了下來，我見你睡得正香，想了一下，反正我們不論誰吃了，最後都是到了同一個身體裡，便沒有叫醒你，自己吃掉了。」

優波迦嘍茶一聽，氣得發抖：「你怎麼可以獨吞？！」

迦嘍茶見優波迦嘍茶生氣了，又接著解釋了起來。

優波迦嘍茶「哼」了一聲，不再說話了。牠在心裡暗暗地想著：「改天我一定要好好報復一下迦嘍茶！」

又過了一日，輪到了優波迦嘍茶值班，牠四處張望著，突然，牠發現前方不遠處有一朵毒花。想到上次迦嘍茶沒有通知自己就把神果吃掉了，優波迦嘍茶有了主意，牠拖著身子來到了毒花前，一口吃掉了毒花。

優波迦嘍茶在心中暗想道：「我吃下了毒花，迦嘍茶也會中毒，這下，我要給牠點顏色看看！」

過了一會，渾身難受的迦嘍茶醒來了，牠舒展了一下身體，覺得渾身不舒服，便向優波迦嘍茶詢問道：「不知道是怎麼回事，我突然覺得頭痛欲裂，渾身難受。你是不是也覺得身體不適呢？」

優波迦嘍茶忍著難受，笑著說：「當然了，因為我剛才吃下了一朵毒花。」

「什麼？你瘋了嗎？」迦嘍茶大吃一驚。

「沒錯，我是故意吃的，上次你背著我偷偷把神果獨吞了，現在我就背著你偷偷吃一朵毒花來報復你，這下子，我們的恩怨兩清了。」

迦嘍茶一聽，欲哭無淚，牠無奈地說：「可是這樣我們兩個都會死。」

剛說完，迦嘍茶和優波迦嘍茶就斷氣了。

生活佛法

憤怒、嫉妒、復仇的等負面情緒就像是毒素，一旦發洩出來，在傷害別人的同時也傷害了自己。

若真的受到了不公正的待遇，不妨用寬容的心來對待這一切，在放過別人的同時也放過了自己。

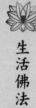

鹽水——心有多大，境界就有多大

古代有一位讀書人，他心思細膩，多愁善感，別人的一點點議論都會擾亂他的心神。若是有人批評他幾句，他就會難過得好幾天都吃不好睡不好。

一次，他聽說鄰國的一位修行人有一種神力，能幫人清除所有的煩惱，便想去求教於修行人。終於，讀書人跋山涉水來到了修行人的住處，他將自己的煩惱一股腦全向修行人傾訴了起來：「我的煩惱實在是太多了，總有人對我不滿，對我的生活指指點點，實在是不甚其煩啊！」

修行人看了看讀書人，在桌子上放了一個銅幣，說：「麻煩你幫我買一點鹽回來。」

「鹽？」讀書人沒有回過神來，一下子愣住了。

「沒錯，你先去幫我買一點鹽來。」修行人繼續說道。

讀書人雖然覺得莫名其妙，但還是遵照修行人的意思，去買了一些鹽來，放在了桌子上：「現在，您可以幫我清除煩惱了吧？」

修行人依然沒有理會讀書人的話，繼續說道：「現在，你再去廚房拿一個碗來，再提一桶水來。」

讀書人雖然滿腹狐疑，但是為了能儘快讓修行人幫自己清除煩惱，還是順從地去廚房裡拿了一個碗，又打了一桶水。

修行人從讀書人手中接過碗，從水桶中滿滿地舀了一碗水，又將年輕人剛才買的鹽全部放在了水裡，輕輕地晃了一晃，待鹽完全融化之後，修行人將這碗鹽水推到了年輕人的面前：「喝一口，嚐一嚐。」

這下，讀書人更是丈二金剛摸不著頭腦了，他疑惑地看著修行人：「您方才在碗中放了那麼多的鹽，肯定會非常鹹，我想這不用嚐了吧？」

修行人搖搖頭：「你還是自己喝一口，親自嘗一嘗吧！」

見修行人十分堅定，讀書人只得端過碗抿了一口，這鹽水又鹹又苦又澀，讀書人一口吐了出來。

「味道如何？」修行人微笑著問道。

見自己被鹹成這樣，修行人還微笑著看著自己，讀書人氣鼓鼓地說：「苦！」

「比起你心中的煩惱來如何？」修行人又問道。

「不相上下。」讀書人一邊繼續吐著口水，一邊回答道。

「好。」修行人伸手將這碗鹽水倒進了水桶中，又用碗將水桶中的水攪勻，最後用碗舀出了一碗水，遞給了讀書人：「再嚐嚐。」

讀書人接過碗，輕輕地抿了一口，這鹽水已經淡了許多，幾乎嚐不到鹹味了，讀書人不由得又多喝了幾口，這才回答道：「好多了，幾乎沒有鹹味了。」

修行人看著讀書人，微微一笑：「同樣是這些鹽，在碗中就苦澀無比，為何到了木桶中就沒有鹹味了呢？」

修行人的這句話如同當頭棒喝，一下子打到了讀書人的心裡：「是啊，若我的心是一桶水，那就不會感到鹹了。」

生活佛法

境由心生，胸懷有多大，境界就有多寬廣。當你敞開心胸時，就會發現原先耿耿於懷的小情緒都不過是過眼雲煙而已。

漁夫的兒子——樂觀的人看到玫瑰，悲觀的人只看到它的刺

從前，有一個靠出海捕魚為生的漁夫，在他的辛勤努力之下，一家人過著富足的生活。到了捕魚的淡季，漁夫決定暫時收網回家，休息一段時間之後再來工作。

回到家之後，兩個兒子看見很久不見的父親，都十分開心，爭著要父親講在出海時遇見的新鮮事給自己聽。

父親見到兒子們，也非常開心，他高興地說：「我已經很久沒有給你們講故事，陪你們玩了，這次回來我得好好陪陪你們才行。」

兩個兒子一聽，立刻歡呼雀躍了起來：「太好了！」可是剛歡呼完，兩個兒子又疑惑了：「父親，您一直非常忙，整日來去匆匆，很少在家裡停留，恐怕這次您說要好好陪我們不會是騙我們吧？」

父親笑了笑，說道：「這次我要在家中待一段時間。」

「那您不用出海捕魚了？」兩個兒子異口同聲地問道。

「暫時不去了，先休息一下再說。」父親回答道。

「為什麼啊？」兩個兒子又問道。

「這段時間大海中的魚群較少，大約是魚群游到別的地方去了。我看每天辛苦也撈不到幾條大魚，便想著回來陪陪你們，等過一段時間再去試試看。」漁夫認真地和兩個兒子解釋道。

聽了這個解釋，兩個兒子若有所思地點點頭。

就這樣，漁夫陪兒子們一起快快樂樂地完了幾天，開心極了。但與此同時，他發現自己的小兒子好像不是很開心，就將兩個兒子都叫來，旁敲側擊地問道：「不知你們這幾天玩得開心不開心？」

「當然開心了！從長大以後父親就沒有和我們一起好好玩了，這次托魚群的福，父親能休息一陣，我們也能跟著沾沾光，再像小時候一樣和父親開開心心地一起過日子了。」大兒子不假思索的回答道。

「那你呢？這幾天開心嗎？」漁夫又轉過頭，問自己的小兒子道。

「能和父親一起玩很開心。」小兒子回答道。

漁夫見大兒子回答時一副眉飛色舞的樣子，便知道他是真的高興，至於小兒子，在回答時依然苦著臉，即便是笑一笑也顯得非常牽強，這下，漁夫更加確定小兒子不是真的開心了。

他繼續問道：「既然如此開心，那我就再休息一陣吧！你們還有什麼想玩的，我再帶你們去玩好了。」

大兒子一聽，喜出望外：「父親，您真的可以再陪我們嗎？我還有很多想要玩的……」說著，他就迫不及待地幻想起和父親一起玩的場景了。

而小兒子一聽這話，眉頭皺得更緊了。

漁夫見他欲言又止的樣子，不由得問道：「這幾天我一直見你不太開心，為什麼聽見我說要與你們一起玩就又皺起了眉頭呢？難道是你不想讓我像小時候那樣陪你們了嗎？」

「不是，不是，我很想讓父親陪我們。」見父親如此問，小兒子趕緊擺了擺手，解釋道：「我只是替父親擔心而已，父親上次說大海中的魚群游走了，所以才回來休息，若是魚群一直沒有游回來，父親豈不是一直都捕不到魚了？」

漁夫聽了小兒子的話，覺得又是好笑又是貼心，他耐心地向他解釋道：「出海捕魚這種事情很常見，魚群過一段時間又會游回來了。」

又過了一段時間，漁夫聽別人說魚群已經回來了，便決定出海捕魚。他收拾好東西，向兩個兒子告別：「現在魚群回來了，我又得出海了，所以只能等下次回來再陪你們了。」

大兒子高興地說：「太好了，父親又能去捕魚了，這次你一定要捕很多大魚回來。」

漁夫點點頭，他見小兒子站在一邊低著頭不說話，便問道：「現在魚群回來了，你可以放心了，為什麼還是一副不開心的樣子呢？」

小兒子抬起頭，委屈地說：「這該死的魚群，父親這次一走，就不知道什麼時候才能再回來了，我怎麼能開心起來呢？」

生活佛法

同樣的一件事，樂觀的人看見了積極的一面，悲觀的人卻偏偏只看見了消極的一面。其實，用怎樣的心態來對待已經發生的事，完全取決於你自己。

一隻蛤蟆——心病還需心藥醫

一個僧人在夜裡匆匆地趕著路，在天亮之前，他必須趕回寺廟，因此走得非常快。夜又黑又靜，四下無人，路邊的小池塘裡，有幾隻蛤蟆間或地叫著，僧人抬起頭，看看天上被雲遮住的月亮，嘆口氣又繼續走了起來。

突然，僧人覺得自己腳下似乎踩到了什麼又滑又軟的東西，他想要避開，可是已經來不及了，一腳踩了上去，只聽見「呱唧」一聲，似乎是什麼東西被踩破了。

「糟糕。」僧人叫了出來，他趕緊低下頭，仔細查看著腳下的物體。在朦朧的夜色裡，僧人看見腳下那個圓圓的、軟軟的物體不是別的，正是一隻蛤蟆。

「這下完了。」僧人心中暗說道，在夜裡，他看不太清蛤蟆的慘狀，但是隱約可以看見牠被踩了個稀巴爛。僧人失魂落魄地站了起來，他一向謹守清規，沒想到這次出外辦事居然不經意犯了殺生之戒。

僧人站在原地，看著地上的蛤蟆，覺得自己的腳下黏黏的，想到自己鞋上沾的可能是蛤蟆的血，就心神不寧了起來。他趕緊走到了池塘邊，用水用力地刷洗著鞋底，洗完之後，他就定定地看著池塘發起呆來。

又過了一會，正在發呆的僧人才想到自己要在天亮之前趕回去，就趕緊穿上鞋，快步往回趕。可是這次，他的心中就像被壓上了一個大石頭一般，一直喘不過氣來。僧人一邊趕路，一邊回憶著剛才的場景，他在心中一遍一遍地自我埋怨著，為何不看清路再走？為何不在踩到東西時趕緊移開雙腳？那隻被僧人踩死的蛤蟆一直在他心中閃現，僧人又是悔恨、又是悲哀、又是緊張、又是害怕，幾乎要哭了出來。

終於，在天亮的時候僧人趕回了寺廟，可是這時，他的精神也已經到了瀕臨崩潰的臨界點，一頭栽在了寺廟門口，立刻暈了過去。

寺廟門口正在掃地的僧人見有人暈倒了，立刻叫人幫忙把他抬進了屋內，並找來了通曉醫術的僧人為他診脈。在同門師兄弟的悉心照料下，僧人終於醒了過來，他抬眼看看，又閉上了眼，那隻蛤蟆依然如影隨形地環繞在他的腦海中，揮之不去。

接下來的幾天，僧人一直都在做噩夢，在夢中成千上萬的蛤蟆一起跑到了寺廟裡，爬上了他的床，說要咬死他為自己的同伴報仇。每次，僧人都被嚇出一身冷汗，驚叫而醒之後便再也無法入睡，如此沒幾天，僧人就一病不起了。

同住的僧人見他的精神總是十分緊張，便前去稟告了住持。

住持來到僧人的榻前，詢問道：「不知你為何在回來之後一直心神不寧，似乎丟了魂魄一般？」

僧人看見住持，又是害怕又是後悔，不由得流下了淚來：「我正是丟了魂魄。」

住持追問道：「到底是何事讓你如此傷心？」

「在回來的路上，有一隻蛤蟆在路中央，我沒有看見牠，一腳踩了上去，把牠踩死了，我這是犯了殺戒啊！這些天我一直夢到這隻蛤蟆，怕是牠們來向我索命了，這正是我殺生的罪過！」僧人說著，回想起當日的場景來，更是悔恨萬分。

住持聽完之後，輕輕地點了點頭，安慰道：「我知道了，這並非你本意，乃是無意所為，只要事後有悔心，便無大礙。」

可是僧人卻一點也沒有聽進去住持的話，他依然喃喃自語道：「我犯了殺戒，一定是要下地獄的。」

住持見僧人情緒極其低落的樣子，決定想個辦法來幫助他。於是，住持略加思索，順著僧人的話說道：「為今之計，只有再找到那隻蛤蟆，將牠埋葬，並誦經為其超渡，方能減輕你的罪過。」

僧人一聽，眼睛一亮：「可是這麼多天過去了，還能再找到那隻蛤蟆嗎？」

住持答道：「山路上罕有人至，無人清理，牠的屍體應該還在原處，待我派人去找。」僧人聽後，仔細地將自己踩死蛤蟆的地點告訴了住持。

第二日，又做了一夜噩夢的僧人醒來了，他醒來第一件事就是去問住持有沒有找到那隻被自己踩死的蛤蟆。

住持點點頭，又搖搖頭。

僧人見住持一會點頭，一會搖頭，疑惑了起來，問道：「不知住持為何又點頭又搖頭，難道時日已久，蛤蟆的屍體已經找不到了？」

住持微微一笑：「不，我們找到了。」

僧人心中的一塊大石頭放了下來，說道：「那我趕緊替牠超渡吧。」

「你先別急，先看看再說。」說著，住持便叫人將找到的東西拿上來。

那隻蛤蟆的屍體每夜都會入僧人的夢，他再也不想直面那種慘狀，急忙閉上了眼睛。

「你睜開眼睛看一看。」這時，住持說道。

僧人慢慢地睜開了眼睛，看見眼前的物體，他驚訝地睜大了眼睛，疑惑地看著住持。

住持說：「我們照著你所指的位置找去，那路上並沒有被踩死的蛤蟆，只有一個被踩爛的茄子而已，想來當日沒有月光，你一定是看錯了。」

僧人看看眼前的茄子，又看看住持，想到自己這些日子為了一個茄子擔驚受怕，日日以淚洗面，頓時覺得有些可笑，便不好意思地低下了頭。

住持看著他，微笑不語。

自此以後，僧人再也沒有夢到過蛤蟆。

生活佛法

不良的情緒就像是心魔一般，若不及時清除就會在心中愈演愈烈，再多的開導勸說也是枉然。只有找到它產生的根源，從源頭處想辦法，解開心結，才能真正將其清除。

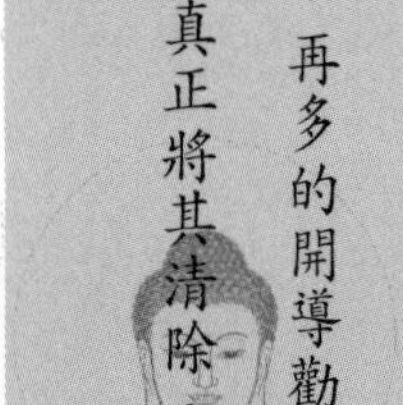

國王與鞋匠——因為有比較，所以不快樂

從前，在印度有一個國王，十分賢明，將國家治理得井井有條，人們都誇讚他是賢明君主。

有一天，國王突發奇想，想要微服私訪，就換上了一件普通人的衣服，獨自走出了皇宮。

他見大街上人來人往，十分繁榮，便滿意地笑了起來。

這時，有聲音從耳邊傳來：「你為什麼如此高興？」

國王順著聲音望去，只見牆角邊坐著一位修鞋匠，正看著自己問道。

國王笑著回答：「我看見這繁華的景象便感到十分高興。」

修鞋匠打量了國王一眼，看他穿著十分普通，鄙夷地說道：「你又不是國王，這繁華的景象與你何干？」

國王見修鞋匠話中有話，追問道：「不管是不是國王，過得開心就好。」

修鞋匠答道：「此話差矣，我們每天都必須辛苦地勞作才能夠填飽肚子，可是國王每日錦衣玉食，什麼都不用做，還有人伺候，只有國王才有條件開心啊！」

國王聽修鞋匠如此說自己，正要爭辯，突然心中閃過了一個念頭，他問道：「那如果讓你過一日國王的生活呢？」

修鞋匠嘆氣道：「我哪裡有這樣的福氣！」

「今日，你的福氣就來了，我想請你喝一杯，不知你是否願意同去呢？」國王問道。

修鞋匠一聽，立刻答應了下來：「每天如此不快樂，還不如去喝一杯解解憂！」

於是，國王帶著修鞋匠來到了一個小酒館，點了許多美酒，一邊與修鞋匠攀談，一邊飲起酒來。修鞋匠早就沉溺在飲酒的快樂中，哪裡看得出國王的心思，只顧一杯接一杯地喝下去，沒多久，就醉倒了。

隨後，國王命人悄悄地將修鞋匠抬入了皇宮中，為他換上的自己的衣服，睡在了自己的寢宮中。

鞋匠醒來時，見自己躺在一個富麗堂皇的屋子中，十分震驚，他低下頭看看自己身上穿的綾羅綢緞，更加疑惑了。

這時，僕人們問道：「國王，不知您有何吩咐？」

「國王？」鞋匠心想：「這不會是在做夢吧。」可是隨即，他又安然接受了這一切：「就算是夢也好，做一日快樂的國王也值了！」

就這樣，鞋匠照著想像中國王的樣子，命下人做了許多美食。他正要享受時，一個僕人跑了進來：「國王，國王，出事了，有一個小鎮發水，淹死了很多人和牲口。」

「該怎麼辦呢？」鞋匠一聽，十分著急，可是他哪裡知道要如何處理這種事，只得不停地喃喃自語著：「該怎麼辦呢？」

僕人在一邊催促著：「國王，您得趕緊想個辦法才行，不然這麼多災民如果得不到安置，一定會鬧事的！」

鞋匠重複著僕人的話：「是啊，是啊，得趕緊想個辦法才行。」突然，他眼前一亮：「對了，這件事交給大臣們處理吧！他們說怎麼辦就怎麼辦。」

就這樣，這個僕人被國王打發了下去，他正在為自己的機靈而洋洋自得，想要好好地品嚐美食時，又一個僕人跑了進來：「國王，邊疆上的守將上報，周圍的國家又擅自到我們的境內搶東西了。」

「那就開戰吧！」鞋匠揮著手說。

「不行啊！我們剛剛和他們結下了同盟，要一起對付另一個大國，若是打起來，這個同盟也解散了。不僅如此，要是那兩個國家聯合起來對付我們可就慘了。」鞋匠完全不能理會僕人所說的話，只得又說：「這件事情也交給大臣們處理吧！」

「這下，終於能好好吃飯了。」鞋匠剛拿起碗，一位女子跑了進來：「國王，有人欺負我，說我是狐狸精！」還沒等鞋匠說話，另一位女子也跑了進來：「國王，我一猜她就是來向你告狀了，你千萬不能相信他的話。」說著，兩個女子就在鞋匠面前吵了起來，鞋匠不甚其煩，大喊著：「太煩了，讓我好好吃頓飯吧。」

正在這時，剛才的僕人又跑了進來：「國王，剛才大臣們因為如何處理災民和鄰國的事吵起來了，需要您趕緊去定奪！」鞋匠看著眼前已經涼了的飯菜，欲哭無淚，無奈地說：「我不想要當國王了，我只想當鞋匠。」他伸起手，拿起酒瓶喝了起來，想要一醉解千愁。

等鞋匠醉倒之後，國王又派人將他抬到了那個小酒館中。

鞋匠醒來時，發現自己還在那個小酒館中，他長長地吐出了一口氣：「幸好只是一場夢，看來還是當鞋匠更快樂點。」

生活佛法

人們往往都覺得「別人的」才是最好的，那是因為有比較，所以不快樂。隨心隨緣地體會已擁有的一切，你會發現，「自己的」才能帶給你最原本的快樂。

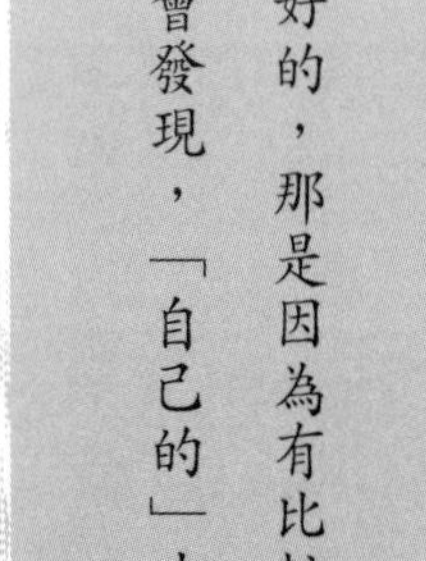

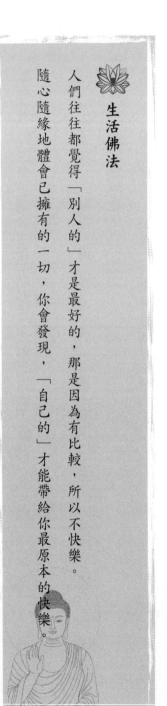

兩個修行人——莫讓自己成了情緒的奴隸

印度有兩個修行人，一個叫提耆羅，一個叫那賴，兩個人一同修煉了很多年，法術十分高超：他們的眼睛能夠看一切世人所看不到的事；他們的耳朵能聽見一切世人所聽不到的聲音；他們的心能夠洞悉所有人的內心；他們的身體可以隨心所欲地移動。

因為這兩個修行人有如此高超的本領，所有人提到他們時都無不敬仰萬分。

一天，提耆羅覺得身體有些不適，便早早睡下了，此時，那賴依然在挑燈誦經。午夜時分，那賴終於誦完了經，也打算上床睡覺，就吹滅了燈，摸索著爬到了床上。誰知他一不小心，踩到了提耆羅的腦袋，提耆羅立刻被驚醒了，他氣急了，下意識地破口大罵了起來：「是誰這麼不小心，明天太陽出來的時候就讓他的頭裂成七大塊。」

那賴知道提耆羅法力高強，即使是無意說的話也一定會實現，若是自己聽之任之，那明天見到太陽的時候自己的腦袋就會如提耆羅所說裂成七大塊。見到太陽之日就是自己的死期了，想到這裡，那賴也生起了氣來：「你我同吃同住，一同修煉了這麼長的時間，沒想到你居然用如此惡毒的誓言來詛咒我，看來我們的友情也該一刀兩斷了！」說著，那賴又從床上爬了下來，賭氣睡在了地上，他越想越生氣，對著床上的提耆羅說：「誰沒有過錯，何況我只是無意的過錯而已，居然遭來了你如此狠毒的詛咒！既然你說太陽出現之時我的腦袋就會裂開，那我就讓太陽永遠都無法再出來！」放下狠話之後，那賴終於安心地睡了。

第二天，果然如那賴所說，太陽沒有出來，所有的人都在黑暗中度過了漫長的一天。

第三天、第四天、第五天……整整一週過去了，太陽依然沒有露面。

所有的人都害怕極了，以為末日即將來臨，從國王到貧民，全都走到了大街上，互相依偎著、安慰著，再也沒有人娛樂，再也沒有人勞動，全國陷入了一片混亂。

這時，有一個僧人找到了國王：「大王，我見這幾日的事十分詭異，便掐指一算，這才發現原來這不過是提耆羅和那賴這兩位修行人在鬥法而已。可惜我法力低微，無法破除二人的詛咒，所以還請大王找到二位修行人，救萬民於水火之中吧！」

聽了修行人的話，國王這才明白是怎麼回事，他立刻帶著隨從趕到了深山中，找到了正在賭氣的兩位修行人。

國王一見二人，便立刻跪了下來：「二位修行人法力高強，我們都十分敬仰二位，可是現在因二位的原因使得太陽久久不能出來，大家都十分害怕。現在國家已經亂作一團，再這樣下去，恐怕就要亡國了！」

這時，提耆羅和那賴才有些後悔，他們沒想到自己那日隨口一說的話，竟會造成如此嚴重的後果，那賴想把太陽重新放出來，可是他一想，一旦自己將太陽放出來，提耆羅的詛咒就會生效，自己豈不是白白送了性命？想到這裡，他便與國王說：「我可以將太陽放出來，只是這事本不怨我，提耆羅需要先收回自己的詛咒才行。」

提耆羅本也早有悔意，想要收回自己的詛咒，可見那賴如此說，心中又生起了怨氣，決定不能遂了那賴的心意，於是緊閉雙眼，不再理會國王和那賴的請求。

無奈之下，國王只得重新回到了宮中，他集合了全國最聰明的人一起想辦法。經過冥思苦想，他們終於找到了一個解決的方法，讓那賴將自己的頭上塗滿了泥土，待泥土乾掉之後再放出太陽來，這樣當那賴的頭頂裂成七大塊時就不會傷到自己的腦袋了。

就這樣，那賴頂著泥放出了太陽，當陽光普照之時，那賴頭頂的泥土果然裂成了七大塊，而他的腦袋也如所料般毫髮無傷。

這時，提耆羅見自己的一句無心之言居然為國家帶來了如此之大的麻煩，心中也愧疚萬分，他真誠地請求那賴和國王原諒自己。

於是，在國王的見證之下，兩位修行人又重歸於好。

生活佛法

在情緒的掌控之下，你所說的話、所做的事，也許並不是你的本意，卻會造成難以挽回的後果。不想事後追悔莫及，就要學會控制自己的情緒，做情緒的主人。

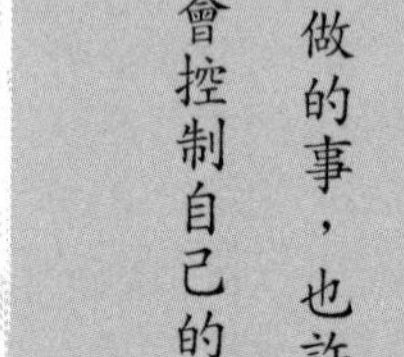

水牛王——不要和垃圾人計較

在草原上生活著一群水牛，牠們悠閒自在，從不與其他動物起爭執。牠們的首領是一頭體型雄壯的水牛，很有威望。

一天，水牛們吃過了青草，像往常一樣在草原上漫步，怡然自得。這時一群猴子走了過來，猴王見水牛們安閒的樣子，十分嫉妒：「為什麼我們就必須東奔西跑才能填飽肚子，而水牛們什麼都不用做，只要在這裡散散步每天就能過的這麼快樂了呢？」想到這裡，猴王生氣極了：「非得給牠們點顏色看看不可！」

於是，猴王就命令手下的猴子們在地上撿了東西往水牛身上扔。一時間，各種石頭、樹枝、垃圾都飛向了水牛。

很多水牛躲閃不及，被猴子們扔的東西重重地砸在了身上。

「這到底是怎麼回事？」水牛們互相詢問著，可是誰也不知道猴子們為什麼會突然對自己發狂。

一輪攻擊過後，猴子們在猴王的命令下停了下來。

猴王得意洋洋地看著狼狽不堪的水牛群，哈哈大笑：「看你們身上的垃圾，還有那髒兮兮的土，真是太好笑了！」猴子們也跟著猴王嘲笑起水牛來。

這下，水牛們更加不解了。

有一隻水牛憤怒地問道：「請問我們到底哪裡惹到你們了，為何要如此對待我們？」

「哈哈，沒有惹到我們，就是看你們不順眼。」猴王一邊笑一邊說道。

「天下哪有這種道理？這不是無理取鬧嗎？」水牛們紛紛議論著。

「沒錯，我們就是無理取鬧，我看這裡水草肥美，要是識相你們就趕緊離開，讓我們在這裡生活。」猴王叉著腰，大言不慚地說道。

「豈有此理，這是我們的領地，豈能容你在這放肆！」水牛們群情憤怒，紛紛看向了水牛王，想讓牠發威，好好地收拾一下這群鬧事的猴子。

讓水牛們沒有想到的是，水牛王並沒有對著猴群發火，相反，牠命令所有水牛不可與猴群發生爭執，隨牠一起默默地離去。

這下子，水牛們不滿了起來：「憑什麼我們要白白受這群小猴子的氣？你看牠們那個樣子，實在是太囂張了，我們又不是打不過牠們，為什麼不好好地教訓教訓牠們呢？」

可是不論水牛們如何說，水牛王依然要求大家不准再發一言，和自己一起離去。

水牛們雖然內心十分不滿，但是有鑑於水牛王的威嚴，誰也不敢再多言一句，一個個默默地跟在了水牛王的身後。

猴子們見水牛們灰頭土臉地走了，更加囂張了起來，對著牠們的背影做起了鬼臉，還指著牠們說：「不過是一群膽小鬼！」

聽到了猴子的奚落，水牛們心裡十分難受，有頭水牛終於忍不住質問水牛王：「您是我們的大王，我們敬重您，但是您為何不替大家出氣做主呢？」

水牛王並沒有回答牠的問題，而是問道：「大家覺得這群猴子如何？」

水牛們紛紛回答道：「實在是太卑鄙無恥了！」

水牛王接著說道：「既然如此，我們若是與牠們計較，和牠們對打一番，那我們豈不是也變成了像牠們一樣不講道理了嗎？我們本來只是出來散步而已，結果因為一些卑鄙的猴子影響了自己的心情，若再打一場，自己也必定會有傷亡，豈不是得不償失？」

水牛們這才有些明白水牛王的意圖，但是還有一些水牛心存不滿：「難道我們就這樣看著牠們囂張嗎？」

水牛王回答道：「若牠們繼續如此囂張下去，自然會遇到更囂張的人，又何須我們動手呢？」

果然，猴王見水牛們默默地離去，不理自己的挑釁，便開始覺得無聊，這時一群獅子走了過來，得意忘形的猴子們故技重施，對著獅子們扔起東西來。

暴怒的獅子們衝入猴群，將牠們狠狠地教訓了一頓。

生活佛法

對待惡意的挑釁應當儘量無視它、忽略它，若因外界的因素影響了自己的情緒和處世態度，反而落入對方的圈套之中。

木匠和畫師——別讓負面情緒變成野馬

在京城裡有一位技藝高超的木匠，所雕刻的木雕栩栩如生，十分逼真。一次，他花了很大心思雕刻了一位美女，不僅可以像人一樣走路，還會端茶倒水，乍一看，就像真人一般。

這天，木匠聽說京城裡新來了一位畫師，畫出來的畫可以以假亂真，很多權貴之人都爭相購買，一時間，洛陽紙貴。

木匠覺得有些不服氣：「他畫得再好，也不過是一張畫而已，難道還能比我的木雕更逼真嗎？」他決定親自會會這位傳言中神奇無比的畫師，就在家中擺下宴席，邀請畫師來做客。

畫師對木匠的技藝也早有耳聞，便欣然赴會。

當日，木匠和畫師寒暄了幾句，便邀請他與自己一同品酒。這時，一位絕世美女端著酒走了出來，畫師登時看呆了。只見這女子眉清目秀、膚若凝脂，最特別的是，這女子十分大氣淡定，從頭至尾都微微笑著替畫師斟酒，就算畫師呆呆地盯著她看，她也沒有露出一絲的矯揉造作之感來。

畫師從未見過如此完美的女子，不由得讚嘆了起來：「京城的女子果然卓爾不凡！不光容貌出眾，而且氣質動人啊！」

木匠意味深長地看著畫師：「若你喜歡這位女子，不妨將她送與你。」畫師一聽，十分高興，驚鴻一瞥之後，他早已對女子暗生了愛戀之情，但是他略加思索之後，還是同木匠說：「君子不奪人所愛……」

「沒關係，這樣的女子，想要多少就有多少。」還沒等畫師說完，木匠就打斷他的話。

「既然如此，我就恭敬不如從命了。」畫師按捺住內心的喜悅，連連道謝。

不知不覺，天就黑了，木匠邀請畫師在自己家中住下，並讓剛才的女子服侍畫師休息。

畫師進屋之後，看見女子站在了燈邊，在昏暗的燈光下，女子顯得分外嬌豔。畫師叫了她一聲，女子沒有應答，畫師又向她傾訴了自己的愛慕之情，女子依然沒有應答。

「真是豔若桃李，冷若冰霜啊！」畫師感嘆道。

他走上前去，想要拉拉女子的手，可是這一牽，畫師立刻勃然大怒，原來這是木雕的美女！這一刻他才明白為何木匠會說這樣的美女他想要多少都會有。

畫師一邊暗罵著自己不小心上了木匠的當，一邊尋思著要如何報仇。

這時，木匠正躲在窗外，看見畫師和自己所雕的美女傾訴了半天愛意，心中暗喜了起來。

「這下你不敢小瞧我了吧！」木匠心滿意足地回房睡覺了。

第二天早上，天已大亮，可是畫師還沒有起床，木匠叫僕人去看了幾次，畫師的房門緊閉，也不見回應。

木匠有些擔心：「自己昨天的惡作劇的確有些過分，難道畫師與自己生氣半夜偷偷走了？」木匠命人打開畫師的房間，這下，他嚇壞了，原來畫師在牆壁邊上吊了，在他的屍體上，還有蒼蠅正在飛來飛去。

「天啊，這下子闖了大禍了！」木匠嚇得面色發白，渾身發抖：「現在該怎麼辦才好，我不過是想開個玩笑，誰知道居然出了人命。」木匠語無倫次地自言自語著。

這時，木匠的妻子聽到消息趕來，她看見牆邊上吊的畫師也嚇了一跳，她說：「我們現在還是先把畫師從繩子上放下來吧！看看還能不能救。」

「對，對，先放下來，先放下來看看。」慌亂的木匠拿著刀準備去砍繩子。

正在這時，一個聲音傳來出來：「你看我是誰？」木匠順著聲音一看，只見一個人從床下鑽了出來，這人不是別人，正是昨天來做客的畫師。

一時間，木匠徹底混亂了，他抬頭看看那個正在上吊的人，又看看這個剛剛從床底下鑽出來的人，這才明白了過來，原來自己是被畫師給騙了。牆上那個只不過是畫師的畫作而已，真正的畫師其實一直躲在床下等著看自己出醜。

木匠正要生氣，突然想到昨天是自己先騙了畫師，頓時一臉尷尬。

「怎麼樣，昨天你賜我一場空歡喜，今天我還你一場假心驚。」畫師諷刺地說道。

這下木匠有些羞愧了，他歉意地說：「實在是不好意思，先前我嫉妒你的聲望，想要捉弄你一下，現在想來，真是羞愧萬分。」

畫師也覺得有些愧疚：「若不是我見色起心，也不會被你所騙，說到底也是我自己不對。更何況我又捉弄了你，就更不好意思提了，實在不應是君子所為之事。」

就這樣，兩人握手言和，成了好朋友。

生活佛法

負面情緒就像是病毒，一旦產生就會形成連鎖反應，如嫉妒會引發惡行，惡行會引發報復，報復又會引發更大的憤怒。若不及時制止這個連鎖反應，負面情緒就會不斷醞釀發酵，造成嚴重的後果。因此，一旦有負面情緒產生，就需警醒自己，務必及時遏止，以免釀成大錯。

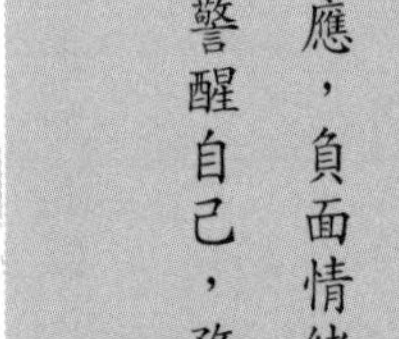

養雞的農夫——偏見是一種最頑固的執念

一個養雞的農夫，住在一座寺廟的附近。

一天，寺廟中的兩個小和尚出來化緣，路過養雞人的房子時聞到了一股臭味，便捂著鼻子想離去。

這時，站在門口的農夫看見了這兩個小和尚，見他們捂著鼻子嫌棄的樣子，心中有些不快，就諷刺道：「和尚不是萬事皆空嗎？難道還怕臭味！」

兩個小和尚一聽，也覺得自己的行為不妥，但是不肯承認，嘴硬地說：「再空也沒辦法抵擋如此濃烈的臭味啊！」農夫生氣了，大聲地罵了起來，將兩個小和尚罵走了。

此後，農夫便與和尚結了怨，他每天不停地對過路人抱怨著：「別看這個寺廟修得大，可是裡面的和尚都壞透了，整天滿口的阿彌陀佛，實際上一肚子壞心眼，簡直可以說是佛門敗類！」一旦看見有人要去寺廟中燒香拜佛，農夫就更加激動了，他總會不停地勸說，直到來人放棄去寺廟為止。後來，農夫越說越誇張，經常信口開河編造一些寺廟中和尚的壞話，甚至還編造住持的壞話來抹黑寺廟。

兩個小和尚聽說因為自己的過失使農夫對寺廟有了很大的偏見，十分羞愧，急忙找到住持承認錯誤。

住持瞭解了事情的原委後並沒有責怪他們，而是微微一笑：「既然我是廟中的住持，那這件事情就由我來處理吧！」

第二天，住持親自來到農夫的家中。農夫一見住持，立刻對他冷眼相對。

沒想到住持笑著說：「聽說你家的雞養得非常好，我想買一隻。」

「什麼？買雞？和尚也能買雞嗎？」農夫驚訝地瞪大了雙眼，心中暗想道：「雖說以前講的那些是編造的謊話，但今天看來這住持也不是真正能耐得住清淨的佛門弟子啊！」

「沒錯，我今天就是特地來向你買雞的。」住持依然微笑著說。

農夫雖然心中疑惑萬分，但還是領著住持去挑雞。

他為住持挑了好幾隻又肥又大的老母雞，可是住持都不滿意，最後，他自己挑了一隻又小又瘦的雞。

農夫驚訝得眼睛都快跳出來了：「住持，雖然你念經在行，但這挑雞還是我在行。這隻雞前一段時間生病了，所以長得又瘦又小，恐怕做什麼都不合適。」

住持看看這隻雞，笑著說：「我想把這隻雞養在寺廟中替你做宣傳，來寺廟中的人看見這隻雞，就知道你這裡有雞可以買了。」

「什麼？」這下，農夫氣壞了：「你們這些和尚真是太欺負人了！這只是一隻雞而已，從這一隻雞身上哪裡能看出所有雞的水準呢？再說了，這隻雞只是前一段時間生病了，再養一段時間牠一定也像其他的雞一樣又肥又大，為什麼你非要挑這隻雞養在寺中做宣傳呢？」

「是啊，這隻雞代表不了你所有的雞，那前幾天那兩個小和尚又怎麼能代表寺廟裡所有的和尚呢？這隻小雞尚且有養肥的一天，為什麼就不能給小和尚們一個改正的機會呢？」住持笑著說道。

農夫這才意識到自己做得不妥。

這時，住持雙手合十，對農夫說：「上次的事的確是我廟中的和尚不對在先，在這裡我代他們向你道歉了！」

農夫一聽更加羞愧了，也趕緊向住持道起歉來。

生活佛法

人與人相處，最易犯的錯誤就是以偏概全。偏見一旦產生，便很難消除。所以，千萬別用片面的觀點來看待整體問題，儘量在全面瞭解之後再下評論。同理，若要給人留下好印象，就需時時注意、事事小心，也許不經意的小事就會影響他人對你的判斷。

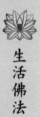

國家圖書館出版品預行編目(CIP)資料

不一樣的佛陀─人生的滋味，佛陀對你說 / 李得禪 著；-- 第一版─臺北市：樂果文化事業有限公司 ： 紅螞蟻圖書發行，2015.12

面；　公分.

ISBN 978-986-92479-1-7(平裝)

1. 佛教修持　2. 生活指導

225.87　　104024499

樂成長 15

不一樣的佛陀─人生的滋味，佛陀對你說

作　　者／李得禪
總 編 輯／何南輝
責任編輯／韓顯赫
行銷企劃／黃文秀
封面設計／張一心
美術構成／申朗創意

出　　版／樂果文化事業有限公司
讀者服務專線／（02）2795-3656
劃撥帳號／50118837 號　樂果文化事業有限公司
印 刷 廠／卡樂彩色製版印刷有限公司
總 經 銷／紅螞蟻圖書有限公司
地　　址／台北市內湖區舊宗路二段 121 巷 19 號（紅螞蟻資訊大樓）
電話：（02）2795-3656
傳真：（02）2795-4100

2015 年 12 月第一版　定價／320 元　ISBN 978-986-92479-1-7